한국어판 서문

『중국이 쳐들어오면 어쩌지?』가 한국어로 번역된다는 소식을 듣고 나는 무척 영광으로 생각했다. 이 책은 지역적 특성이 강하고 내용은 타이완 독자들에게 초점이 맞춰져 있는데, 다른 언어를 쓰는 독자들을 위해 번역된다는 점이 특히 그러했다. 최근 몇 년 동안 국제 정세가 빠르게 변하는 가운데 나는 이 책에 대해 보충 설명이 필요하다고 여겼고, 이 지면을 통해 그것을 하고자 한다.

오랫동안 같은 언어를 쓰는 중국으로부터 정보 침략을 당하면서 타이완인들의 국가 안전에 대한 인식은 매우 형편없어졌다. 그 결과 지극히 기초적인 군사 의제들조차 루머로 뒤덮여 국민이 가짜 정보를 쉽게 믿게 했고, 더 나아가 국제 정세에 대한 인식에도 악영향을 끼쳤다. 이 책은 중학생이면 충분히 이해할 수 있는 수준의 언어로 이 혼란스러운 정보들을 하나씩 해체하고, 올바른 인식을 확립해 루머가 주는 피해를 줄이는 것을 목적으로 썼다.

이 책은 2022년에 출간되었고, 그로부터 얼마 안 있어 러시아가 우크라이나를 침략했다. 현실을 통해 책 속의 많은 내용이 실제로 검증되었다. 이로써 판매량이 급증해 모든 것이 순탄한 듯 보였지만, 실제로는 고난의 연속이었다.

책이 출간된 대부터 러·우 전쟁이 발발하는 시점까지 몇 주 동안 수많은 비평을 받았는데, 책이 대중의 환심을 사려는 내용뿐이라느니, 의도적으로 중국의 실력을 폄훼한다느니, 국제 정세를 왜곡한다느니 하는 말도 있었다. 한국 독자들은 의아해할 것이다. 이 책은 단지 루머를 반박하고 기초 군사 지식을 널리 알리려고 출간되었는데, 설마 내용 때문에 이토록 전방위적 공격을 받았다는 말인가?

이런 상황은 타이완이 중국의 선전에 오랫동안 노출되어왔고 루머가 횡행한 결과임을 잘 보여준다. 여기서는 타이완에서 가장 자주 등장하는 두 가지 루머를 예로 들어보겠다.

"중국의 미사일이 극히 짧은 시간 안에 타이완의 '대부분' 군사 시설을 파괴해, 개전하고 얼마 지나지 않아 타이완은 모든 저항 능력을 잃게 된다."

"헬리콥터가 은밀히 대규모 특수부대를 수송해 곧바로 타이베이의 주요 기관을 점거하고, 신속히 요인 암살 작전을 완수할 수 있다."

여기까지 보면 우크라이나 전쟁에 관심 있는 독자는 의아함을 느낄 것이다. 그렇다. 이것들은 러·우 전쟁이 발발하기 전까지만 해도 타이완 사회에서 진실이라고 받아들여졌다. 이 책이 출간되고 반년도 지나지 않아 우크라이나가 피로써 사실을 증명했다. 아무리 많은 미사일을 발사해도 모든 군사 시설을 파괴할 수 없고, 명중률 또한 선전에 나온 것처럼 그렇게까지 정밀하지는 않았다. 러시아의 헬리콥터 공수 작전 역시 안토노프 공항을 통해 철저하게 실패했다는 것을 보여주었다.

국제관계와 관련된 루머 역시 수준이 낮았다. 타이완해협 문제를 하찮은 지역 분쟁으로 깎아내리거나 중국이 너무나 강대해서 아무도 건드리지 못한다는 식으로 주장하는데, 이런 주장은 '미국 회의론疑美論'을 핵심 개념으로 삼고 있다. 이 루머들은 어떠한 정상적인 국제 교류도 미국의 음험한 의도로 해석하고, 타이완이 처한 모든 어려움은 전부 미국 때문이라며 몰아가고 있다. 반면 중국은 희망을 상징하고, 국제사회에서 평화적인 국가로 부상하고 있으며, 부를 얻기 위해서는 중국에 투자해야 한다며 중국을 최대한 긍정적으로 포장하고 있다.

그 결과 타이완인의 다수는 자국의 지리적 중요성을 믿지 않고, 미국의 동아시아 전략 구도를 불신하며, 타이완해협 전쟁이 주변 국가들에 심각한 영향을 줄 수 있다는 어떠한 주장도 사기라고 치부하고 있다. 독자 여러분은 믿어지는가? 타이완의 많은 사람이, 양안이 전쟁을 벌이면 타이완만 봉쇄될 뿐 한국을 포함한 다른 국가들은 전혀 영향받지 않을 거라고 믿는 사실을.

그래서 이 책은 오직 군사에 관한 기초 개념을 쉬운 말로 설명하고, 정보전이란 무엇인지를 밝히며, 마지막으로 주변 국가들의 전략 구상에 대해 가장 단순한 수준으로 설명하는 것을 목적으로 하고 있다. 이러한 논의는 반드시 쉽고 간결하게 전달돼야 하다보니 불가피하게 일부분을 생략하고 사실과 어긋나는 부분이 있기 마련이다. 하지만 이는 군사 지식을 보급하기 위해 어쩔 수 없이 감수해야 하는 점이며, 책을 쓸 때부터 내가 반드시 맞닥뜨려야 하는 도전임을 알고 있었다.

러·우 전쟁 개전 이후 이 책에서 서술한 타이완 사회에 뿌리내리고 있던 수많은 루머가 순식간에 무너졌다. 하지만 반년도 지나지 않아, 과거의 주장에 수정을 가해 현 상황에 맞게끔 포장된 새로운 루머들이 나타나기 시작했다. 그렇다 해도 이러한 루머의 핵심 개념—'적의 기세는 높이고, 자신의 위세는 깎아내린다'—은 변하지 않았다. 까놓고 말해서 이는 바로 타이완 침략을 편리하게 하기 위한 심리전 수단의 일환일 뿐이고, 타이완인의 심리적 방어선을 약화시키려는 의도일 뿐이다.

나는 이 책이 한국의 독자들에게 어느 정도 참고가 되길 희망한다. 한국은 타이완과 마찬가지로 공산 세력의 위협에 직면해 있고, 두 국가 모두 징병제를 시행하고 있다. 차이가 있다면, 중국과 비교해 북한은 한국을 뛰어넘는 무력을 갖추지 못하고 있다는 점이다. 그래서 군사적 위협이 양안만큼 심각하다고 할 수는 없다. 그러나 정보전에 대비한다는 점에서, 타이완이 지난 수십 년간 어떤 식으로 정보전의 공격을 받았는지 아는 것은 한국에 좋은 교훈이 될 수 있다.

이 책을 통해 한국 독자들이 타이완해협의 정세를 더 잘 이해하고, 이 시대를 뒤덮고 있는 정보전의 침략에 함께 대응하며, 민심을 어지럽히는 루머의 목적 달성을 막을 수 있기를 바란다.

중국이 쳐들어오면 어쩌지?

阿共打來怎麼辦: 你以爲知道但實際一無所知的台海軍事常識
Copyright ⓒ 2022 by Matt Wang, Puma Shen
Korean Translation Copyright ⓒ 2025 by Geulhangari Publishing Co.
This translation is published by arrangement with Locus Publishing Company through SilkRoad Agency, Seoul, Korea.
All rights reserved.

이 책의 한국어판 저작권은 실크로드 에이전시를 통해 Locus Publishing Company와 독점 계약한 (주)글항아리에 있습니다. 저작권법에 의해 한국 내에서 보호를 받는 저작물이므로 무단 전재와 복제를 금합니다.

중국이 쳐들어오면 어쩌지?

타이완해협 군사 상상
잘 아는 것 같지만 사실은 거의 모르는

왕리쥐프·선보양次柏洋 지음
최종건 옮김

글항아리

일러두기
- 1, 2, 4부는 왕리가 단독으로 썼고, 3부는 왕리와 선보양이 공동으로 저술했다.
- 원주라고 표기한 것 외에 본문 하단 각주는 모두 옮긴이가 단 것이다.
- 특정 주장이 나온 맥락에 대한 이해를 돕기 위해 본문에 옮긴이가 별도의 지면으로 해설해둔 것이 있다.

추천사:
인지전 공세를 무형의 상태에서 와해시키다

위쭝지 余宗基
전 국방대학 정치작전학부 학장

"악의 본성을 기리 알지 못한다면, 뱀의 지혜와 비둘기의 순진함을 결합하는 것은 불가능하다. 악에 무지하다면 미덕은 보호받을 길이 없고, 반드시 피해를 입는다."_프랜시스 베이컨

"나라란 사람의 축적이요, 사람은 마음의 그릇이다. 생각이 싹트는 순간 그 본질을 꿰뚫어야 하고, 사물이 처음 생기는 순간 그 이치를 탐구해야 한다."_쑨쿤

이 책은 중국 공산당의 '인지전'이 어떻게 군사 루머를 이용해 공포와 비관적인 분위기를 조성하며, 패배주의 심리를 싹틔우는지, 그리고 중국이 '동승서강東升西降·무력무적武力無敵'*이라는 허상을 만들어내 타이완 국민의 국방 심리 방어선을 약화시키는지 이해하는

데 중대한 기여를 한다. 지금 타이완을 향한 중국 공산당의 '문공무하文攻武嚇'**의 인지전은 민주와 자유의 가치관에 심각한 위협을 가하고 있다. 이 책의 출간은 현재 이런 위협을 심각하게 받아들이고 있는 이들에게 가장 완벽한 해설을 제공한다. 특히 사물의 본질을 꿰뚫는 일상적인 이해 방식을 통해 중국의 군사 루머를 하나하나 파헤치고 있다. 구성은 중국 공산당이 타이완에 가장 자주 사용하는 열 가지 군사 루머, 타이완 침공의 4단계 가상 시나리오에 대한 검증, 총성 없는 양안 전쟁, 그리고 타이완과 주변 국가들의 실제 전략 구상 등 총 4부 27장으로 되어 있고, 내용 또한 매우 탁월하다.

저자들은 총통 선거를 앞두고 매번 타이완 내부에 다양한 군사 루머가 만연하며, 타이완군의 사기를 조롱하며 깎아내리고, 인민해방군의 전력을 칭송하는 중국 콘텐츠 팜의 글이 쏟아지는 상황을 지적하고 있다. 2019년 이후 이런 경향은 하이퍼링크 사회의 다양한 영상 정보 플랫폼의 출현과 함께 대중에게까지 확산되었다. 소셜미디어, 친중 단체, 지역 내 협력자, 비공개 그룹에서의 동질화 효과 등을 통해 허위 정보의 확산력은 한층 더 강화되었다. 이렇게 하는 목적은 간단하다. 바로 타이완인들이 자국의 국방에 대한 확신을 잃게

---

* 동승서강은 중국의 국력은 부상하고 서방의 영향력은 쇠퇴한다는 의미로, 중국 공산당과 관영 매체에서 중국의 부상을 강조할 때 자주 사용한다. 무력무적은 중국의 군사력이 세계를 압도할 만큼 강하다는 의미로 중국 내에서 타이완을 겨냥한 선전문에서 자주 보이는 구호다.

** 글로 공격하고, 무력으로 위협한다. 중국의 타이완에 대한 외교적 수사나 여론 조작을 통한 선전·선동과 무력 도발을 통한 긴장 조성을 뜻한다.

하고, '중국 공산당 군사 패권의 부상, 타이완 통일의 불가역적 확정'이라는 선전 내용에 대해 환상을 품고 믿게 만들려는 것이다. 이는 중국 공산당의 '적의 내부에서 적을 파괴한다'라는 일관된 수법이다. 즉 타이완의 언론 자유 환경을 이용해 타이완 사회 내부의 대립을 부추기고, 정부의 위신을 떨어뜨리며, 국민의 신뢰를 흔들어 타이완 선거에 영향을 미칠 뿐 아니라, 타이완에 통일에 유리한 환경을 만들어 피 한 방울 흘리지 않고 타이완을 탈취한다는 목적을 달성하려는 것이다.

이 책의 또 다른 중요한 의의는 지난 30여 년간 유행한 중국의 타이완 무력통일 관련 각종 군사 루머를 집대성했을 뿐 아니라, 그런 루머가 초래할 수 있는 파괴력, 전파력, 실질적인 위협 수준에 대해 평가하며, 최종적으로 다양한 정책 방안을 제시했다는 것이다. 이런 귀중한 제안은 소프트파워와 하드파워를 아우르는 대응으로, 장차 중국 공산당의 인지전과 끊임없이 새로워지는 군사 기만 수단에 직면했을 때 불패의 위치에 서도록 도와줄 것이다.

군생활을 하면서 왕리의 글을 즐겨 읽었다. 또한 선 교수의 민주 실험실과 정보전 특강을 통해서도 깊은 깨달음을 얻었다. 두 전문가가 오랜 세월 중공 인식전을 탐구하며 쌓아온 노력과 기여에 감탄과 존경을 보낸다. 이들의 분석과 제언은 타이완 국방 안전에 지대하고 비범한 의미를 지니며, 이들을 타이완의 진정한 인지전 전문가라고 불러도 손색없을 것이다. 왜냐하면 이들은 장기간 타이완의 국방

안보 이슈를 연구하며 광범위한 자료를 수집하고 검증하면서 풍부한 경험을 쌓았기 때문이다. 이 책의 커다란 성공은 중국 공산당의 타이완에 대한 '군사 기만과 거짓말에 의한 심리 공격'을 직접 관찰한 경험과 함께 국가 전략 커뮤니케이션, 방첩, 첩보전과 정보전 등의 분야에서 쌓아온 뛰어난 업적과 학문, 그리고 오랜 명성을 반영한다.

이 책은 중국 공산당의 '인지전'과 군사 루머의 역사 및 성격을 심도 있게 탐구하고 있고, 동시에 타이완 정부에 군사적 대비의 중요성을 소홀히 해서는 안 된다는 점을 일깨워주고 있다. 이 책에는 국군과 정책 입안자들에게 중국 공산당의 '인지전'을 효과적으로 억제하고, 대항하며 격파할 방안을 제시하고 있다. 타이완은 지금 인지전이라는 전장에서 가혹한 시련을 겪고 있다. 오직 '사실이 선전을 대신하고, 실력이 평화를 보장한다'라는 자세로 막대한 국가 자원을 투입해야만 최종적인 성공을 거둘 수 있다. 두 저자의 탁월한 전략·작전·전술 차원의 조언은 바로 이 목표를 이루는 데 크게 기여할 것이다.

추천사:

공포는 무지에서 온다

린잉유 林穎佑

타이완 단장대학 조교수

인민해방군은 타이완을 공격할 것인가? 공격한다면 어떻게 할 것인가? 타이완은 며칠이나 버틸 수 있을까? 미군은 개입할 것인가? 이 모든 것은 최근 타이완 안팎에서 높은 관심을 사는 사안들이다. 수많은 전문가와 학자는 각기 다른 관점을 지니고 있다. 학술 토론회나 시사 프로그램 등에서 여러 견해가 제시되는 가운데, 중국이 체계적으로 가짜 정보를 유출하면서 일반 국민에게 오해를 불러일으키고 있다. 여기에 일부 매체는 조회 수를 늘리기 위해, 혹은 정치적 입장에 따라 중국의 선전 정보를 활용해 자극적인 제목을 단 기사를 양산하고 있다. 과거에 국방 연구는 극소수의 관심사였다. 비록 다수의 국민이 군 복무 경험을 했지만, 군사 문제에 대해서는 편견을 가지고 있었다. 이로 인해 타이완 국민은 국방 관련 사안을 논할 때 국군에 대해 부정적인 태도를 내비친다. 이러한 오해와 편견은 모두 정보 부족과 일부 인사들의 체계적인 오도誤導에서 비롯된 것이다.

사실 2016년 군사 개혁 이후 인민해방군의 현대화 속도는 끊임없이 상승하며, 그 전환의 범위도 시간의 흐름에 따라 새로운 단계로 접어들었다. 기본적으로 군대의 현대화는 이론·기술·조직·인재라는 네 단계로 구분할 수 있는데, 이는 인민해방군의 발전과도 부합한다. 2003년 제2차 걸프전은 현대전의 기초를 확립했고, 인민해방군 고위층에게 미래 부대의 발전 방향을 제시했다. 그러나 당시 인민해방군은 관련 개념이 전혀 없었던 터라 우선 대량의 해외 자료 번역을 통해 기초를 다질 수밖에 없었다. 이는 후진타오 시기 '과학적 발전관'을 주요 정책으로 추진한 이유이기도 하다. 어쨌든 현대전에서 정보화 장비 없이는 승리할 수 없다. 2010년 이후 인민해방군의 많은 연구 자료가 당시의 조직이 합동작전 체계에 부합하지 않는다는 점을 지적하기 시작했다. 특히 각 부대 단위의 계급과 권한이 상이한 상황에서 정보화의 효율성이 발휘되는 것은 어렵다고 비판했다. 이 모든 것이 2016년 시진핑이 대규모 군사 개혁을 추진하는 배경이 되었다.

시진핑의 군사 개혁은 '군사위원회가 전체를 총괄하고, 각 전구戰區는 전투에 주력하며 군종軍種은 군 건설에 매진한다'라는 지휘 원칙을 확립했다. 그리고 과거 각 부대에 분산되어 있던 정보 전자, 항공 시스템과 후방 보급 체계를 재정비해 이를 독립적인 '전략지원부대'와 '연근보장부대'*로 통합함으로써, 인민해방군의 지휘 체계를 일체화된 연합작전에 더 부합하도록 만들었다.

하지만 인민해방군도 아무리 첨단 무기를 갖추더라도 결국 사람이 운용해야 한다는 것을 잘 알고 있었다. 따라서 일체화된 연합작전을 수행할 수 있는 장병을 어떻게 양성할 것인가가 인민해방군의 당면 과제가 되었다. 이와 더불어 군사 개혁 이후 인민해방군은 실전 같은 훈련을 끊임없이 요구하고 있지만, 2020년 코로나 방역 작전 과정에서 개혁 이후의 후방 보급 체계에 여전히 많은 문제점이 있다는 것이 드러났다. 인민해방군 내부의 부패 문제 역시 쉬차이허徐才厚,** 궈보슝郭伯雄,*** 팡펑후이房峰輝,**** 장양張陽***** 등이 낙마했다고 해서 끝난 것이 아니다. 이는 '싸울 수 있는 군대, 싸워서 이기는 군대能打仗, 打勝仗'를 강조하는 인민해방군의 최대 적수는 외국 군대가 아니고 오랜 시간 누적된 악습과 제도적 문제(예를 들어 퇴역군인의 연금)일 수도 있음을 의미한다. 그런데도 현재 많은 국민은 정보 부족이나 잘못된 정보로 인해 인민해방군에 대해 왜곡된 인식을 하고 있으며, 이는 국제 안보 정세 판단에 악영향을 미친다.

* 연합근무보장부다-LSF. 중국인민해방군의 병참, 의무 등을 전담하는 중앙군사위원회 직속 부전구급 부대.
** 전 중앙군사위원회 부주석. 쉬차이허우의 저택 지하에서 1톤 이상의 현금과 막대한 보물들이 발견된 것으로 전해진다.
*** 전 중앙군사위원회 부주석. 2015년 거액의 뇌물 수수 등 부패 혐의로 조사를 받고 2016년 무기징역형이 선고되었다.
**** 초대 연합참모부 참모장. 궈보슝과 연관된 뇌물 수수 혐의로 낙마하고 2019년 무기징역에 전 재산 몰수형이 선고되었다.
***** 중앙군사위원회 정치공작부 주임. 궈보슝, 쉬차이허우와 관련해 군 기율 당국의 조사를 받던 중 자택에서 자살했다.

물론 타이완은 병학兵學* 문화가 유사하고 비슷한 배경을 가진 만큼 응당 국제사회에서 인민해방군 연구의 주요 거점이 되어야 한다. 하지만 인민해방군에 대한 연구는 학술 부문에서 극히 드문 분야였으며, 선천적인 군사 연구의 제약에 정보 수집의 오류와 중국 공산당 조직에 대한 인식 부족까지 더해졌다. 특히 인민해방군의 조직과 제도는 다른 나라의 군대와 상당한 차이가 있어 구미 군대 체제로 해석한다면 쉽게 오판할 수 있다. 당과 군의 관계에 근본적인 차이가 있다는 점 외에도 많은 제도가 다르다. 예컨대 미·중 국방부 장관의 통화는 양측이 여전히 소통 채널을 유지하고 있음을 보여주지만, 소위 '삼무 단위三無單位'(구체적인 편제 없음, 구체적 기구 없음, 사무실 없음)라고 불릴 정도인 중국 국방부와 미국의 펜타곤을 비교할 수 있을까? 군사 개혁 이후 해방군은 체제, 작전, 지휘·통제 체계 전반에서 커다란 변화를 겪었다. 타이완은 과거부터 축적해온 인민해방군 연구와 관련해 장기적 자본(언어 외에 군사 문화와 병학적 소양을 포함한다)을 잘 활용하고, 정보력을 판단의 자본으로 삼아 연구·분석에 매진해야 한다. 그래야만 잘못된 인식과 공포를 극복할 수 있다. 최근 타이완은 '국민 국방'의 중요성을 끊임없이 강조하고 있지만, 이 목표를 달성하기에 앞서, 특히 인민해방군의 위협에 대한 인식이 정확한지를 반드시 직시해야 한다.

---

* 넓은 의미로 군대나 전쟁 따위와 관련된 모든 이공 계열 학문과 사회 과학 분야를 통틀어 이르는 말.

이 책의 저자들은 국내에서 해당 주제를 깊이 다루고 있는 신진 학자들로, 국방 안보와 정보전 분야에서 심도 있는 논의를 계속 펼쳐왔다. 이 책의 관점이나 일부 내용은 여전히 논쟁의 여지가 있다. 하지만 다루는 주제에 관한 한 분명 여러 논의의 방향을 제시하고 있고, 대중이 오도하기 쉬운 사안에 대한 분석을 제시하고 있다.

제2차 세계대전을 승리로 이끈 미국의 루스벨트 대통령은 다음과 같이 말한 바 있다. "우리가 두려워해야 할 유일한 것은 두려움 그 자체다." 이는 지금 타이완의 상황과 맞닿아 있다. 그럴듯하지만 사실과 다른 정보가 계속해서 유포되고, 인민해방군에 대한 인식이 여전히 피상적이어서 전체를 보지 못한다면 자연히 두려움에 휩싸일 수밖에 없다. 프랑스의 전략가 앙드레 보프르는 또한 이렇게 말했다. "역사의 바람이 불기 시작하면 인간의 의지를 압도한다. 그러나 폭풍의 도래를 예견하고 그것을 극복하며, 나아가 그것을 인류를 위해 활용하는 것은 인간의 능력 범위 안에 있다. 통제하려면 먼저 알아야 한다. 최악은 관망하는 것이고, 관망은 흔히 아무것도 하지 않는 것의 구실이 되곤 한다. 운명은 인간의 결단과 지혜가 결정한다. 불행히도 이 두 가지는 종종 부족하다. 그래서 제국의 붕괴는 적의 공격 때문이 아닌 내부의 모순 때문에 일어난다. 전략의 요체는 예방이지 결코 치료가 아니다. 과거의 모든 실패의 경험은 두 단어로 요약된다. 그것은 바로 '너무 늦음'이다."

오늘날 인민해방군의 현대화가 가속되는 가운데, 타이완해협의 안보와 우리 국방은 전 국민과 군이 함께 직면해야 할 현실이다. 나는 독자 여러분이 이 책을 읽은 뒤 나와 마찬가지로 많은 생각을 하고, 강렬한 인상을 받으리라 믿는다.

추천사:
우리 군사 지식을 0단계에서 1단계로

주유쉰朱宥勳

문학평론가

이 책은 출간된 지 몇 주 만에 4쇄를 찍는 기록을 세웠다. 이와 비슷한 성향의 책은 2017년 미국 학자 이언 이스턴이 펴낸 『중공의 타이완 침공 대해부』다. 두 책이 인기를 끈 것은 특정 분야의 지식 공백을 메웠다는 점과 함께, 타이완 사회에도 '타이완 관점의 군사적 담론'이 절실해졌다는 사회적 분위기에서 비롯된다. 그런 측면에서 보자면 『중국이 쳐들어오면 어쩌지?』는 『중공의 타이완 침공 대해부』보다 훨씬 더 깊다. 정치적 전제, 담론 방식 그리고 사고의 비유 등 여러 면에서 한 단계 더 나아갔기 때문이다.

과거 타이완에 군사 문제를 다룬 책들이 없었던 것은 아니다. 하지만 대부분 일반 독자들이 접하기 어려웠고, 설령 읽는다 해도 난해하고 모호해 '그래서 결론이 뭔데?'라며 의문을 품게 만들었다. 이러한 지식의 진공 상태는 중국이 '인지전'을 펼칠 만한 거대한 공간을 제공했다. 통일을 지지하는 이들은 각종 '타이완 필패론'을 입에 달고 다녔고, 심지어 중도 성향 유권자나 독립을 지지하는 이들조차 이런 주장에 영향을 받았다. 민진당이 두 번째 집권기*에 들어선 이후 국제 정세는 점차 격화되었고, 미·중 간의 힘겨루기가 심화되면서 타이완해협에서의 전쟁이 그렇게 불가능한 것만은 아니라는 인식이 커졌다.

여러 차례의 선거와 여론조사에서 드러났듯, 타이완인들은 '중국에 맞서 타이완을 지키자抗中保台'라는 주장에 상당한 공감대를 형성하고 있다. 하지만 아이러니하게도 그 공감대는 완벽한 이해 위에 세워진 것이 아니라, 추상적인 민심에 기초한 것이다. 만약 '중국에 맞서 타이완을 지키자'고 주장하는 이들에게 타이완의 안전은 무엇을 기반으로 하는가라고 물어본다면, 대부분 '문文을 중시하고 무武를 경시하는' 답변을 할 것이다. 그들은 국제 정세나 정치적 계산, 심지어 경제·사회적 논점을 논할 수는 있어도, 실제 군사적 대결에서 타이완 자체가 어떤 우위를 가졌는지에 대해 설명하지는 못한다.

이 책의 가장 큰 의의는 바로 이런 '무武'에 대한 지식의 공백을 메워주는 데 있다. 모든 사람이 타이완의 국가 안보는 스스로의 노력 위에 세워져야 하며, 미·일의 지원에만 의존할 수 없다는 점을 알고 있다. 문제는 구체적으로 어떤 방향으로 노력해야 하는지, 현재

---

* 여기에서는 차이잉원의 재선 이후를 의미한다.

타이완 군대는 어떤 노력을 했고 성과는 있었는지에 대해 구체적으로 이야기할 사람이 거의 없다는 점이다. 이런 문제들은 종종 세부적인 전술 상정變定으로 이어질 수밖에 없는데, 바로 이 부분에서 이 책이 우리에게 기초 지식을 제공한다.

이 책은 '루머 파헤치기'라는 영리한 형식을 취하고 있다. 널리 알려진 군사 루머들을 가져와 각종 전술 상정의 세부 내용을 제시한다. '탄도미사일 무적론'을 다룰 때는 'CEP(원형 공산 오차)'를 소개하며 독자들에게 중국이 3000기의 탄도미사일을 가지고 있어도 타이완의 방어 체계를 격퇴하기에는 턱없이 부족한 이유를 알려준다.

'공수부대 기습 요인 암살 작전'을 이야기할 때는, 공수부대가 낙하하는 데 필요한 지형 조건을 제시하며 도시가 밀집된 타이완에서 이런 작전이 왜 불가능한지를 설명한다. '모든 선박 자산을 동원한 타이완 공격론'을 이야기할 때는, 상륙 선단이 타이완해협을 왕복하며 물자를 싣고 내리는 과정, 함정의 흘수선과 상륙 지점 간의 거리 계산 등을 통해 상륙작전이 얼마나 어려운지를 구체적으로 설명한다. 반대로 말하면, 방어하는 측이 어떤 이점을 갖고 있는가를 논증하는 것이다.

이 책의 가치는 '정면 대결'에 있다. 군사적 배경이 없는 독자도 이 책을 통해 타이완해협의 군사 현황, 타이완 측의 전략·전술적 우위가 어디에 있는지 대략 파악할 수 있다. 그리하여 중국의 인지전이 퍼뜨린 루머에 맞닥뜨렸을 때 미국이 반드시 구해줄 거라는 무기력한 말 외에는 할 말이 없는 상황에서 벗어나게 된다. 이런 기여만 으로도 이 책은 기존 군사 서적에서는 찾아보기 힘든 특별함을 지닌다. 더 전문적인 책도 있지만, 전문적인 지식을 일상 언어로 풀어낸 것은 이 책이 유일하다.

물론 실제로 작전 계획을 수립할 때는 이 책에서 다룬 내용보다 수천, 수만 배 더 복잡할 것이다. 하지만 일반 시민이 필요로 하는 군사 상식 차원에서 이 책은 충분히 설득력 있고 세밀한 논의를 제공한다.

독자들이 책을 직접 읽어보길 바라며 앞서 잠깐 언급한 '타이완 관점의 군사 담론'에 대해 좀더 이야기해보겠다. 오랫동안 계엄을 겪으며 타이완인들은 군사 문제에 참여하고 사고할 기회를 박탈당했다. 중립적이어야 할 군사 과학의 세부 사항조차 사실상 장제스의 중화민국이 양성한 집단에 의해 주도되었고, 타이완 독립을 지향하는 사람들은 상대적으로 '군사 문외한'이 되어야 했다. 천수이볜 시절 군사 쿠데타 소문이 잦았던 것이나, 초창기 군사 애호가 커뮤니티가 대부분 국민당을 지지하는 성향이었던 것도 이로부터 파생된 현상이다.

그러나 이런 상황은 최근 몇 년 동안 바뀌고 있다. 차이잉원 정부가 군사 혁신을 강력하게 추진하는 가운데, '중국에 맞서 타이완을 지키자'라는 승부수를 던졌고, '민진당은 군사에 무지하고, 군사 인재는 국민당에만 있다'라는 인식은 완전히 불식되었다. 『중공의 타이완 침공 대해부』에 이어 이 책이 베스트셀러가 된 것은 군사 문제에 관심 있는 독자층에 '타이완 관점에서 전쟁을 보려는 성향'이 더 강해지고 있음을 보여준다.

　타이완해협의 정세가 시시각각 변하는 시대에, '중국에 맞서 타이완을 지키자'가 공감대를 형성한 시대에, 지식인 사회는 전통적인 정치보다 문화격인 정치에 익숙하고 무기·군제보다는 국제관계를 더 즐겨 이야기하는 시대에, 타이완이 완전히 새로운 도전과 기회를 동시에 맞이하고 있는 시대에 이 책은 정말 시의적절하다. 우리는 호전적일 필요도 없지만, 군사 문제를 모른 척하고 넘어갈 형편도 아니다. 그런 점에서 이 책은 우리가 과거를 정리하고 미래를 숙고하는 데 도움을 줄 중요한 작품이다.

들어가며

이 책을 쓰기로 마음먹은 것은 총통 선거 전인 2019년부터다. 언제나 그렇듯이 총통 선거 전에는 군사 루머가 경쟁하듯 퍼진다. 예전에 이러한 루머는 소수의 중국 네티즌이 타이완 통일 찬성파와 함께 타이완의 국군을 조롱하고 폄훼하는 한편, 인민해방군의 실력은 치켜세우는 식의 양산형 글이었다. 하지만 이번 선거에서는 이런 추세가 일반 국민에게까지 퍼졌으며, 다양한 SNS의 폐쇄적인 그룹 특성을 통해 중국은 정보전 역량을 강화했다. 이를 통해서 인민해방군의 실력이면 두세 번의 공격으로 타이완을 무너뜨릴 수 있고, 영국을 뛰어넘고 미국을 따라잡아서 수년 안에 21세기 패권을 차지할 것이라는 루머를 타이완 국민이 믿게 하려 한다.

이런 루머의 목적은 바로 타이완 사람들이 하루빨리 현실을 인정하고 투항하게 만드는 데 있다.

상황이 이 지경에까지 이르니 더는 두고 볼 수 없어 머리가 아프다. 전형적인 루머들이 오랜 시간이 지나도 사그라지지 않는 것은 타이완 사람들이 이와 관련된 군사 지식에 대한 이해가 부족하다는 것을 의미한다. 더 골치 아픈 점은 타이완에서 오랫동안 국민당과 민진당이 정치적 대립을 하면서 양당 지지자들이 마땅히 객관적으로 봐야 할 군사 이슈에 대해 정치적 입장을 우선하는 태도를 보인다는 것이다. 거기에 SNS의 폐쇄적인 그룹 특성이 더해져 정확한 이해를 바탕으로 하는 해명 글이 널리 퍼지는 것은 극도로 어려운 상황이다. 그래서 책을 써서 설명해보자는 생각을 하게 되었다.

각자의 정치적 입장은 다르지만, 군사 상식은 똑같이 부족하다

이러한 루머들을 자세히 들여다보면, 그야말로 수십 년 동안 변치 않았다고 할 수 있다. 하지만 대중은 기초적인 군사 상식이 부족하다보니, 원래는 정확히 이해할 수 있는 개념임에도 종종 엄청난 인지 편향이 생긴다. 국민당을 지지하는 사람들뿐만 아니라 민진당을 지지하는 사람들도 곧잘 이러한 경향을 보인다. 잘못된 인지는 심리전 측면에서 당연히 타이완에 불리하다. 더 끔찍한 사실은 이것이 우리가 국방력 강화의 필요에 대해 비현실적인 견해를 갖도록 영향을 미칠 수 있다는 것이다.

'인민해방군은 무적이라서 타이완은 어떻게 해도 승산이 없다. 그러니 군비 확충은 포기하는 게 낫다'*라는 견해나, '타이완은 반드시 승리할 테니, 무기는 어떻게 구입해도 괜찮다'라는 견해 모두 국가 안전에 문제를 초래할 수 있다.

내가 이 '군사 대중서'를 쓰면서 가장 곤혹스러웠던 점은 '군사 대중서'는 '과학 대중서'와 다르다는 것이다. 과학적 관념은 일반적으로 하나의 이론과 하나의 공식으로 어떤 현상을 설명하고, 엄격하게 통제되는 실험과 대조군을 통해 그와 관련된 변화를 확인할 수 있다. 반면 군사 지식은 그렇지 못하다. 군사와 관련된 이야깃거리는 하나하나 모두 다양한 요소와 얽혀 있다. 가장 기초적인 사격만 봐도, 총을 정확하게 쏘려면 그저 조준하고 방아쇠만 당긴다고 해서 될 일이 아니다.

이는 우리 주변 생활에서 더 잘 드러난다. 많은 사람이 갖고 있는 군사 개념은 대부분 자신과 친구들의 군 복무 경험에 근거하며, 불합리한 훈련과 낡고 고장이 잦은 장비 등에 대한 기억에 쏠려 있다. 이러한 사람들에게 '국군은 원래부터 엉망이다'라는 명제는 경험에서 나온 사실이고, 이것은 되돌리기 대단히 어렵다. 하지만 다른 나

---

* 이와 관련된 주장을 하는 대표적인 인물로 전 타이완 국방부 차관 린중빈林中斌이 있다. 그는 중국 관영 매체와의 인터뷰에서 "중국이 침공하면 타이완은 72시간도 못 버틴다"고 주장했다. 또한 친중 성향 정치인 왕빙중王炳忠은 타이완이 자위 능력만 갖추면 충분하므로, 전면적인 군비 확장은 불필요하다는 논리를 펼치며 타이완군의 군비 확장 계획에 반대하고 있다.

라의 징병제 군대에 대해 객관적인 평가를 해보면, 실전 경험이 없는 군대는 일반적으로 타이완 군대와 마찬가지로 엉망임을 알 수 있다. 다만 차이가 있다면 엉망인 부분이 다르다는 것이다. 그렇기에 인민해방군의 일반 부대들도 똑같이 엉망임은 말할 필요가 없다. 사실 미군이라 해도 다수의 군인은 무의미한 업무만 하는 데 불만을 품고 있는데, 그래도 미군은 전장에 나갈 기회가 있다보니 엉망인 비율이 매우 낮다.

하지만 루머를 불식시키자는 관점에서 보면, 국군은 엉망이라는 선입견만큼 설득하기 어려운 배경도 없다. 이 점이 내가 글을 쓸 때 루머 중에서도 비교적 기본이 되는 부분을 우선할 수밖에 없게 만들었다. 여러 차례 변화를 겪으면서 복잡다단해진 루머들은 본질적으로 무지에 호소하는 논리이며, 증명할 수 없는 부분을 통해 오히려 그들의 가설을 믿도록 강제한다.

군사 상식을 이해하기 쉽게 설명하고자 했다

어쨌든 할 일을 해야만 하기에, 나는 개인 블로그와 페이스북에 그동안 타이완에서 자주 등장한 루머들과 이 루머들을 어떻게 불식시킬 것인가에 대한 글을 올렸다. 이 책은 그 연재 글들을 새롭게 정리하고 일부 내용을 수정하여 엮은 것이다. 부디 독자들이 이 책을 통해 양안 군사에 대한 기본적인 개념을 갖출 수 있길 바란다.

이 책은 대중적 글쓰기의 관점에 근거해 기초 과학 사실을 바탕으로 하며, 이해하기 쉽도록 루머의 허황된 점을 하나하나 자세히 설명하려고 노력했다. 그럼에도 독자들에게 양해를 구하려 한다. 심도 있는 내용을 설명할 때 전체적인 이해가 가능하게 하는 것은 굉장히 어려운 일이다. 왜냐하면 군사라는 것 자체가 수많은 사회 경험 및 상식과 관련되다보니, 진실을 추구하기 위해 깊이 파고든다면 이를 충분히 소화할 수 있는 사람과 또 그렇게 하길 원하는 사람의 수는 크게 줄어들 것이기 때문이다. 그렇다고 쉽게만 쓰자고 들면, 책의 내용이 군軍 홍보물 수준이 될 테고, 이는 이 글을 쓰려 했던 초심에 어긋난다.

책의 첫 부분은 지난 30년에 걸쳐 늘 등장했던 군사 루머들과 그 루머가 왜 말이 안 되는지에 대해 단도직입적으로 이야기하고 있다. 이어서 중국이 타이완을 침략하려 한다면 가장 현실적이고 안전한 전술은 무엇인지 설명하고, 군사 작전 외에 중국이 타이완을 상대로 어떤 비군사적 전쟁 침략 수단을 썼는지에 대해서도 이야기하고 있다.

전반부 세 부분은 일반적인 이해 순서로 보면 거꾸로 서술하고 있는 것처럼 보인다. 먼저 무기 성능의 한계부터 이야기하고, 이어서 인민해방군이 쓸 수 있는 수단의 제한에 대해 이해한 후, 마지막으로 현재 평화적인 상황에서 중국 공산당이 어떻게 타이완 침략을 개시할 수 있는지에 대해 이야기한다. 이렇게 구성한 이유는 독자들이 먼저 개념을 잡게 하고, 겉으로 막강해 보이는 다양한 타이완 침공 방식이 사실은 성공 확률이 매우 낮거나, 천운에 가깝게 모든 요소가 완벽하게 맞아떨어져야 성공할 수 있는 것일 뿐, 결코 대적할 수 없는 비장의 카드가 아님을 이해시키기 위해서다. 이러한 기초적인 이해가 있고 난 뒤에야 독자들은 완벽하게 개념을 잡을 수 있고, 인민해방군이 승률을 높이기 위해 사용할 수 있는 전술은 무엇이며, 그것의 합리적 적용 범위는 어디까지인지를 이해할 수 있을 것이다.

나는 독자들이 이러한 분석을 통해서 국방부가 어떤 무기를 구매했고, 어떤 편제를 구성하려 했으며, 왜 그런 배치를 했는지 다 나름의 근거가 있음을 이해할 수 있기를 바란다. 참모 장교들은 결코 세금만 축내는 이들이 아니라, 각자의 신분 제약과 기밀 유지 원칙 때문에 공개적으로 많은 이야기를 못 하는 것뿐이다.

이어지는 두 부분은 타이완을 둘러싼 주변 국가들이 자국의 입장에서 어떻게 전략을 세우고 있는가를 소개하며 독자들에게 더 넓은 시야를 제공하려 한다. 독자들이 인민해방군의 실력에 대해 초보적으로나마 이해하게 되면, 각국이 자신의 위치를 어떻게 여기는지 알 수 있으며, 수많은 루머가 주변국의 전략과 정면으로 배치된다는 것을 알 수 있다. 이러한 루머 속 이야기가 현실이 될 수 있는 유일한 조건은 중국이 반드시 주변 모든 국가의 조공을 받을 만큼 강대해지는 것인데, 현실은 결코 그렇게 돌아가지 않는다.

그리고 나는 인민해방군 관점에서 군대 창설의 목적을 헤아려보고, 인민해방군의 실제 군사력이 어느 정도인지 따져보았다. 어쨌든 타이완인들이 여태껏 들어온 말은 중국이 타이완 통일을 목표로 어떠한 수단과 희생도 마다하지 않는다는 것뿐이다. 하지만 정작 중국이 타이완을 통일한 후에 무엇을 하려는지까지 생각해본 사람은 거의 없다고 할 수 있다.

여러 해 동안 중국에서 유입된 루머는 모두 중국이 공격적인 사고방식을 택하고 있다는 전제를 깔고 있다. 마치 주변 모든 국가가 조공을 바치러 오던 한나라와 당나라의 전성기를 다시 이루려는 듯하다. 타이완인 스스로가 상대적으로 약소한 위치에 있다는 의식 속에서 이런 루머들에 현혹되어 중국 역시 침략당할 것을 두려워한다는 것은 생각지 못하고 있다. 입장을 바꿔 베이징의 관점에서 본다면 전혀 다른 생각을 할 수도 있다.

이 또한 내가 가장 크게 기대하는 바다. 독자들이 이 책을 다 읽고 난 뒤에는 더 뚜렷한 관점으로 타이완의 군사력 구축의 필요성을 이해하고, 주변 정세 전체를 인식하며 상대의 능력과 한계를 제대로 파악할 수 있기를 바란다. 패배주의에 빠져서 스스로를 과소평가한다면, 그게 바로 중국의 계략에 말려드는 것이다.

차례

추천사

인지전 공세를 무형의 상태에서 와해시키다

_위중지余宗基 전 국방대학 정치작전학부 학장 ...5

공포는 무지에서 온다

_린잉유林穎佑 타이완 단장대학 조교수 ...9

우리 군사 지식을 0단계에서 1단계로

_주유쉰朱宥勳 문학평론가 ...15

들어가며 ...20

1부
대표적인 타이완 침공 루머 파헤치기

1 탄도미사일 무적론 ...36
2 무인기에 의한 방어망 마비론 ...57
3 공수부대 기습 요인 암살 작전론 ...73
4 헬기 기동 타격 부대에 의한 요인 암살 작전론 ...82

5 민항기에 의한 공항 점거론 ···88
6 모든 선박 자산을 동원한 타이완 공격론 ···92
7 항공모함 협공론(타이완 동부 함락설) ···117
8 컨테이너형 미사일 기습론(미군 항모 격침론) ···130
9 요즘 뜨고 있는 순항미사일과 장거리 로켓포에 의한 타이완 침공론 ···135
10 잡초처럼 질긴 타이완 봉쇄론 ···146
1부 총정리: 루머는 사람을 패배주의자로 만든다 ···160

2부
중국의 타이완 침략 전술

11 타이완 침공 시나리오 설정 ···167
12 전쟁 전 준비 단계 ···177
13 개전開戰 초기 ···185
14 제공권·제해권 확보 단계 ···200
15 상륙작전 돌입 단계 ···234
16 최종 단계: 교두보 구축 후 정부·군 핵심 지역으로의 진격 ···256

3부
지금도 진행 중인 전쟁

17 정보전 ···289
18 전쟁이 곧바로 폐허로 만드는 것은 아니다 ···302
19 정규 상륙작전 외에 중국이 선택할 수 있는 전쟁 수단들 ···320
20 무력을 통한 공략이 아닌 봉쇄나 경제전을 택한다면? ···328

4부
타이완과 주변 각국의 실제 전략 구상

21 미국의 전략 구상 ···339
22 일본의 전략 구상 ···348
23 남중국해 주변 국가의 전략 구상 ···351
24 인도의 전략 구상 ···354
25 호주의 전략 구상 ···358
26 중국의 전략 구상 ···362
27 타이완의 전략 구상 ···371
각국의 전략 총정리 ···379

맺음말 ···383
후기 ···396
옮긴이의 말 ···400

1부
대표적인 타이완 침공 루머 파헤치기

■

이 장에서는 1990년대 타이완 민주화가 시작된 이후, 중국이 타이완을 상대로 끊임없이 무력 통일을 거론하면서 퍼뜨린 온갖 루머 가운데 대표적인 몇 가지를 본격적으로 분석해보려 한다. 중국이 타이완을 무력으로 침범할 확률이 왜 높지 않은지, 무력 통일이 얼마나 비현실적인 시나리오인지를 이 장의 설명을 통해 독자들은 빠르게 이해할 수 있을 것이다. 이러한 판단의 근거는 맹목적인 믿음이 아니고, 바로 과학에 있다.

루머를 검증하는 데 근거로 든 데이터는 대부분 위키피디아와 '무기 연감'에 공개된 자료에서 가져왔고, 상식을 크게 벗어나는 것은 배제했다. 그리고 이러한 루머들이 왜 근거 없는지 독자들이 이해할 수 있게 상식에 기반해서 풀어냈다.

이 루머들을 종합해보면 공통된 특성이 있다. 모든 루머가 거짓으로만 꾸며진 게 아니라, 일정 부분은 사실에 기반하고 있다는 점이다. 하지만 핵심적인 부분에서는 얼버무리거나, 과장된 주장과 왜곡된 거짓으로 진실을 감추기도 한다. 거짓 속에 약간의 진실을 섞어 '3할의 사실과 7할의 허구'로 구성된 주장을 만들고, 사람들이 그 '3할의 사실'과 자신이 알고 있는 정보가 일치한다고 느끼는 순간 나머지 '7할의 허구' 역시 진실이라고 생각하게 만든다. 군사 지식이 부족한 사람일수록 그 진위를 제대로 가려내지 못하고 쉽게 현혹될 수밖에 없다.

대부분의 루머는 공통적으로 세 가지 주된 기만 수법을 갖고 있다.

첫째, 사용상의 한계는 전혀 언급하지 않고, 가장 극단적인 상황을 이용해서 상식을 벗어나는 극단적인 조건을 받아들이도록 강요하며, 애초에 성립 불가능한 극단적인 조건에서 억지로 보편적인 결론을 도출해내려 한다. 예를 들어 F1 경주차의 속도면 타이베이에서 가오슝까지 한 시간 안에 완주한다며, 그 상황을 사실로 받아들이도록 강요한다. 그러고 나서 조건만 맞으면 자가용 승용차로도 타이베이에서 출발해 한 시간 안에 가오슝에 도착할 수 있다고 추론한다고 하자. 보통은 이 말이 터무니없다고 느낄 것이다. 하지만 군사와 관련해서 대부분의 사람은 무기에 대한 기본 개념이 부족해 조건만 맞으면 성공할 수 있다고 쉽게 믿어버린다.

둘째, 시간과 공간의 배경을 뒤섞어놓고, 개별적으로만 성립될 수 있는 조건들, 심지어 서로 모순되는 조건들까지 한데 섞어놓고, 중국 인민해방군은 상상을 초월하는 막강한 실력을 갖췄다고 떠벌린다. 예를 들어 중국은 전차를 수송할 상륙함이 있나? 있다. 중국은 대량의 인원을 실을 선박이 있나? 있다. 그렇다면 중국은 수많은 선박으로 전차를 바다 건너까지 운송할 수 있다고 결론 내버린다. 하지만 이는 선박의 부피를 전혀 고려하지 않은 주장이다. 선박 안에 전차를 포개어 싣는 것은 불가능하고, 병력을 통조림 쌓듯이 쑤셔넣을 수도 없다. 더욱이 상륙용 선박은 반드시 작전 병력이 즉시 상하선을 할 수 있게 동선도 신경 써야 한다. 무게와 부피를 고려하지 않고 적재량만 최대치로 계산하는 방식은 이러한 루머들에서 자주 보이는 패턴이다.

셋째, 직선적이고 단순한 논리 전개를 하며, '적을 최대한 과대평가해야 한다'는 개념을 통해 루머를 받아들이게 만들고, 수용하지 않으면 이념적 편향 때문이라고 몰아붙인다. 예를 들어 중국은 항공모함이 있나? 있다. 그에 걸맞은 함재기가 있나? 있다. 3년 안에 실전 배치가 가능한가? 그렇다. 타이완 동부 해역으로 운항할 수 있는가? 가능하다. 이렇게 하고서 중국의 항공모함은 타이완의 동부 해역을 차지할 수 있고, 제해권과 제공권의 우세를 점할 수 있다는 결론을 내버린다. 이것은 그야말로 전형적인 논리적 비약이라고 할 수 있다.

이 세 가지 수단은 '적을 최대한 과대평가해야 한다'는 논리가 핵심이고, 이를 따르지 않으면 적을 경시하는 것이라고 말한다. 하지만 '적을 최대한 과대평가해야 한다'의 뜻은 자료를 통해 합리적인 추론을 하는 것으로, 적의 실력을 20퍼센트쯤 더 높게 쳐주는 것이지, 적을 신처럼 여겨서 적군의 모든 병사가 소림무술을 해 지붕 위를 날아다니며 벽을 타고 오를 수 있고, 어선이나 나룻배에 전차를 실어 타이완해협을 건널 수 있다고 생각하는 것이 아니다. 타이완은 과거 수십 년 동안 적을 과대평가하고 자신은 낮춰 보는 병적인 상태에 빠져 있었다.

이 장에서는 대표적인 루머에 초점을 맞춰 과학적인 논증을 통해 하나하나 분석해보겠다.

1
탄도미사일 무적론

가장 자주 접하는 루머로 그 핵심은 중국이 보유한 탄도미사일을 무적의 무기로 여긴다는 것이다. 탄도미사일 한 발이면 공항이든 발전소든 폐허로 만들 수 있고, 그 위력은 소형 핵탄두 수준으로 과장된다. 이러한 탄도미사일 루머는 시대를 거치면서 여러 차례 버전이 업그레이드됐고, 개전 초기 타이완 전역이 미사일 습격으로 불바다가 될 거라는 식*으로 타이완 국민의 뇌리에 깊이 각인됐다.

탄도미사일에 대한 두려움에 엄청난 수량이 더해져서 공포스러운 분위기가 조성되었고, 이를 통해 탄도미사일은 타이완 사람들을 떨게 만드는 무기가 되었다. 현재 확인 가능한 자료에 따르면 인민해방군이 보유한 중·단거리 미사일은 2000발에서 3000발 정도로 예상된다. 미사일의 탄두 중량은 약 500킬로그램에서 1500킬로그

---

* 중국의 모 싱크탱크에서는 총 작전 소요 시간 '두 시간', 개전 '30분' 안에 보유 탄도미사일 전부를 발사해 타이완 방공망을 무력화한다는 계획을 내놓기도 했다.

램 사이다. 듣기만 해도 매우 공포스러운 이 정보들은 '타이완에 대한 전방위 미사일 공격'이라는 시나리오로 발전한다. 이런 유의 루머는 중국이 둥펑東風 탄도미사일을 소유하기 시작하면서 나타났는데, 기본 개념은 인해전술과 진먼다오金門島 포격전*에서 파생되었다.

이런 루머들은 하나같이 수천 발의 미사일이 개전 후 수 시간 안에 타이완의 모든 공군 기지, 방공 진지, 정부 기관, 민간 시설 등 우리가 생각할 수 있는 모든 주요 기지와 시설을 파괴해 육해공군을 전멸시킨 후, 곧바로 수백 대의 인민해방군 제공 전투기가 몰려와 순조롭게 제공권을 차지하고, 이어서 제해권을 장악한 해군들이 아무런 저항을 받지 않고 육군을 상륙시킨 뒤 전쟁에 승리한다는 내용이다.

미사일의 기본 개념

중국의 군사력에 대한 미국 국방부의 2020년 보고서에 따르면 중국이 보유한 미사일은 크게 대륙간 탄도미사일, 장거리 탄도미사일, 중거리 탄도미사일, 단거리 탄도미사일 그리고 지상 발사용 순

---

* 1958년 중국 인민해방군이 타이완 진먼다오를 집중 포격하며 발발한 무력 충돌. 양안 간의 군사적 대치와 긴장을 상징하는 사건이다.

항미사일로 분류할 수 있고, 수량은 각각 100발, 200여 발, 150여 발, 600여 발, 300여 발이다. 타이완 침공 시나리오와 타이완의 대응 조치를 생각해봤을 때, 대륙간 탄도미사일과 장거리 탄도미사일은 비용 효율성이 떨어지므로 이 루머의 주된 공격 수단은 중·단거리 미사일과 지상 발사용 순항미사일이 될 것이다.

이렇게 따져보면 타이완에 위협이 될 미사일의 수량은 약 1050발에서 1300발이 될 것이고, 가장 공격받기 어려운 발사 시스템은 중거리 탄도미사일이 될 것이다. 하지만 중거리 탄도미사일 발사기의 수량이 미사일 수량과 같다. 그리고 이어서 발사 가능한 단거리 미사일과 지상 발사용 순항미사일의 발사기 수량은 각각 250대와 100대지만, 이것들의 사정거리는 타이완의 대응 공격 범위 안에 있다.

지대지 미사일 부대는 작전 수행 시 기동성을 중시하며, 철도와 도로망의 원활한 운용에 크게 의존한다. 타이완을 마주하고 있는 중국의 동남 연해 지역 대부분은 구릉과 계곡이 밀집된 지형으로 되어 있어서, 기동 시 발각되기 쉽고, 그로 인해 교통로가 파괴되면 신속한 기동 효과를 기대할 수 없다.

예를 들어 기동의 시간적·공간적 요인을 분석해보면, 인민해방군 전술 탄도미사일 대대 인원과 군수물자를 만약 장시 러핑樂平에서 푸젠 융안永安까지 전진 배치한다면(전체 거리는 약 370킬로미터), 전 부대가 장비 해체, 적재, 수송, 하역, 보관, 조립, 시험 등 일련의 절차를 완료하는 데 열흘 이상이 걸린다. 그동안 타이완군은 조기 경보를 할 수 있고 선제공격의 기회까지 얻을 수 있다.

간단히 말해서, 타이완 공격 시 1회 최대로 발사할 수 있는 미사일 수가 500발이면(군구軍區 간 이동 제한은 고려하지 않고, 세 종류의 미사일 발사기의 총수와 가동률을 100퍼센트로 가정해서 계산했다), 1차 발사 이후에는 한 번에 발사할 수 있는 수량이 350발로 줄어들고, 최대 규모의 발사는 많아야 세 번까지 가능하다. 가동률을 80퍼센트로 계산한다면, 1차에 발사 가능한 최대 미사일 수는 400발로 떨어진다. 목표물의 개수를 따져보면 타이완 전역에 열한 곳의 공군 기지, 여섯 곳의 핵심 군항, 육군의 주요 기지 스물다섯 곳, 레이더 기지 스무 곳, 총통부와 같은 핵심 행정기구 다섯 곳(총통부, 행정원, 국방부, 국가 정근政軍 지휘 본부, 내무부 등 주요 지휘 거점)이 있으며, 발전소, 변전소, 기차역, 중요 금융기관 등은 계산에 넣지 않았다. 따라서 총 67개의 목표물이 있고, 목표물당 평균 7.46발에서 4.77발의 미사일을 발사할 수 있다. '몬테카를로 법칙'*으로 평가해보자면 길이 3700미터, 폭 60미터의 도로는 원형 공산 오차^{CEP}**가 50미터 이내이고, 파괴 탄경이 25미터인 지대지 탄도미사일이 최소 6발 있어야 84퍼센트 확률로 파괴할 수 있다. 하지만 우리 측 전투기는 적

---

* 무작위 표본을 반복해서 생성해 복잡한 수학·물리적 문제를 근사치로 해결하는 확률론적 방법.
** 미사일이나 포탄 등 투사체가 목표 지점으로부터 어느 정도 정확하게 명중하는지를 나타내는 통계적 지표로, 전체 투사 중 50퍼센트가 이 반경 안에 떨어질 확률을 의미한다.

1. 탄도미사일 무적론

재량에 따라 활주로의 길이가 600미터에서 1000미터만 돼도 이륙할 수 있다. 인민해방군이 탄두 중량을 두 배에서 세 배로 늘려야만 우리 공군 전력의 우위를 마비시킬 수 있다. 그런데 수량이 가장 많은 둥펑-15형 전술 탄도미사일조차 원형 공산 오차가 300미터에서 600미터 수준이다.

따라서 군사 전문가가 보기에 이러한 루머들은 그야말로 말도 안 되는 헛소리일 뿐이다.

현대 전쟁은 제1차 세계대전과 비교할 바가 아니다. 인해전술과 같이 사람을 밀어넣는 전략은 예전부터 그리 효과적이지 않다는 것이 증명되었다. 더구나 현대 무기는 정밀 전자 부품이 핵심이며, 이들 부품의 정밀도가 무기의 정확성과 체계적 연동성에 큰 영향을 미치므로 수량만 많다고 해서 될 일도 아니다. 하지만 왜 이 루머는 수많은 전문가가 틀렸다고 지적하는데도 20년 넘게 계속 유행하는 것일까?

이는 다른 모든 루머와 마찬가지로 루머 안에는 일부 사실인 내용이 있고, '적을 최대한 과대평가해야 한다'가 이 루머의 가장 기본이 되기 때문이다. 이제 이 루머와 그것의 변형태의 핵심을 복습해 보자.

미사일의 정확도와 위력

대략적으로 말해서 둥평형 탄도미사일의 탄두 중량이 500킬로그램 이상이라 가정하고 전투기 격납고를 직격한다면, 전투기와 격납고는 완전히 파괴될 것이다. 격납고 내 주요 설비가 완전히 파괴되는 것을 막고 싶다면, 아주 두꺼운 철근콘크리트로 보강해야 한다. 그래야 직격 후 충격파에 의한 파괴를 막을 수 있다.

독자들은 분명히 위력이 그렇게 대단한데, 이걸 보고도 경계심과 공포를 느끼지 않을 수 있냐고 반문할 것이다.

우선 주제를 잠깐 벗어나 폭약에 대해 이야기해보겠다. 과거에는 미사일에 대해 말하면, 중국어 자료들은 대부분 'CEP'와 'TNT 당량當量'*이라는 데이터를 언급했다. 하지만 최근에는 인터넷상의 자료들이 변화하면서, 어떤 중국어 자료든 간에 'CEP' 수치는 사라졌고, 중국산 무기의 성능이 미국의 것과 거의 차이 없거나 추월했다는 이야기만 보인다. 위력에 관해서는 '핵탄두 당량'으로 논하는 것이 자주 보이며, 그 위력이 엄청나게 강력하다고만 할 뿐 일반적인 화약의 위력으로 언급하는 것은 거의 볼 수 없다. 이렇게 하는 것의 숨은 의도는 중국산 무기의 성능을 모호하게 만들고, 홍보에만 열을 올리겠다는 것이다. 그러면 왜 중국은 자국의 모든 탄도미사일을 선

---

* TNT 환산 질량.

전할 때, 우리도 모르게 소형 핵탄두를 위력의 기준으로 삼게 만드는 것일까?

그건 공포심을 조장하려는 의도일 뿐이다. 10여 년 동안 우리가 만난 토론 상대자들은 위키피디아나 구글 메인에서 자주 보이는 중국의 콘텐츠 팜content farm에 나오는 '극단적인 상황'들을 근거 자료로 들었다. 솔직히 말해서 토론할 가치가 없는 자료들로, 하나같이 핵무기를 사용하면 끝장이라는 식의 내용이다.

핵무기를 일종의 표준처럼 만들어 재래식 폭약의 파괴력을 대신하려는 것이 이런 루머의 핵심이다. 바꿔 말해, 재래식 무기를 표준으로 삼기에는 이 무기의 위력이 창피할 정도로 형편없으니, 핵무기로 겁을 주자는 것이다.

수백 수천 발의 미사일로 타이완을 폭격해서 타이완군을 마비시킨다는 루머는 사실 그리 효과적이 않은 전제 위에 만들어졌다. 이를 제대로 이해하려면 앞서 언급한 두 가지 개념을 반드시 알아야 한다.

1. CEP(원형 공산 오차Circular Error Probable)
2. 폭발 위력(TNT 당량)

'CEP' 개념은 겉보기와 달리 그렇게 어렵지 않다. 만약 위키피디아 영문판을 읽지 못한다든가 군사 관련 일이나 연구를 할 생각이 없다면, 굳이 공식이나 정리를 암기할 필요는 없다. 그저 CEP를 속칭 '오차'로 알고 있어도 된다. 비록 CEP를 100퍼센트 '오차'라고만은 할 수 없지만, 일단 그렇게 이해해두는 편이 좋다. CEP 개념은 확률이라고 할 수 있는데, 예시 그림을 통해 설명해보겠다.

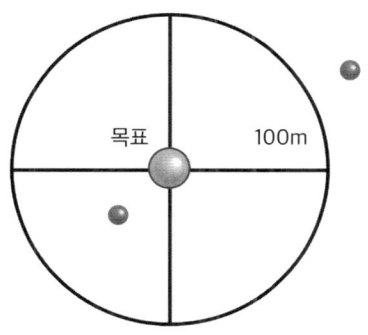

예시: 탄도미사일 1발의 CEP가 100미터라고 한다면 무엇을 뜻하는가?

정답: 통계에 따르면, 2발의 미사일을 발사했을 때 '목표물을 중심으로 반경 100미터의 원형 구역 내에' 1발이 떨어질 수 있다는 것을 뜻한다. 만약 100발을 발사한다면, 50발이 원형 구역 내에 떨어질 수 있다. 이 통계 결과는 확률을 나타내는 것이고, 2발의 미사일을 발사하면 통계적으로 1발은 구역 안에 떨어질 수 있다는 뜻이다. 그렇지만 이것이 2발을 발사하면 무조건 1발은 명중한다는 의미는

아니다. 왜냐하면 확률은 매번 독립적으로 계산해야 하기 때문이다.

몇 발을 발사해야 명중할 수 있는지, 몇 발은 명중하지 못하는지, 그래서 총 몇 발이 필요한지 중학교에서 배운 확률로 계산해낼 수 있다. 아래 표는 간단한 확률을 나열해놓은 것으로, 이를 통해서 1발도 명중하지 못할 확률과 최소한 1발은 명중할 확률을 알 수 있다.

발사 수량(단위: 발)	전혀 명중하지 않음(%)	최소 1발 명중(%)
1	50	50
2	$0.5^2=25$	75
3	$0.5^3=12.5$	87.5
4	$0.5^4=6.25$	93.75
5	$0.5^5=3.125$	96.875

보통의 사람이라면 이 표를 보고 나서 1발의 명중률이 너무 낮다고 생각할 것이다. 어디까지나 이것은 미사일이 목표 구역 내에 떨어지는 확률이지, 목표를 명중하는 확률은 아니다.

어쨌든 명중률은 이렇게나 낮다. 그래서 제1차 걸프전에서 연합군은 전투기를 출격시켜 공중에서 정밀 조준 후 폭탄을 투하했다. 그러니까 F117 스텔스 전투기로 이라크의 레이더 기지나 미사일 발사대 바로 위까지 접근한 뒤 폭탄을 투하했지, 이라크에서 멀리 떨어진 곳에서 미사일을 발사한 게 아니었다.

여전히 무슨 뜻인지 명확히 들어오지 않는다면, 아래 지도를 보자. 이 지도는 인민해방군이 위력이 강한 CEP 100미터의 탄도미사일을 발사했을 때, 50퍼센트 확률로 원 안에 떨어지고, 50퍼센트 확률로 원 바깥에 떨어진다는 것을 의미한다.

여기서 독자들이 반드시 알아야 할 두 가지 문제점이 파생된다. 첫째, 명중률이 낮다는 문제점이다. 도시 구역 내의 정부 기관이나 군사 시설을 목표로 할 때 실수로 주변의 학교나 병원 같은 민간 시설로 미사일이 떨어진다면, 이는 전 세계적으로 망신을 살 끔찍한 참사가 될 것이다(타이베이시에 얼마나 많은 외신 기자가 있는지 잊으면 안 된다).

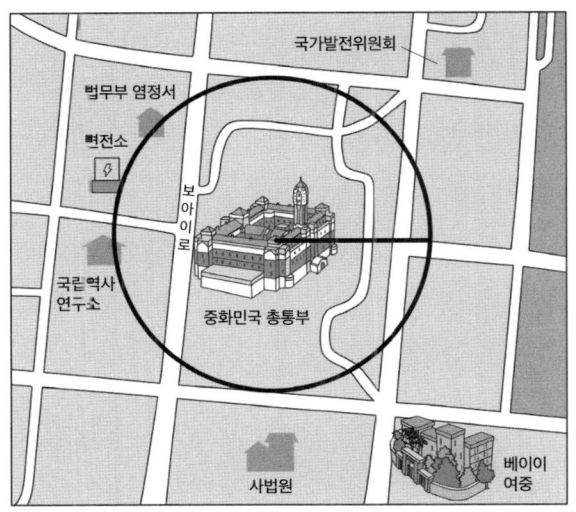

좋다, 그러면 한발 양보해서 이야기해보자. 확률적으로 2발은 쏴야 1발이 명중한다고 했으니, 목표를 타격하고 싶다면 최소한 미사일을 2발은 쏴야 한다. 많이 쏘면 쏠수록 명중률이 50퍼센트에 가까워진다고 했으니, 단순히 확률만 따졌을 때 앞서 언급한 표에 따라 90퍼센트 이상의 명중률을 보장하고 싶다면 동일한 미사일로 4발은 쏴야 한다. 그렇다는 것은 인민해방군이 보유한 3000발의 미사일(CEP를 100미터로 통일했다고 가정하고)로 효과를 볼 수 있는 목표물은 750개밖에 안 된다는 뜻이다.

두 번째 문제점은, 총통부는 면적이 넓으니 미사일을 1발만 쏴도 맞힐 수 있는 것 아닌가? 그렇다, 목표물의 면적이 넓을수록 맞히기 쉽다. 아래에 명중률 공식을 적어두었으니 관심 있는 이들은 직접 면적을 대입해서 계산해보자. 여기서는 계산한 결괏값만 가지고 이야기할 것이다(소수점은 최대한 생략하고, 큰 수로 반올림한다).

CEP 공식

$p = 1 - \exp(-0.41 \times R^2/CEP^2)$

p: 확률

R: 목표물 반경

앞의 총통부 지도를 공항 활주로로 바꿔서 이야기해보자. 폭 20미터의 활주로(20미터는 전투기가 이착륙하는 데 필요한 최소한의 폭이다)로 바꾸면 아래 그림이 된다. 이렇게 되면 맞히기가 어려워서 미사일을 더 많이 발사해야 할 것이다. 하지만 이 얘기를 꺼내는 순간 반드시 등장하는 부류가 있다. 그들은 바로 인민해방군의 미사일은 위력이 강해서 조금 빗맞아도 효과는 충분하고, 그러니 2발만 쏴도 된다고 주장하는 사람들이다.

그들이 틀린 말을 했을까? 기본적으로는 맞다. 따라서 두 번째 문제점에 대해 이야기해야 한다. 바로 '폭발 위력'이다.

폭발 위력은 단순히 화약을 많이 넣는다고 위력이 강해진다는 뜻은 아니다. 폭죽놀이를 떠올려보면 비슷한 경험을 한 적이 있을 것이다. 폭죽이 실수로 손이나 다리에 튀면 아프긴 하지만 찰과상 정도로 끝난다. 하지만 그 폭죽을 손으로 꽉 움켜쥔다면 어떻게 될까? 폭죽의 폭발에너지를 손이 모조리 흡수해 심각한 화상을 입을 것이

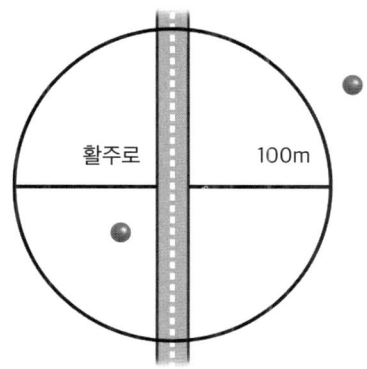

다. 만약 위력이 더 강한 폭죽이라면 피부가 찢기고 살이 터질 게 분명하다.

그러니까 폭발은 어디서 하는지, 타격을 받는 목표물이 얼마나 단단한지에 따라 효과가 달라진다. 일반적으로 주의해야 할 것은 대체로 다음의 두 가지다.

1. 폭발 지점
2. 목표물의 재질

미사일이 활주로를 직접 타격하지 않고 상공에서 폭발한다면, 기본적으로 파편들과 그 파편에 의한 작은 구덩이들만 생길 것이다. 활주로 노면에 부딪혀서 터진다면 폭발에너지는 대부분 위쪽으로 퍼져 작은 구덩이만 남길 것이다. 미사일이 활주로를 일정한 깊이로 뚫고 들어가서 폭발해야 활주로 기능을 마비시킬 수 있다. 통상 탄도미사일의 속도면 활주로를 직격했을 때 상당한 크기의 구덩이가 생기겠지만, 실제 상황에서 실험해보지 않았기 때문에 파괴력이 얼마나 클지는 말하기 어렵다.

그렇다보니 어떤 사람은 집속탄을 사용하면 활주로를 효과적으로 파괴할 수 있다고 주장하기도 한다. 집속탄은 하나의 미사일 안에 복수의 자탄子彈이 들어 있어서 광범위한 파괴 효과를 꾀할 수 있다. 집속탄은 확실히 활주로에 효과적인 피해를 입힐 수 있지만 여기서도 폭발 위력의 문제가 생긴다. 어쨌든 미사일 하나의 폭발 위력을 여러 개의 자탄이 나눠 갖는 것이니 위력도 약해지고, 폭발로 생기는 구덩이 역시 작아질 것이다. 비록 공군의 원활한 활주로 운용에 차질을 줄 수는 있겠지만, 활주로 파괴라는 목적과는 상당한 거리가 있다. 아니면, 타이완군의 완젠 미사일이나 인민해방군의 텐레이500과 같은 집속탄을 탑재한 전투기가 활주로를 직접 타격하는 방법도 있긴 하다.

그러면 폭발 범위는? 기초 물리 개념으로 생각해보자면, 미사일의 화약이 폭발하면 구의 형태로 외부로 확산되기 때문에 폭발에너지는 급격히 감소한다. TNT 500킬로그램의 폭발 위력을 예로 들어보면, 철근콘크리트 재질의 목표물에 직격하지 않고 주변 수 미터 혹은 수십 미터 떨어진 곳에서 폭발한다면, 기본적으로 물리적인 피해는 받지 않겠지만 충격파의 피해는 예상할 수 있다.

충격파는 명확하게 설명하기 어렵지만 최대한 간단히 해보겠다. 충격파가 외부로 퍼지다가 어떤 물체와 부딪치면 그 물체에 충격파 일부가 흡수되어 내부를 통과한다. 여기서 통과하는 비율은 물체의 재질이 어떤 것이냐에 따라 달라진다. 만약 미사일이 활주로 상공에서 폭발해 충격파가 콘크리트 활주로로 전해진다면, 활주로는 그 충격파를 활주로 밑의 토양으로 전달한다. 그래서 활주로가 부실 공사로 지어진 것이 아니라면 완전히 파괴해서 무력화하기는 쉽지 않다.

하지만 일반 국민이 알고 싶어하는 것은 이것이 일반인들에게 어떤 피해를 주는가다. 만약 미사일이 내 집에 떨어진다면, 이보다 더 공포스러운 일이 또 있을까?

만약 정말로 민가에 미사일이 떨어지는 불상사가 벌어진다면 실제로 엄청난 피해가 발생할 수 있다. 그렇더라도 너무 낙담할 것까지는 없다. 보통의 단층집이나 연립주택에서 지하실로 대피 가능하다면 위기는 모면할 수 있다. 철근콘크리트로 지어진 건물에서는 거주층 위아래가 직격을 받지 않는 이상, 충격파에 의한 피해로 다칠 수 있을지언정 사망에까지 이르지는 않을 것이다.

예컨대 병사가 일반적인 철근콘크리트 구조물 안에 있는데, TNT 500킬로그램 위력의 탄도미사일이 지상으로 떨어져 폭발해서 강력한 충격파가 몰려왔다고 해보자.

폭발 지점이 구조물 바로 바깥 몇 미터 이내라면 병사는 충격파 때문에 즉사할 가능성이 크고, 구조물 역시 충격파로 붕괴될 것이다. 이로 인해 근처에 있던 다른 병사들까지 구조물 잔해에 매몰될 수 있다. 폭발 지점이 십수 미터 떨어진 곳이라면, 목숨이야 건지겠지만 심각한 피해를 입을 것이다. 다만 구조물이 무너질 가능성은 적고, 병사도 병원으로 이송된다면 생존할 수 있을 것이다. 수십 미터 거리에서 폭발이 일어난다면 병사는 약간의 불편함만 겪을 것이다.

이건 그저 개념적인 이야기다. 실제 상황에서는 위치나 엄폐호를 따져봐야 하므로 정확한 답을 제시하기 어렵다. 만약 10미터 밖에서 폭발했어도, 폭발 지점과 엄폐호 사이에 건축물이 한 채 끼어 있다면, 그 병사가 생명의 위협을 받는 일은 없을 수 있다.

하지만 단순한 군사 시설, 예컨대 콘크리트 활주로라면, 미사일이 직격해야 효과를 발휘할 수 있다. 미사일이 활주로가 제 기능을 할 수 없을 정도로 폭발적인 위력을 가지려면 크기가 엄청나야 한다. 이럴 바에는 차라리 집속탄을 탑재한 전투기가 직접 타격해서 광범위한 피해를 주는 것이 낫다.

이제 CEP 이야기로 돌아와서, 앞선 그림의 길이 100미터, 폭 20미터의 활주로를 CEP 50미터의 탄도미사일이 타격한다면, 명중할 확률은 얼마나 될까? 공식은 목표물을 원형으로 설정했고 활주로는 세로로 길게 놓인 구조이기 때문에, 여기서는 미사일 낙하 지점이 원형으로 분포한다고 설정하고, 오차가 있다고 보자. 이렇게 해서 공식에 대입하면 8퍼센트 정도의 확률을 얻을 수 있다.

정밀하게 계산한다면 활주로의 길이와 폭을 고려해야 한다. 여기서는 기본 개념만 다루기로 했으니 복잡한 조건은 고려하지 않는다. 그래서 활주로의 면적을 단순히 원의 면적으로 간주해 대입해도 결과는 개념상 큰 차이가 없다. 몬테카를로 법칙을 적용해서 컴퓨터로 계산했을 때, 대략의 값은 6퍼센트에서 9퍼센트다.

그렇다, 확률값은 이렇게 낮게 나온다. 만약 폭발 범위를 억지로 포함하려 한다면, 그에 맞는 다른 공식을 대입해야 한다. 하지만 앞서 이야기했듯 활주로와 같은 콘크리트로 된 구조물을 파괴하려면 목표에 최대한 근접해서 타격해야 한다. 그래서 문제를 너무 복잡하게 만들고, 너무 많은 조건을 따져봐야 하는 것을 피하기 위해 폭발 범위를 활주로 폭의 두 배인 40미터로 설정하기로 하고(사실 이렇게 하면 명중률은 더 높아진다), 다음 페이지의 그림처럼 변경한다.

처음부터 다시 계산해보면 확률은 15퍼센트로 올라가는데, 이는 약 6발을 발사하면 1발을 명중하는 수준이다.

그렇다면 인민해방군의 탄도미사일은 CEP가 대략 얼마나 될까? 정부 측 자료와 신뢰할 만한 자료를 종합해보면 수십 미터에서 수백 미터 사이가 되는데, 일반적으로 100미터에서 300미터로 계산한다. 거리가 멀수록 CEP는 커진다. 하지만 적은 최대한 과대평가해야 하므로 CEP는 통상 100미터를 기준으로 삼지만, 우리는 50미터로 잡겠다.

최근 인민해방군의 발전을 고려해서 탄도미사일의 CEP는 50미터로 잡아도 무방할 듯하다. 하지만 중국이 자신들의 과학기술이 미국의 수준을 뛰어넘었다고 선전하는 것에 대해서는 실소를 금할 수 없다.

어쨌든 CEP를 50미터로 잡고 계산해보면 어떻게 될까? 앞서 길이 100미터에 폭 20미터의 활주로로 계산했을 때 명중률은 30퍼센트까지 올라가고, 폭을 40미터로 잡고 계산하면 확률은 50퍼센트를 넘어간다.

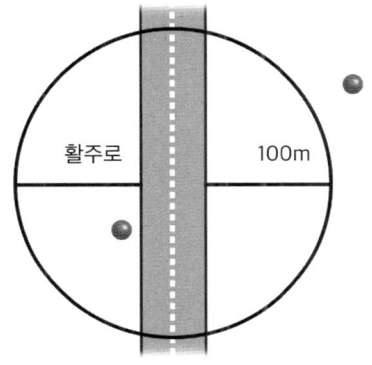

고가의 미사일을 무제한으로 쓸 수는 없다

여기까지 읽었다면, 수천 발에 달하는 탄도미사일의 위협 앞에서도 타이완군이 패트리엇 미사일을 그와 비슷한 규모로 증강하지 않는 것은 그것이 비싸거나 구매하고 싶지 않아서가 아니라, 탄도미사일이 생각만큼 악독적인 무기가 아니기 때문임을 독자들도 이해할 수 있을 것이다. 어떤 군사 방어 체계든 원가 대비 효율을 따지기 마련이다. 100억 타이완달러*를 투입해 위험을 50퍼센트 줄일 수 있다면, 누구든 그 정도는 감수하려 할 것이다. 하지만 위험을 고작 5퍼센트 줄이는 데 그친다면 망설이는 사람이 많아질 테고, 줄어드는

* 한화 약 4600억 원

위험이 0.5퍼센트에 불과하다면 그 막대한 금액을 기꺼이 쓰려는 사람은 거의 없을 것이다.

실제로 탄도미사일과 같은 고가의 무기를 사용할 때는 반드시 그만한 가치가 있는 목표물, 예를 들어 러산樂山 레이더 기지*나 정치적으로 의미가 있는 총통부와 같은 곳에 써야 한다. 그리고 탄도미사일은 사일로(지하 격납고에서 발사하는 방식)와 이동형 발사대TEL라는 두 가지 발사 방식이 있다. 어떤 것이든 기본적으로 시간의 문제를 가지고 있는데, 한 번에 3000발의 미사일을 모두 발사할 수 없다. 첫 번째 공격에서 발사 가능한 미사일 수는 많아야 4분의 1 정도다(실제로는 그보다 적다).

최근 몇 년 사이에 탄도미사일 관련 루머가 눈에 띄게 줄어든 가장 큰 이유는, 중국의 미사일 수량에는 큰 변화가 없는 반면, 타이완의 비행장과 방공미사일 수량은 꾸준히 증가했기 때문이다. 비록 중국 탄도미사일의 정확도가 향상되었다고 해도 공격에는 우선순위를 정해야 한다. 우선 타격할 대상이 러산 레이더 기지인지, 아니면 타이완군의 제공 전투기나 방공미사일 시스템인지를 결정해야 하는데, 중국의 미사일이 이 모든 목표물을 동시에 제압하기에는 역부족이다.

여기서도 고려해야 할 것은 타격 지점인데, 인민해방군이 제공권

---

* 미국제 장거리 조기 경보 레이더를 해발 2600미터 고지에 설치한 시설로, 최대 5000킬로미터 거리의 목표물을 탐지·추적할 수 있다.

을 차지하려면 우선 파괴해야 하는 대상은 비행장과 지대공 미사일 기지다. 중국이 타이완 공격을 준비하는 조짐이 보인다면, 그 상황에서 타이완이 구방비로 있을 리는 없다. 중국이 타이완을 공격하려면 우선 미사일로 비행장을 공격해서 활주로 운용을 마비시키고, 유류 보급소를 파괴해야 한다. 패트리엇 미사일이 방어하고 있는 기지를 공격해서 활주로 기능을 마비시키고, 그로 인해 전투기가 수 시간 동안 출격하지 못하게 하려면 첫 번째 공격에서 최소한 100발 이상의 미사일을 발사해야 한다.

방어 진지를 구축한 지대공 미사일 부대까지 계산에 넣는다고 해보자. 미사일 부대 1개 중대를 효과적으로 무력화해 인민해방군의 전투기 부대에 위협이 되지 않도록 하려면, 100발 가지고는 턱없이 부족하다. 이런 이유로, 첫 번째 공격에서 파괴해야 할 기지의 수를 모두 더해봤을 때 '중국의 탄도미사일은 부족하다'라는 아주 간단한 결론을 얻을 수 있다. 이는 3000발이라는 수량이 적다는 뜻이 아니고, 한 번의 공격에 모두 소모하는 것은 불가능하다는 의미다. 만약 중국이 1차 공격에서 미사일을 남김없이 소모한다면, 향후 있을지 모를 외부 적에 대응할 미사일이 없는 상황은 둘째치고, 당장 타이완의 위협적인 반격이 있을 때 대응할 미사일이 없다는 곤경에 처할 것이다.

군에서는 폭격을 견디도록 격납고를 강화하거나, 전투기를 분산 배치하고, 임시 활주로 역할을 할 다수의 고속도로와 고속화도로 주변에 소형 유류 저장고를 증설하며, 급유 차량의 배치를 늘리는 등의 방안을 검토해왔다. 하지만 이런 눈에 띄지 않는 기반 시설들은 늘 대규모 무기 거래만큼 주목받지 못하기 때문에, 군사 지식이 부족한 일반인들 입장에서는 방어시설이라고 하면 패트리엇 미사일과 같은 물리적이고 견고한 방호 시설만 떠올리곤 한다.

사실 타이완이 중국의 미사일 공격으로부터 피해를 덜 받을 수 있는 가장 좋은 방법은 앞서 말한 바와 같이 임시 활주로 역할을 할 수 있는 도로 주변에 소형 유류 저장고와 탄약 보급소를 증설하고, 급유 차량의 배치를 늘리는 것이다. 그러면 인민해방군 입장에서는 타이완에 전투기가 이착륙할 수 있는 비행장이 10여 곳 늘어난 것과 마찬가지이며, 이는 타격해야 할 대상이 더 많아졌다는 뜻이 된다. 비록 이러한 임시 활주로는 10여 발의 미사일이면 충분히 마비시킬 수 있지만, 이는 인민해방군이 고가의 탄도미사일을 더 소모하게 만들므로 그만큼 다른 군사 시설에 가해지는 압박을 효과적으로 줄일 수 있다.

하지만 일반인들이 군대의 발전을 전체적인 '군사적 보험'의 관점에서 바라보기란 쉽지 않다. 이러한 인식의 한계 탓에 각종 미사일 관련 루머는 빠르게 확산되곤 한다.

2

무인기에 의한 방어망 마비론

여기서는 한때 타이완에서 유행했던, 중국이 구식 전투기를 무인기로 개조해서 타이완을 침공한다는 루머에 대해 이야기한다. 저자는 타이완 내에서 이 루머가 어떻게 만들어지고 확산됐는지, 그리고 이 루머가 얼마나 허황된 이야기인지 설명하는 데 초점을 맞추고 있다. 따라서 독자들은 여기서 언급하는 '무인기'(구식 전투기를 개조한)는 러·우 전쟁 때부터 주목받기 시작한 '소형 무인기(드론)'와는 다른 것이라고 생각하면 된다. 참고로 이 책은 2022년에 출판되었지만, 집필은 러·우 전쟁이 발발하기 전에 이루어졌다. 저자는 한국어판을 발간하면서 러·우 전쟁에서 드론의 활약으로 인해 드론에 대한 인식이 바뀌었다고 전했다.—옮긴이

이 루머는 20여 년 전 대학 BBS* 시절에 처음 나타났다. 당시 교관**이 중국이 퇴역한 J-5, J-6 등의 구형 전투기를 개조해서, 원격 조종 방식으로 한 번에 수백 기씩 출격시켜 타이완을 공격할 수 있다고 말했다. 이런 식으로 수천 기에 달하는 물량 공세를 통해 타이완이 방공 능력을 소모하게 만들고, 타이완 공군이 지칠 대로 지친 시점에 최신 기종인 Su-27 등을 투입해 쉽게 제공권을 장악할 수 있다는 것이다.

이 이론은 전혀 새로운 게 아니다. 국방부에서도 당시 이와 관련해 논의했지만, 깊이 다뤄지지 않았을 뿐이다. 그 때문에 이 분야에 대한 지식이 부족한 일부 장교들이 관련 내부 문서나 논문을 보고, 군 내부의 의례적인 토론 주제를 마치 인민해방군의 결정적 승리 무기로 여기는 과오를 범했다. 이 루머의 심각성은 탄도미사일 무적론과 비등할 정도이지만, 이 이론을 주로 이야기하는 쪽은 육군이며, 공군 출신에게는 거의 들어보지 못했다. 결국 이런 유의 루머는 일부 사실에 기반한 조건들이 마치 전체적으로 성립되는 것처럼 받아들여지면서 퍼지기 시작했다.

---

* bulletin board system. 전자게시판. 다이얼링 방식의 BBS는 개인 컴퓨터 사용자에게 소셜 컴퓨팅 서비스를 제공했다. 중국 본토는 1990년대와 2000년대 초 이 과정을 상당 부분 재현해 방대한 양의 BBS를 발전시켰다.
** 타이완의 교훈 교관軍訓教官. 타이완의 고등학교와 대학에 파견된 이들로 대부분 현직 군인이다. 주로 국방 교육, 생활 지도, 교내 질서 유지 역할을 한다. 2000년대 이후 권한이 축소되다가 최근 양안 긴장 고조로 일부 고등학교에서 학생 대상 군사 훈련을 담당하는 등 다시 역할이 커지고 있다.

이 루머는 지금까지 여러 버전으로 수정을 거듭해왔다. 20년 전에는 J-6을 개조한다고 했다가, 나중에는 H-6*을 개조한다고 했고, 지금은 J-7 버전까지 등장했다. 시간이 지남에 따라 무인기의 등급도 올라가고 있는데, 이런 추세라면 10년 뒤에 J-10이나 J-15 버전까지 등장할지도 모른다. 하지만 이러한 버전 업그레이드 속에서도 절대 변하지 않는 내용은 인민해방군의 퇴역 직전인 구형 전투기를 중국의 뛰어난 전자 원격 조종 기술을 통해 엄청난 양의 무인기로 개조한다는 것이다.

원격 조종 무인기의 물리적 한계

이 루머의 문제점은 무엇일까? 그것은 바로 공중전의 실제 양상을 전혀 고려하지 않고, 공중전에마저 인해전술을 적용하고 있다는 점이다.

일단 '원격 조종은 어떻게 할 것인가?'에 대한 문제와 전파 제어의 거리 제한 문제는 논하지 않기로 하자. 구식 전투기를 개조한 무인기를 정말로 한 번에 500기를 날릴 수 있고, 그에 더해 무기까지 탑재했다고 가정해보자. 그렇다면 여기서 질문을 하나 해보겠다. 이

---

* 중국이 1950년대 말 소련의 Tu-16 폭격기를 라이선스 생산한 최초의 폭격기. 이후 다양한 버전으로 개량되었다.

많은 비행기를 어떻게 날릴 것인가? 지구상에 자모기子母機에 대한 구체적인 설계는 아직 존재하지 않는다.* 인력으로 조종하는 것은 처리에 한계가 있다. 한 사람이 한 번에 10기의 무인기를 동시에 제어하는 것은 불가능하며, 컴퓨터로 원격 조종하거나 드론의 자율 비행 기능을 이용한다 해도 인간 조종사의 비행 능력을 완벽히 모방하는 데는 한계가 있다.

이것이 뜻하는 바는 바로 이러한 무인기가 할 수 있는 일은 확정된 목표를 향해 직선으로 곧장 날아가 공격하거나, 단순히 미끼 역할을 할 뿐이라는 것이다.

여기서 파생된 문제점과 답은 두 가지다.

첫째, 직선으로 곧장 날아가기 때문에 비싼 공대공 미사일을 소모할 필요 없이 지상의 방공포대만으로도 처리할 수 있다. 그리고 원격 조종 무인기는 이미 진지에 배치되었거나 이동 중인 차량, 선박처럼 확정된 목표에 대해서만 타격할 수 있다. 하지만 전쟁이 시작되기 전에 그러한 위치를 사전에 정확히 파악하는 것은 무인기로는 불가능하다.

둘째, 미사일은 발사 각도가 있다. 무인기가 미사일이나 로켓 혹은 기포機砲를 사용할 때, 저공과 고공에서의 공격 각도와 사용 조건은 다 다르다. 고정된 목표를 공격하기 위해서 탄도미사일을 무인기

---

* 2016년부터 미 국방고등연구계획국DARPA이 '그렘린' 프로그램을 진행 중이고, 최근 중국에서도 100대의 자폭 드론을 동시에 발사할 수 있는 '나는 모선' 개발을 준비 중이라는 보도가 있었다.

에 탑재하는 것은 어리석은 짓이다. 그럴 바에는 차라리 순항미사일을 사용하는 것이 낫다. 고가의 정밀 무기를 격추되기 쉬운 무인기에 탑재하는 것은 가성비가 매우 낮다. 로켓이나 기포와 같은 무기를 사용하려 한다면 목표물을 정확하게 식별할 수 있어야 하는데, 그러려면 저공·저속 비행을 해야 한다. 그러지 않으면 목표물 타격이 매우 어렵다. 하지만 이는 반대로 타이완 육군의 방공 무기 입장에서 무인기는 매우 손쉬운 목표물이 된다는 것을 뜻한다.

여기까지는 비교적 군사 전술상의 이유였다. 그렇지만 이러한 이유 외에도 원격 조종 기술은 왜 말이 안 되는 것일까? 좀더 실생활에 가까운 방식으로 이해해보자.

원격 조종 비행기는 조종 범위가 있다. 원격 신호가 충분히 강하지 않거나, 거리가 너무 멀면 조종이 불가능하다. 그렇다면 중국은 이 원격 조종 기지를 어디에 두고 있을까? 이에 앞서 지구 곡률이라는 문제점*에 대해 생각해야 하는데, 거리가 150킬로미터를 넘어가면 시야 확보가 어렵다고 봐야 한다. 진먼다오金門島나 마주다오馬祖島를 목표**로 한다면, 원격 조종 기지도 샤먼廈門에 있고 하니 충분히 이해할 수 있다. 그리고 이런 상황이라면 타이완 수비군도 별다

---

* 지구 곡률로 인해 수평선 너머의 시야는 제한되며, 일반적으로 거리가 150킬로미터 이상 되면 지상에서 목표를 직접 관측하기 어렵다.

** 중국의 드론이 진먼다오와 마주다오의 공역에 2022년 7월 말부터 빈번히 침입하고 있으며, 마주다오의 난간南竿 공항에서는 드론으로 인한 항공기 이착륙 지연이 발생하고, 군은 경고탄·전파 교란·격추 조치 등을 취하고 있다.

른 대응책이 없다.

하지만 타이완 본토를 공격한다면 이야기는 달라진다. 거리가 100킬로미터를 넘어서면, 아무리 고공에 있다 하더라도 중계 기지가 필요하다. 다시 말해 조기경보기 같은 고가의 전자전 항공기로 원격 조종 신호를 중계해야 한다는 뜻이다. 더군다나 전투기는 소형 드론과 달리 기체가 큰 것도 문제다. 무인기로 개조한 전투기로 편대를 구성하려면, 실제 전투기가 이륙하듯 한 대씩 차례로 이륙시키고, 먼저 이륙한 전투기는 다른 기체들이 이륙할 때까지 상공에서 대기시켜야 한다. 게다가 전투기는 기체도 크고 속도도 빠르기 때문에 엄청나게 넓은 공역空域을 필요로 한다. 그래야만 상호 충돌 없이 수백 기를 한꺼번에 운용할 수 있다. 결국 중국이 이런 전술을 채택하지 않은 이유는 다음과 같다. 수백 기에 달하는 전투기를 동시에 제어하는 것은 사실상 불가능하고, 먼저 이륙한 기체는 편대가 구성돼서 일제히 출격할 때까지 상공에서 연료를 낭비해야 하며, 이마저 비행 경로는 직선으로 제한된다.

더군다나 작전을 수행하는 데 있어 공역이라는 제한이 있다. 지상이나 공중에서의 원격 조종에만 의지하는 수준이라면, 비행 속도가 마하 0.5를 넘는 기체 수백 기가 상공에 몰려 있는 상황에서 충돌 사고가 일어나지 않는 게 이상할 정도다. 이는 엄청난 수량의 전투기를 원격 조종만으로 100킬로미터가 넘는 거리를 직선 비행해서 낙오 없이 타이완까지 보낸다는 것은 불가능에 가까운 일임을 뜻한다. 만약 이런 점이 전혀 문제 되지 않는다고 여긴다면, 같은 생각을 하는 이들끼리 허빈공원河濱公園에 가서 드론을 날려보길 권한다. 열 대면 충분하니 모두 같은 구역에서 비슷한 고도로 동시에 날려보고, 어떤 일이 생기는지 보길 바란다. 아, 그리고 이건 아직 무선 주파수 대역폭이나 수신 한계 같은 건 고려하지 않은 상태라는 것도 기억하자.

이는 또한 당시 교관과 대학생들의 논쟁에서 무인기로 개조한 전투기들은 격추당하라고 보내는 것이라는 결론이 나온 이유이기도 하다. 이렇게 하는 목적은 어차피 퇴역시킬 전투기로 타이완의 정밀하고 고가인 공대공 미사일을 소모하도록 강요하는 데 있다는 것이다. 타이완 입장에서는 단순히 미사일을 소모하는 문제를 넘어 정치적인 요소도 작용하기 때문에 이 문제에 신경 쓰지 않을 수 없다. 비록 이 무인기들이 몰려와서 주요 시설을 타격하는 것은 어렵겠지만, 그래도 공군은 무인기들이 타이완 본토에 도착해서 피해를 주거나 함부로 민간인을 공격해서 민심이 동요하는 위기가 발생하기 전에 반드시 격추해야 한다.

덧붙이자면 최근 나는 이 루머의 업그레이드 버전을 들었다. 예를 들어 무인기는 미사일을 회피할 수 있고, 자모기 방식을 사용하면 1기가 여러 기를 제어할 수 있어서, 동시에 여러 시설을 정밀타격할 수 있다는 것이다. 그에 더해, 인공위성으로 신호를 주고받는 방식이라면 아무리 멀리 떨어져 있어도 정밀한 조종이 가능하다는 소리를 하고 있다. 더 심각한 점은 무인기가 목표를 탐지하면서 동시에 공격도 가능해, 이미 조종사가 조종하는 것과 거의 차이가 없다는 주장까지 한다는 것이다. 이러한 상상이 가능한 이유는 소형 쿼드콥터 드론이 널리 사용되면서 쌓인 실전 경험을 고속 전투기에까지 그대로 적용할 수 있다고 생각하기 때문이다.

정말로 그게 가능하다면 왜 미국은 아직도 조종사 부족 문제로 골머리를 앓을까? 아예 모든 전투기를 무인화하면 될 일 아닌가? 이렇게 단순한 기술을 타이완이 왜 생각하지 못했을까? 민간 드론 기업을 통째로 무인기 부대로 전환해버리면 이보다 더 훌륭한 대중국 반격 수단은 없을 것 같은데 말이다.

조금만 더 생각해보면 아무도 이런 방법을 채택하지 않는 이유는 단순히 생각 못 해서가 아니라, 그리 실용적이지 않기 때문임을 쉽게 알 수 있을 것이다.

막대한 비용과 인력 소모

무인기 개조의 가장 큰 효과는 크게 두 가지로 볼 수 있다. 하나는 일회용 유도 로켓으로 개조해서 고정 목표물을 조준해 공격할 수 있다는 것이고, 다른 하나는 간단한 개조를 통해 원격 조종이 가능하게 만들며, 수신 장치를 설치해서 마치 유인 전투기처럼 보이게 한 후 이를 통해 타이완군의 방공미사일을 소모하게 하는 것이다.

이 두 가지는 언뜻 보기에 말이 되는 효과인데, 루머에서 언급하지 않는 이유는 무엇일까?

이건 루머가 아니라 실제로 가능한 전술이기 때문이다. 다만 중국은 비용 대비 효과 문제로 개조할 생각이 없을 뿐이다. 제일 큰 문제점은 구형 전투기들은 유지 보수를 필요로 한다는 것이다. 중국이 보유한 J-6가 3000기라고는 하지만, 실제로 사용 가능한 기체는 얼마나 될까? 그 기체들의 엔진과 기타 부품들은 제대로 사용할 수 있을까? 러시아제 전투기들의 유구한 전통을 생각해봤을 때 아마 절반도 남지 않았을 것이고, 그나마도 실제 사용 가능한 것들은 대거 개조 작업을 해야 할 것이다.

이러한 이유로 다음과 같은 결론에 이를 수 있다. 즉 비용 대비 타산이 맞지 않기 때문에 차라리 미사일을 더 생산하는 편이 경제적이라는 것이다.

무인기 기술이 발전할수록 무인기의 가격이 낮아진다는 것은 사실이다. 하지만 전투기를 무인기로 개조하는 작업은 일반 상용 드론처럼 간단한 일이 아니다. 우선 J-6의 조종 시스템은 유압식으로, 현대의 전기 신호식 비행 조종 제어 방식이 아니다. 이 때문에 개조 작업이 워낙 복잡해 차라리 로봇 팔을 설치해 조종하게 하는 편이 나을 지경이다. 만약 이를 완전히 현대식 무인기 방식으로 개조하려 한다면 비용은 천정부지로 치솟을 것이다.

그다음으로 기능적인 면에서 보면, J-6를 일회용 미사일로 개조하는 것은 효율이 너무 떨어진다. J-6의 속도는 간신히 음속을 넘는 수준이며, 일반적인 미사일이 마하 2~3의 속도를 내는 것과 견줄 때 J-6의 관통력은 현저하게 떨어진다. 미사일은 탄두를 목적에 따라 설계할 수 있지만 J-6는 본체가 매우 취약해 탑재한 미사일은 타이완 상공에서 뿌리는 정도로밖에 사용할 수 없다. 게다가 그 위력도 기대만큼 높지 않다. 만약 J-6를 타이완군의 방공미사일을 소모하기 위한 미끼로 개조하려 한다면, 최소한 유인 전투기처럼 보일 정도로까지 해야 한다. 그렇지 않으면 쉽게 발각되어 미끼 역할도 할 수 없다. 또한 마이크로파 통신이나 소형 중계기로 간편하게 조종할 수 있다 해도, 신호량의 한계에 부딪힌다. 간단히 말해서, 원격 조종을 통해 무인기로 공격하려면 서로 주고받는 신호의 양이 많아져 기지국 한 곳으로 다수의 기체를 동시에 조종하는 것은 사실상 불가능해진다. 그렇지만 일대일 조종 방식은 너무 비효율적이다. 그러나 이렇게 하지 않으면 무인기의 화면을 통해 적기를 식별하고 공격 명령을 내릴 수 없다. 다시 말해 다수의 기체를 동시에 조종하려면 개별 통제를 포기하고 전체 기체에 개괄적인 명령만 내려야 한다. 무엇보다 타이완과 일정 범위 이상 떨어진 거리에서는 실전 테스트를 하지 못했기 때문에, 인민해방군의 무인기가 전시 상태의 전파 간섭 속에서 피해 없이 타이완에 접근할 수 있을지는 아무도 장담하지 못한다. 만약 이 무인기들을 타이완해협 중간선 서쪽 지역에서만 운용할 수 있다면, 전략적 가치는 더 떨어질 것이다.

게다가 무인기의 핵심은 탑재량, 속도, 연료의 매치match에 있다. 폭장량을 늘리면 무게가 증가하고, 그러면 속도가 떨어지며, 연료 사용은 증가한다. 일회성 공격의 문제점이 바로 여기에 있다. 파괴력을 미사일 수준으로 늘리면 속도가 떨어지고, 그래서 연료의 양을 늘리면 기체 자체의 위험성이 높아진다. 만약 무인기의 전투력을 높이기 위해서 공대공 미사일을 탑재한다면, 그 자체로 기이한 일이 아닐 수 없다. 인민해방군의 공군이 사용할 최신형 공대공 미사일도 부족한 상황인데 어떻게 미끼가 목적인 무인기에 고가의 무장을 장착할 수 있겠는가?

결론은 아주 간단하다. 아무리 따져봐도 무인기로 개조하느니 새 미사일을 하나 더 만드는 편이 훨씬 낫다. 개조에는 돈만 드는 것이 아니라 시간도 들고, 동시에 대규모 원격 조종 인력과 운용 인력도 확보해야 한다. 실제로 타이완군이 무인기 전력 확충과 이에 따른 병력 및 전문 정비 인력 배치에 얼마나 골머리를 썩이고 있는지 안다면, 인민해방군이 그런 일을 쉽게 해낼 수 있으리라 생각하지 않을 것이다.

두 번째로 파생된 루머의 버전은 바로 무인기가 아니라 이른바 '인해전술'의 공군 버전이다. 우선 구형 전투기 수백 기를 한꺼번에 출격시켜 타이완으로 돌진하게 함으로써, 어마어마한 물량으로 타이완 공군을 압도하면서 타이완으로 하여금 미사일과 전투기의 소모를 강요한다는 전력이다. 손실비가 2대 1, 3대 1, 심지어 4대 1이라 해도 전략상 충분히 이득이라는 논리다. 그렇게 충분히 소모하게 한 뒤 인민해방군의 정예 전투기 부대를 출격시켜 손쉽게 제공권을 장악하고, 이후 작전은 자유롭게 펼친다는 것이다.

하지만 정말로 첨단 정예 전투기로 제공권을 손쉽게 장악할 수 있다면 굳이 수백 수천 기의 구형 전투기를 희생시킬 필요가 있을까? 잊지 말아야 할 것은 그 전투기들에 타고 있던 조종사들이 죽을 수 있다는 점이다. 이들이 타이완해협 상공에서 격추되어 탈출한다 해도 바다에 떨어지면 구조를 기대하기 어렵다. 만에 하나 타이완 본토에 떨어진다 해도 곧바로 체포되지, 제5열*이 되어서 현지에서 활동할 수 있으리라는 기대는 꿈같은 소리다.

설령 조종사들이 조국을 위해 목숨을 바치겠다는 생각에 작전에 참여했다고 해도, 이런 전술의 실현 가능성은 여전히 낮다.

작전 공역에 대한 사고

'작전 공역作戰空域'이라는 개념이 있다. 나는 1990년대 자료에서 하나의 작전 공역에 수용할 수 있는 최대 기체 수가 400기라는

---

*   적국에 잠입해 암약하는 스파이, 공작원.

내용을 본 적이 있다. 그러다가 천수이볜 정권 말기에 200여 기 수준으로 축소되었다는 이야기를 들었고, 차이잉원이 집권한 후에는 100기로 축소되었다고 들었다. 전투기의 성능이 향상되면 고정된 작전 공역에 수용 가능한 기체의 수도 줄어드는 것이 당연하지만, 성능이 향상된 최신형 전투기가 정확히 얼마의 공간을 차지하는지는 공군에게 물어봐야 할 듯하다.

어쨌든 비행 속도와 기동성 그리고 사격을 위한 고도와 각도 등을 종합적으로 고려해보면, 수백 기의 구형 전투기를 한꺼번에 타이완으로 돌진시키는 것은 매우 어려운 일이다. 기체 간의 거리가 너무 가까우면 회피 기동 시 서로 충돌할 위험이 크다. 편대가 엉망이 되면서 기체들끼리 충돌하면 지상의 관제 요원은 돌아버릴 것이다. 이외에 기체가 사용하는 미사일도 기체와 호환되어야 하는데, 구형 전투기의 성능이 낮아서 단거리 미사일을 장착한다면 실제로는 전혀 쓸모가 없다.

여기서 나는 또 다른 해석을 덧붙이고 싶은데, 비교적 덜 언급되는 루머가 존재한다는 것이다. 그 요지는 다음과 같다. 인민해방군이 타이완 방공 미사일 사거리 경계까지 접근해서 탑재한 공대지 미사일을 발사하고 바로 기지로 귀환해 재보급을 받는다는 시나리오다. 인민해방군은 수천 기에 달하는 전투기를 보유하고 있으므로 수백, 수천 발의 미사일이 한꺼번에 타이완으로 날아들면 타이완 공군이 이를 보고 겁에 질리리라는 것이다.

음…… 우선 가정을 하나 해보자. 인민해방군이 최대 사거리 100킬로미터짜리 공대공 미사일을 보유하고 있고, 고고도에서 발사할 경우 사거리를 130킬로미터까지 끌어올릴 수 있다고 한다면, 중국 본토의 푸젠 상공에서 타이완 전투기를 조준해 발사한 뒤 곧바로 회항하여 다음 공격을 위해 보급받는 것이 가능해진다. 미사일의 속도가 마하 5(음속의 다섯 배)라고 한다면, 100킬로미터 밖의 전투기를 명중하는 데 걸리는 시간은 얼마나 될까? 정답은 58초다. 문제가 무엇인지 발견했는가? 전투기가 이 58초 동안 100킬로미터 밖에서 발사된 미사일을 피할 방법은 얼마든지 있다는 것이다.

즉 적기가 반응할 시간을 줄이고 싶다면 거리를 줄여야 하는데, 이는 자신도 상대의 사거리 안에 들어간다는 뜻이다. 그렇다보니 인민해방군의 이러한 구식 전투기들은 스텔스 기능이 있다는 수준까지의 과장된 루머도 들어봤다. 농담하는 거냐고 하겠지만, 그 루머를 언급하는 사람들은 꽤 진지하다. 루머의 요지는 구형 기체의 외부 도료를 스텔스용으로 바꾸면 적이 탐지할 거리를 줄일 수 있다는 것이다. 이런 말도 안 되는 주장은 상식적인 사람이라면 좀처럼 할 수 없는 것이다. 차라리 J-7이 F-22보다 강하다고 말하는 것이 나을지도 모르겠다. 그러면 뭐하러 타이완만 침략하겠는가? 아예 지구를 정복하고 말지.

이외에 타이완해협 공역에서의 작전에는 또 하나의 중대한 문제가 있다. 바로 지대공 방어 체계에 의한 제약이다. 그래서 타이완해협 상공에는 인민해방군의 전투기가 그리 많이 떠 있지 못할 가능성이 크다. 공중의 표적은 지상의 표적보다 탐지하기 쉽기 때문이다. 지도 위에 인도해방군의 방공미사일 시스템인 '훙치紅旗'와 타이완군의 '톈궁天弓' 시스템의 방어 범위를 원으로 그려보면, 타이완 전투기가 중국 연안에 접근하는 것이 매우 위험한 일이듯, 인민해방군의 전투기 역시 타이완 영공에 진입하는 것은 결코 쉬운 일이 아니다.

이론상 수백 기의 전투기를 동시에 출격시켜 타이완의 방공망을 마비시키는 것은 전혀 불가능한 일이 아니다. 다만 작전 공역에 의한 한계가 존재하는데, 그것은 속도와 공간에 따른 것이다. 쉽게 말해서 속도가 빠른 기체일수록 더 넓은 공역이 필요하고, 속도가 느린 기체는 필요한 공역이 줄어든다. 하지만 현대 방공 체계하에서는 속도가 빠르면 회피 능력이 높아지고, 속도가 느릴수록 살아남을 확률은 거의 없다. 그래서 속도가 느린 수백 대의 구식 전투기를 날려 보내는 것은 일부러 쏘아 맞혀달라는 뜻이나 다름없다.

왜 타이완은 항상 탄도미사일 공격을 먼저 받고, 그로 인해 지상의 방공 시스템이 무력화되는 상황을 설정하는지 누구나 그 이유를 짐작할 수 있다. 현재로서는 우리가 이 같은 공격을 완전히 선제적으로 막아낼 방벽이 없기 때문이다.

마지막으로, '동아시아에는 오직 타이완과 중국 양국의 대결만이 존재한다'라는 이런 식의 시나리오는 사실상 타이완 내부에서만 회자되고 있다. 우리가 알고 있듯이, 중국 내에서도 이런 설정은 오직

공상과학소설에만 등장한다. 실제로 내가 파악한 중국군의 군사 전략 시뮬레이션이나 비교적 진지한 군사 작전 계획에 따르면, 인민해방군은 타이완과의 전쟁에서 그 대상을 타이완군 단독으로 상정한 사례가 전혀 없고, 전쟁 기간 역시 수년에 걸친 장기전으로 설정하고 있다.

    전쟁은 인명을 앗아간다. 그리고 그 전쟁에서 죽는 것은 자기 자신이다. 생명의 무게를 대하는 자세에 있어, 중국의 군 관계자들이 타이완의 '인민해방군' 덕후들보다 훨씬 더 신중하다는 점은 분명히 해야 한다.

3

공수부대 기습 요인
암살 작전론

공수부대 기습 요인 암살 작전이라는 루머는 수십 년 전부터 있어왔다. 이 루머는 인민해방군이 대량의 수송기를 통해 수천 명의 정예 부대를 투입하고 타이완군이 미처 대응하기도 전에 기습 공격을 감행하거나, 또는 레이더에 탐지되기 어려운 저고도 헬기를 이용해서 아무런 감시망이 걸리지 않고 타이베이 도심 깊숙이 잠입해 요인 암살 작전을 수행하는 것을 핵심으로 한다. 최근에는 정보가 발달해서 퇴역한 특공부대원들에 의해 이 시나리오가 철저하게 깨지고 있지만, 그럼에도 여전히 수시로 등장하고 있다.

기본적으로 이러한 루머는 전부 환상이고, 성공 확률 역시 제로에 가깝다.

하지만 여기서 이 루머를 다루는 것은 아직도 이걸 굳게 믿고 있는 사람들이 있기 때문이다. 다른 루머들과 마찬가지로, 이러한 루머 역시 부분적인 사실에 기반하고 있다. 예를 들어 인민해방군은 충분한 수의 수송기와 공수부대를 보유하고 있는데, 이제는 양용 상륙함에 헬기까지 갖추고 있다. 그렇다면 이는 타이완군에 상당한 위협이 되지 않겠는가?

물론 위협이 된다. 그렇지만 그 위협의 근거가 이처럼 억지로 짜맞춘 루머는 아니다. 그럼에도 이 루머는 여전히 일반 대중에게 어느 정도 영향력을 떨치니, 이를 분명히 걷어내고 올바른 인식이 자리 잡도록 해야 한다.

우선 어떻게 공수부대의 기습이 환상에 불과하다고 단언할 수 있을까?

그 이유는, '공수'와 '기습 요인 암살'만 가지고도 여러 유형으로 나눌 수 있고, 각각의 작전은 방식이 완전히 다르기 때문이다. 그런데 이러한 작전들을 구체적으로 언급하지 않고 마구 뒤섞어놓은 것이 이 루머의 본질이다.

그동안 유포되어온 공수 기습 루머들을 살펴보면 크게 세 유형으로 나눌 수 있다.

1. 수백 기의 크고 작은 수송기가 타이베이 지역 상공으로 진입해 수천 명의 공수부대원을 한꺼번에 투입한다. 정예 공수부대원들이 타이완군의 방어 능력을 분산시키고, 다점 동시 공격을 통해 타이베이시를 단시간 내에 점령한다.
2. 헬기가 은밀하게 저공으로 타이완해협을 건넌 후 타이완의 주요 기

관에 기습을 감행한다. 헬기에서 내린 특수부대는 타이베이 정치·경제 핵심 인사들을 암살하는 등 살육을 벌인다. 이를 통해 타이완을 혼란에 빠뜨린다.

3. 특수부대를 가득 실은 민간 항공기가 아무런 의심을 사지 않고 쑹산松山 공항에 착륙한다. 조용히 공항을 빠져나온 정예 병력이 타이베이의 정치·군사 중심부를 내부로부터 붕괴시킨다.

이제부터 이 세 유형을 하나하나 분석해보자.

대도시에는 공수부대가
안전하게 낙하할 장소가 없다

현재 인민해방군의 공수부대는 총 9개 여단으로 편성되어 있다. 각 여단의 병력이 약 7000명이라 가정하고, 전 병력을 동원한다면 최대 6만3000명 수준이다. 이 가운데 1개 여단은 전방 전투 병력이 아닌 후방 지원 여단이며, 또 다른 1개 여단은 항공 수송 병력이므로 제외한다. 그렇게 하면 실제 투입 가능 병력은 4만9000명이다.

현재 중국이 보유한 수송기인 Y-20을 기준으로 보면, 한 대당 약 210명의 공수대원을 수송할 수 있다. 이를 바탕으로 전 병력을 수송하려면, 총 234차례 비행해야 한다는 결론이 나온다. 이는 보급이나 장비 수송은 제외한 것이다(인민해방군이 현재 보유하고 있는 Y-8은 31기, Y-20은 48기로 실제 수송력은 단순 계산한 것과는 상당한 차이가 있다).

또한 타이베이 주요 목표 지점에는 대규모 병력이 낙하할 수 있는 장소가 없다. 설령 낙하에 성공한다 해도, 몇 배에 달하는 수비군의 공격에 직면하게 된다.

중국이 최근 중장비 공수 능력을 갖췄다는 것은 확인된다. 하지만 여러 차례 벌어진 실전 훈련에서 여전히 병력과 장비를 분리해서 낙하시키고 있으며, 이를 동시에 낙하시키는 능력은 아직 갖추지 못했다. 이를 통해 알 수 있는 것은, 병력의 집결과 장비 확보에 상당한 시간이 소요되어 낙하 직후 곧바로 전투에 돌입하는 것은 불가능하므로, 공수부대의 전투력은 상대적으로 취약할 수밖에 없다는 점이다.

대규모 수송기로 공수부대를 타이베이 지역에 투하하는 작전은 10여 년 전까지만 해도 실현됐을지 모른다. 하지만 지금은 상황이 완전히 달라졌다. 중국에서 수십 기의 대형 수송기와 수천 명의 병력이 타이완해협을 건너기 위해 집결하는 것은 평화 시에도 은밀하게 진행하기가 불가능하다. 하물며 지금처럼 양안 간 긴장이 고조된 상황, 심지어 전운이 감도는 상황에서 거대한 수송기 편대가 여러 시간에 걸쳐 아무런 저항 없이 순조롭게 타이베이 상공에 도달한다는 것은 현실성이 제로인 시나리오다. 그래서 일반적으로 이러한 루머는 전제를 두는데, 그 내용은 앞서 언급한 '탄도미사일 무적론'과 '무인기에 의한 방어망 마비론'으로 사전에 타이완군의 방어망을 거의 마비시킨다는 것이다. 그렇게 하지 않으면 타이완군 전체가 아무런 조치 없이 몇 시간 동안 하늘을 바라보며 수송기들이 공수부대 병력을 투하하는 것을 멍하니 지켜봤다는 뜻인데, 이렇게 해서는 일반인들을 설득할 수 없다.

바로 그러한 이유로 '탄도미사일 무적론'은 반드시 가장 먼저 제거해야 하는 루머다. 대부분의 침공 시나리오는 이 루머를 기반으로 만들어지기 때문이다.

자, 다시 본론으로 돌아가보자. 우리가 한발 더 양보해서, 인민해방군의 호위 전투기가 말로 표현할 수 없을 만큼 용맹해 타이완군의 방어망을 초토화했다고 가정해보자. 그리하여 전체 수송기의 80퍼센트 이상이 무사히 타이베이 상공에 도달했다고 치자. 그러면 여기서 묻고 싶다. 그 수천 명의 공수부대원은 대체 어디에 낙하시킬 것인가?

우선 공수부대 배치의 기본 개념부터 알아보자. 약 100명 규모의 1개 중대가 안전하게 낙하하려면 2×3제곱킬로미터의 낙하 공간이 필요하다. 이는 20년 전 자료 기준이다. 기술이 아무리 발전했다 해도 이 수치는 크게 줄지 않는다. 기존의 원형 낙하산을 사용했을 때 제어해야 하는 착지 범위가 이렇게 넓다. 또 한번 양보해서, 모든 인민해방군의 모든 공수부대가 정예 중의 정예이고, 착지 제어 능력이 탁월해서 1개 중대 전원이 1×1제곱킬로미터의 공간 안에 착지할 수 있다고 가정해보자. 이때 5000명의 공수부대원이 착지하려면 얼마나 넓은 낙하지역이 필요할까?

간단한 양식을 통해 환산해보자. 아래 그림은 공수부대원을 5000명으로 가정하고, 한 번에 전 병력이 동시에 낙하하는 경우와 여러 차례 나눠서 낙하는 경우 필요한 낙하 구역이다(인민해방군이 두 배의 능력을 갖추고 있고, 한 번에 200명이 1제곱킬로미터의 범위 안에 모두 낙하한다고 가정한다).

지도를 펼쳐 비교해보면, 이 수치가 얼마나 말이 안 되는지 바로 알 수 있다.

그림 속 큰 원은 25제곱킬로미터, 작은 원은 5제곱킬로미터의 규모를 나타낸다.

살펴보면 이건 보통 심각한 문제가 아니다. 면적이 타이베이의 중정구中正區에서 신이구信義區에 걸쳐 있다. 지금 같은 시대에 도심 한복판에서 공수부대의 착지 구역으로 이처럼 넓은 지역을 확보할 수 있을까? 그러니 일부 인사의 '1×1제곱킬로미터면 순차적으로 착지할 수 있다'는 헛소리는 절대 듣지 말자. 이 말대로라면, 5000명을 한 번에 1제대梯隊씩 투입할 경우 25차례 낙하해야 하는데, 수송기들은 모두 같은 위치(1×1제곱킬로미터)에 낙하해야 한다. 첫 번째 수송기가 낙하하고 있을 때, 두 번째 수송기는 뒤에서 시간 계산을 정확히 해 첫 번째 수송기의 부대원이 낙하를 끝낼 때까지 기다렸다가 자신의 병력을 투하해야 한다. 그러는 동안 나머지 수송기들도 공중에서 빙글빙글 선회하며 기다려야 한다.

그냥 그들의 주장대로 인민해방군의 공수부대가 하나같이 엄청나게 뛰어난 정예병이라서, 저공 낙하도 두려워하지 않고, 착지하자마자 순식간에 낙하산 정리 후 산개를 시작한다. 다음 차례 병력은 아직 떠나지 않은 첫 번째 부대와 충돌하지 않고 낙하를 마친다고 하자. 그렇다고 해도 이게 왜 말이 안 되는지 따져보자. 정말로 인민해방군이 200미터 상공에서 뛰어내릴 수 있다고 치자(이것만으로도 충분히 용맹하다). 수송기에서 뛰어내려 착지하는 데 6.5초가 걸린다. 총 25제대가 낙하하는 데 걸리는 시간은 200초에 조금 못 미치니,

3분이면 전원 낙하할 수 있다. 그런데 이게 진짜 가능하리라는 생각이 드나?

일단 공수부대가 낙하하기 위한 전제는 25대의 수송기가 마치 한 줄로 나란히 서 있는 것처럼, 일정한 간격과 고도를 유지하면서 1제곱킬로미터라는 작은 구역의 상공으로 차례로 진입해야 한다는 것이다. 그리고 이들 사이의 간격은 사실상 제로에 가까워야 하는데, 이런 위험을 감수할 수송기가 있기나 할까?

여기서 다시 한발 양보해 인민해방군 수송기 조종사들이 엄청난 베테랑이고, 공수부대원이 사이보그 수준으로 훈련받았다고 해도 말이 안 되는 이유는, 공수부대원은 착지하자마자 즉각 착지 지점을 벗어나 산개해야 하기 때문이다. 집결지로 가든, 곧장 공격하든, 그 자리에 계속 머물 수는 없다.

만약 5000명의 공수부대원을 한 번에 1000명씩 낙하시킨다면, 필요한 낙하 구역은 최소한 5제곱킬로미터는 되어야 한다(위에서 말한 엄청나게 뛰어난 정예병이라는 가정하에). 그렇다면 타이베이 지역 안에서 아무런 장애물 없이 사방이 탁 트이고, 지면의 연경도軟硬度도 적당한 5제곱킬로미터 넓이의 지역을 찾아야 한다는 뜻이다. 다시 말해 수천 명의 공수부대원이 낙하하기 충분하고, 착지 후 주변으로 부대를 산개시켜서 효과적인 방어 진지를 구축할 수 있어야 하며, 목표를 향해 공격도 할 수 있는 곳을 찾아야 하는데, 타이베이에서 이게 가능한가?

우리가 현실에서 접하는 군대는 무슨 무적의 사이보그 부대가 아니다. 원형 낙하산을 사용하는 공수대원이 시멘트 바닥에라도 착지한다면 골절상을 입거나, 최소한 온몸이 멍투성이가 될 것이다. 그러고도 작전을 수행한다면, 정말 대단한 거다! 만약 전봇대로 떨어진다면 거기 매달려서 내려오지도 못할 것이고, 진흙밭인 농지에라도 떨어지면 온몸이 땅에 박혀서 옴짝달싹 못 할 것이다. 여기서 잊으면 안 되는 사실이 인민해방군은 공격을 위해 투입된 병력이라는 것이다. 그들은 단순히 소총 한 자루에 탄창 몇 개만 들고 뛰어내리는 게 아니다. 상당한 무게의 장비를 짊어진 상태에서 착지하는데, 이러한 충격을 받는다면 부상의 위험은 더 커질 수밖에 없다. 최근 인터넷의 발달로 공수부대 출신들이 직접 나서서 이 말도 안 되는 루머를 반박하곤 한다. 그 덕분에 수천 명의 공수부대가 개전과 동시에 일제히 투입된다는 루머는 거의 자취를 감췄다. 그런데도 이러한 기습이 성공할 수 있다는 환상은 여전히 많은 이의 머릿속에서 사라지지 않고 있다.

4

헬기 기동 타격 부대에 의한 요인 암살 작전론

공수부대 루머가 점점 설득력을 잃자 그 자리를 차지하기 시작한 것이 바로 '헬기 신화'다. 관찰한 바에 따르면, 이는 '타이완의 방공망 체계는 마치 종이로 만든 것처럼 형편없어서 마음대로 드나들 수 있다'고 믿는 이들이 열심히 만들어낸 신종 루머다. 그렇지만 우리도 분명히 하고자 한다. 군은 이러한 상황에 관해서도 연구해왔고, 대응 방안도 마련해놓았다. 전쟁은 운에 기대선 안 되기에 진지하게 상황을 바라봐야 한다.

이처럼 신중한 태도는 종종 루머가 자라나는 토양이 되기도 한다.

헬기 공습 시나리오의 문제점 역시 인민해방군의 실제 편제를 통해 이야기해볼 수 있다. 인민해방군은 기존의 '군 직속 특수대대'를 특전여단으로 개편했고, 현재 1개 여단만 편성되어 있다. 현재 중국의 주력 헬기는 Z-20인데, 이 기종의 대량생산이 어느 정도인지는 불분명하다. 일반적인 여단급 헬기 편제는 48대이며, Z-20은 아직 스텔스 기능을 갖추고 있지 않다. 느린 기체로 대규모 편대를 이뤄 타이완해협 상공에 진입한다면, 생존 가능성을 기대하기는 어렵다.

헬기에 소규모 특수부대를 실어서 낮은 고도를 유지해 타이완의 레이더망을 피하면서 조용히 타이베이를 기습한다는 시나리오는, 또 다른 오랜 투머인 '공기부양정을 통한 해협 횡단'과 함께 놓고 설명해야 한다. 이 둘은 유형이나 발생 상황이 굉장히 유사하기 때문이다.

먼저 반드시 짚고 넘어가야 할 점이 있다. 그것은 바로 이 전술을 언제 사용할 수 있는가이다. 평시에 타이완을 기습하는데, 후속 병력 동원도 없고 해공군 합동 작전도 없이 타이베이에 잠입해서 유혈사태만 일으키고 끝낸다. 이렇게 하기만 하면 타이완 사람들이 유혈사태로 공포에 질려 항복하리라 생각하는 건가? 삼류 소설이라면 모를까, 인민해방군 참모들은 그런 도박을 하지 않는다. 만에 하나 작전이 실패한다면 타이완은 법적 독립을 선언할 명분을 얻고, 이후 상황은 걷잡을 수 없게 될 것이기 때문이다.

들키지 않고 잠입하는 것은
불가능에 가깝다

　만약 전쟁이 임박한 시기라면 타이완군은 이미 경계 태세에 돌입했을 것이다. 그런 상황에서 인민해방군이 대체 어떻게 들키지 않고 몰래 잠입할 수 있단 말인가? 헬기든 공기부양정이든, 스텔스 전투기가 아닌 이상 레이더의 사각지대로 저고도 비행한다는 것은 전쟁 직전의 극도로 긴장된 상황에서는 불가능에 가깝다.

　불가능한 원인으로 거리 제한도 있다. 군용 헬기는 시속 300킬로미터 수준이다. 이론상으로는 한 시간도 걸리지 않고 해협을 건널 수 있다. 중국의 '즈부르'급 공기부양정*의 속도는 최대 63노트로, 이는 시속 100킬로미터에 달한다. 그래서 최대 두 시간이면 해협 횡단이 가능하다는 계산이 나온다. 이는 수많은 루머 지지자의 핵심 논거로, 인민해방군의 특수부대가 이 정도 거리를 돌파하는 것은 결코 어렵지 않다는 것이다.

　이 정도 거리를 돌파하는 것은 그들의 말대로 어렵지 않다. 하지만 정말 어려운 점은 이미 타이완 전군이 바다를 향해 신경을 곤두세우고 경계 태세에 돌입한 상황에서, 스텔스 기능도 없이 순전히 조종사의 능력과 레이더망의 사각지대 그리고 이동형 레이더가 목

---

* 러시아가 개발한 세계 최대 규모의 공기부양 상륙함으로, 기갑차량·병력을 고속으로 해안에 투입할 수 있는 상륙작전용 전력이다.

표 지역에 배치되지 않았다는 우연에만 의지해야 한다는 것이다. 그런 상황에서 저고도로 한 시간 가까이 비행하면서 전혀 발각되지 않는다는 건 사실상 불가능에 가깝다. 즈브르급 공기부양정이라면 상황은 더 암담하다. 워낙 거대한 덩치이다보니, 발각되지 않는 것은 애초에 불가능하다. 이러한 것으로 몰래 타이완 해안에 잠입해서 무방비의 타이완군을 쓸어버린다는 상상은 그야말로 꿈속에서나 가능한 이야기다.

또 하나의 피할 수 없는 제약은 바로 수송 인원수다. 헬기를 이용한 침투 기습을 한다고 할 때, 한 대에 탑승 가능한 인원은 얼마나 될까? 많이 잡아봤자 열 명이다. 이 인원으로 뭘 할 수 있을까? 어떤 사람은 이렇게 말하기도 한다. "그럼 50대를 보내면, 500명을 투입할 수 있잖아." 과연 그 500명으로 수만 명의 수비군이 지키고 있는 타이베이 도심에서 뭘 할 수 있을지는 차치하고, 50대의 헬기가 발각되지 않고 타이베이까지 온다는 건 애초에 불가능하다. 한 대가 몰래 잠입할 순 있겠지만, 수십 대가 한꺼번에 몰려오는 걸 발견하지 못할 리는 없다.

헬기와 공기부양정의 공통점은 쉽게 피격할 수 있다는 것이다. 한 대라면 이리저리 회피 기동을 하며 포격을 피할 수 있겠지만, 수십 대라면 반드시 엄청난 피해를 입을 것이다. 격렬한 포격 속에서 조금의 피해도 없이 위풍당당하게 상륙한다는 것은 절대 불가능하다. 로켓포, 전차포 등 다양한 포병 화력, 그리고 육군이 보유한 스팅어 미사일에 이르기까지, 일단 피격되면 그 즉시 파괴된다고 해도 무방할 만큼 위력을 자랑하는데, 이를 상대로 고가의 헬기와 공기부양정으로 자살 공격을 감행한다고? 제정신이 아니고서야 이런 작전을 계획할 참모는 없다.

게다가 헬기를 어디에 착륙시킬 것인가? 어디 2·28 평화공원에라도 할 것인가? 타이베이 시내에서 대량의 헬기가 착륙하거나 로프 강하할 만한 장소는 찾기 어렵다. 자칫 전선에 헬기가 걸리기라도 하면 영화 「블랙 호크 다운」보다 더 끔찍한 상황이 벌어질 것이다. 특히 타이베이의 건물은 갈수록 고층화되고 있어서 착륙의 위험성 역시 더 커진다. 정말로 걱정할 점은 이것이다. 만에 하나 이 인민해방군이 각급 학교 운동장에 착륙해서 학생들을 인질로 삼는다면 어떻게 할 것인가? 이건 테러리스트 아닌가?

그렇다면 이러한 무기들이 주는 위협은 무엇일까?

현재 인민해방군의 헬기가 타이완에 가장 큰 위협이 되는 경우는 중국 본토에서 해협을 넘어올 때가 아니다. 헬기의 속도가 아무리 빨라도 방공 시스템하에서는 아주 쉬운 표적이다. 헬기의 가장 효과적인 운용 방식은 바로 인민해방군의 최신형 수륙양용함과 상륙함에서 사용하는 것으로, 중국이 일정 수준으로 제공·제해권을 장악한 후 타이완 본토에 대한 상륙을 강행할 때 투입하는 것이다. 물론 이때는 수량 제한이 있어서 대규모 병력 수송을 목적으로 하는 것은 아니다.

이때 헬기를 투입하는 목적은 다음과 같다. 헬기의 뛰어난 기동성을 활용해서 특수부대를 타이완 수비군의 후방에 투입해 후방 교란과 증원 저지를 위한 교량 및 도로 폭파를 시도하거나, 주요 항만 시설을 점령해서 후방의 대규모 병력과 중장비가 항구를 통해 상륙할 발판을 마련하는 것이다. 아니면 상륙 초기에 상륙 거점 주변의 방어 진지와 감제 고지를 점령하는 데 쓰이는 것이 최선이다. 이러한 헬기를 기습 침투용으로 사용하는 건 가장 어리석은 방식이라고 할 수 있다.

공기부양정 역시 마찬가지다. 이런 장비는 타이완이 제해권과 제공권을 잃은 상황에서 탱크와 같은 중장비를 조기에 상륙시키는 용도로 쓰인다. 또는 이미 상륙한 부대가 적의 반격으로 움직이지 못할 때, 빠르게 증원 병력을 투입할 때 쓰인다. 공기부양정 역시 자체 무장이 있어서 제한적인 지원 사격도 가능하다. 혹은 해안 교두보를 확보한 상황에서 인근 해안을 공격할 때나 사용할 수 있다. 이런 이유로 공기부양정을 개전 초기 바다 건너 기습 침투 임무에 사용하는 것은 부적절한 방식이다.

이처럼 정규적이고 현실적인 전술은 뒤에서 자세히 다루겠다.

5

민항기에 의한 공항 점거론*

최근 몇 년 사이에 등장한 민항기 루머는, 그 출처가 앞서 언급한 루머를 퍼뜨린 집단과 동일할 것이라고 추측된다. 왜냐하면 타이완이 전쟁에 돌입하면 공중 강습이든 민항기 착륙이든 은밀한 기습이라는 것 자체가 현실성이 없기 때문이다. 그렇다보니 이스라엘이 민간 여객기에 특수부대를 가득 태우고, 인질 구출을 위해 수천 킬로미터를 날아간 작전을 흉내 내는 식으로 루머를 만들어낸 것이다.

이러한 루머 역시 전혀 말이 안 된다. 전쟁 발발 시점이라고 가정했을 때, 민항기가 중국에서 날아오는 것 자체가 불가능하다는 점은 차치하고라도, 설령 온다 해도 전시 체제에 돌입한 상황에서 이미 쑹산 공항에는 군이 주둔 중일 것이다. 차분히 생각해보자. 전쟁

---

* 이와 관련해서 참고할 사례가 있다. '축구 전쟁'으로 불리는 엘살바도르와 온두라스 간의 전쟁이다. 1969년 7월 14일, 엘살바도르 공군이 민간 여객기로 위장한 항공기를 이용해 온두라스 공항에 폭탄을 투하했다. 군용기가 민항기로 위장해 공습에 성공한 전형적인 위장 공습의 사례다.

이 임박한 상황에서 중국발 민항기가 공항에 아무런 제지 없이 들어올 수 있을까? 한발 양보해서, 타이완군이 마음씨가 좋아 200명 넘는 무장 병력이 탑승한 민항기가 무사히 착륙하게 했다고 치자. 과연 주둔군이 아무런 대비 없이 이 무장 병력이 공항을 장악하게 내버려두겠는가?

다시 한발 양보해서, 이들이 공항 장악에 성공했다고 하자. 그러면 그다음은? 내가 가장 많이 본 시나리오는 이후 추가로 더 많은 민항기가 착륙해서 수천 명의 병력을 쏟아내고, 그들이 타이베이시를 점령한다는 것이다.

말문이 막힐 따름이다. 만약 쑹산 공항에서 이런 사태가 벌어졌다면, 타이완군이 무엇을 할 수 있을까? 설마 민항기가 계속해서 착륙하게 놔둘까? 당연히 뒤따라오는 항공기는 전부 격추 대상이 될 것이고, 이미 착륙한 병력은 고립무원의 상태로 공항을 사수하다가 포위 섬멸될 것이다. 만약 이 병력이 공항을 사수하지 않고 곧장 타이베이 시내로 진격해 정·군 요지를 공격하면 어떻게 할까? 그러면 이렇게 묻지 않을 수 없다. 그 200명의 인민해방군이 타이베이 시내 어디로 갈 수 있을까? 타이베이 지도를 펼쳐놓고 차분히 생각해보면 답이 나온다. 이런 작전이 실현 가능하다고 믿는 사람은, 세상 어떤 말에도 다 속아넘어갈 것이다.

민항기를 무기로 사용하는 것은
국제사회의 금기를 깨는 행위다

 더 말할 것도 없이, 민항기에 병력을 실어 기습을 감행하는 행위는 중대한 국제적 금기 사항을 깨는 것이다. 이러한 방식의 전술을 사용하는 순간, 국제사회는 그 국가를 이슬람국가[IS]와 다를 바 없는 테러 집단으로 간주할 것이다. 그러면 그 후로 타이완은 중국발이기만 하면 민항기든 상선이든, 모두 군 병력을 실은 것으로 여기고 격추하려들 것이다. 이는 타이완 입장에서는 오히려 심리적 부담이 줄어드는 좋은 구실이 된다.

 이런 기습 루머가 퍼지는 이유는 크게 두 가지 화법 때문인데, 평소에 볼 수 있는 상황을 두고 혼란을 유도한다. 우선 '전채 요리'로 '타이완군의 부대 정문 경계가 허술하다' '공항은 빈 골대와 같아 공격이 쉽다' '총통부는 차량으로 돌진할 수 있다'와 같은 현실에 기반한 지적을 앞세워 듣는 이의 경계심을 무장해제시킨다. 그다음 '본 요리'로 넘어가는데, 인민해방군이 보유한 최신형 첨단무기나 강력한 병력을 들먹이며, 얼마나 공포스러운 작전을 수행할 수 있는지 과장해서 떠벌린다. 하지만 그들은 이러한 무기나 병력의 실제 보유 수량, 사거리, 후방 보급 능력, 작전 지속 시간과 범위 등 작전 성립을 위한 여러 조건은 언급하지 않는다.

 특수부대는 매우 강력해 보이지만 어디까지나 경장비로 무장한,

소지 가능한 탄약에도 제한이 있는 부대일 뿐이다. 한정된 장비만 가지고 고강도의 단독 침투 작전을 수행한다는 것은 엄청난 압박과 난도를 요구한다. 다시 말해 분명 타이완의 이런 기관들이 평시에 느슨한 것은 사실이고, 인민해방군이 위협적인 무기와 잘 훈련된 부대를 보유한 것도 사실이다. 하지만 이를 근본적으로 말이 안 되는 전제에 억지로 끼워넣어, 이러한 작전이 가능하다고 주장하는 것이 바로 이 루머의 본질이다. 부분적인 사실로써 전체적으로 말도 안 되는 시나리오를 포장하는 것 역시 이러한 루머의 본질이다.

6

모든 선박 자산을 동원한 타이완 공격론

'모든 선박이 일제히 출동한다'라는 이른바 '만선제발萬船齊發' 시나리오는 영원히 사라지지 않는 루머 중 하나다. 현실적으로는 거의 실행 불가능한데도 오랜 세월 대중의 입에서 입으로 전해지며 엄청난 두려움의 대상으로 자리 잡았다. 왜 이런 엉터리 루머가 사람들의 공포를 자극하는 것일까? 그 이유는 아주 간단하다. 앞서 언급했던 것들과 마찬가지로, 이 시나리오 역시 전체 내용은 오류투성이고 실현 가능성이 없지만, 일부 사실과 역사적 사례를 기반으로 하고 있기 때문이다.

이 루머가 기반으로 하는 '사실'이란 무엇일까? 중국은 분명 타이완보다 훨씬 더 압도적인 군사력을 보유하고 있다. 만약 대규모 병력이 상륙할 수만 있다면, 타이완군이 아무리 뛰어나다 해도 결국 압도적 병력의 차이에 무릎 꿇고 말 것이다. 사실 이건 전혀 틀린 말이 아니다. 하지만 이것이 가능하려면 반드시 대규모 병력의 상륙이 전제되어야 한다. 중국의 백만 대군이 타이완 해안에 상륙할 수만 있다면 타이완군은 속수무책이리라는 확신에 찬 추측이 이 루머가 만연하게 된 이유다. 다른 한편 상륙이 어렵다는 사실도 존재하기 때문에 오만가지 전술과 괴상한 아이디어를 만들어내, 중국의 군대가 밀물처럼 타이완으로 몰려올 수 있다며 듣는 이를 설득하려 한다.

이 가운데 가장 그럴듯한 것이 바로 '만선제발' 시나리오다. 왜냐하면 중국은 실제로 수천 척에 이르는 어선을 보유하고 있기 때문이다. 따라서 이 선박들에 병력을 가득 실으면 10만 명 규모도 수송 가능하다는 결론이 나온다. 다른 수송 수단들, 그러니까 정규 상륙함정이 수용할 수 있는 부대는 생각만큼 많지 않다. 헬기나 수송기는 이보다 더 적다. 따라서 인해전술로 타이완 사람들에게 공포를 불러일으키고 싶다면, 민간 선박 동원이 필수라는 결론이 나온 것이다.

여기에 역사적 사례*까지 덧붙여진다. 중국이 과거에도 병력 손실을 개의치 않고 밀어붙였다는 점을 들어, 민간 선박을 총동원해서 정면 돌파할 것이라고 주장한다. 이렇게 해서 얻게 된 결론은 첨단 무기 따위는 필요치 않고, 오직 머릿수로 타이완을 밀어붙여 일찌감치 체념하고 항복하게 만든다는 것이다.

하지만 이 루머는 허점투성이다. 지금까지 아무도 이 루머를 제

---

* 이와 관련해서 알아두면 좋은 사례로 구닝터우 전투가 있다.

대로 반박하지 않았고, 대다수 타이완 국민은 바다와 밀접한 생활을 하지 않아 바다에 대해 무지하다. 이는 민간 어선에 아무리 장갑을 덧대고 무장을 보강하더라도 정규군의 공격 앞에서는 속절없이 무너진다는 사실을 일반인들이 제대로 인식하지 못하게 만들었다.

대규모 병력을 배에 태우는 건 결코 간단하지 않다

이 루머가 어떻게 반박 가능한지는 두 가지 큰 틀에서 접근해볼 수 있다.

1. 백만 대군을 어떻게 선박에 태워 출항할 것인가.
2. 어떻게 상륙에 성공하고, 후속 공격을 이어갈 것인가.

이 두 가지 방향에 대해 본격적으로 논의하기에 앞서, 먼저 물리적으로 피할 수 없는 몇 가지 제약부터 짚고 넘어가자.

① 적재 중량의 한계: 가령 중형 어선 한 척의 적재량이 10톤이라고 해보자. 그러면 주력 전차 수송은 불가능하고, 장갑차와 기계화 보병을 수송하는 것이 전부다.

② 부피와 공간: 10톤의 적재량이 있다고 해서 병사 한 명당 100킬로그램이라고 가정해 100명을 실을 수 있는 건 아니다. 병사를 어획한 생선처럼 상자에 담아서 쌓아둘 수는 없다. 유람선에 사람을 가득 싣겠다고 포개어 앉힐 수 없는 것처럼 말이다.

③ 선체의 취약성: 어선의 선체는 말 그대로 얇은 껍데기 수준이다. 기관총이나 로켓탄에 피격되면, 탑승 인원은 사망하거나 중상을 입고, 선박 자체도 쉽게 침몰할 것이다. 그렇다고 외부 장갑을 덧씌우려 한다면 당연히 선체 재질의 강도를 높여야 하는데, 이는 선박 자체의 무게와 개조 비용을 기하급수적으로 늘리게 된다. 중국에 자금의 여력은 있을지 몰라도 수많은 선박을 개조할 시간은 없다.

④ 기상과 해상 상태: 타이완해협의 바람과 파도는 결코 만만한 상대가 아니다. 선박 항행에 적합한 시기는 봄여름뿐이다. 만약 기상 상황이 안 좋은 시기에 운항한다면, 불가능한 것은 아니지만 그만큼 수송량이 줄어들고, 병사들은 멀미에 시달릴 것이다. 바다를 건넌 후에는 병사들의 신체적 부담이 엄청나게 가중돼 서 있을 힘도 없고 전투 불능의 상태에 빠질 수 있다.

⑤ 시간 문제: 해협을 왕복하는 데 시간이 얼마나 걸리든, 돌아가는 선박에는 두 번째 파병을 위해 두 배의 시간이 필요하다. 이는 연안에 상륙한 선발대가 지원이 올 때까지 버텨야 할 시간이 그만큼 늘어난다는 것을 뜻한다.

중국은 '블랙 테크놀로지'*를 보유하고 있어서 이러한 제약들을 해결할 수 있다며, 어선으로 타이완을 공격하는 것은 아주 간단한 일이라고 주장하는 사람들은 그 첨단 기술이 어떤 것인지 명확하게 제시해주면 좋겠다. 우리도 그 기술이 무엇인지 구경하고 싶다.

그래서 첫 번째 대전제에서 인민해방군이 직면할 첫 번째 문제는 바로 전 병력을 선박에 태우는 데 얼마의 시간이 필요한가다.

게임에서는 병사가 수송선에 닿기만 하면 끝이다. 하지만 현실에서는 다르다. 아래 오른쪽 사진의 작은 어선의 경우 그냥 뛰어내리면 끝이지만, 왼쪽의 중대형 선박은 한 명씩 전용 탑승 통로로 타야한다.

* 현재의 기술을 훨씬 넘어서는 수준의 첨단 기술.

게다가 기계화 보병은 관광객이 아니다. 장비와 식량, 탄약과 같은 보급품을 실어야 하고, 이 물자들을 선창 하부 깊숙이 잘 배치해야만 파도에 의한 전복 위험도 피할 수 있다. 이는 결국 탑승 시간이 길어질 수밖에 없음을 뜻한다.

모든 병사가 완전 무장 상태로 등짐을 지고 배에 뛰어올라 탄다고 가정해도 항구 하나에 동시 정박이 가능한 선박의 수는 제한되어 있다. 한 항구에 50척 정도가 동시 정박된다고 가정하고, 병사 한 명이 배에 뛰어올라 타는 데 5초가 걸린다고 하자. 어선 한 척에 몇 명을 태울 수 있을까? 타이완해협을 가로질러 가는데, 해상 상태가 좋다고 해도 난민선이 아니고서는 가득 실을 수 없다. 사람뿐만 아니라 각종 보급품과 무기도 함께 실어야 하기 때문에, 어선 한 척에 20명만 태워도 과적 수준이다.

한발 더 양보해서, 인민해방군이 혹독한 훈련을 통해 30명까지 태워도 견딜 수 있고, 한 명의 병사가 승선해 준비를 마치는 데 5초가 걸린다고 하자. 이때 어선 한 척당 약 150초(약 2분 30초)가 소요된다. 50척의 선박이 오차 없이 동시에 탑승을 끝내면, 1500명의 병력이 출발 준비를 마치게 된다. 제1파가 출발하고 두 번째 선박들이 항구에 들어오는 데 최소한 1분의 간격은 줘야 선박 간의 충돌을 피할 수 있다. 극단적인 훈련의 결과로 30초면 충분하다고 해도, 10회 반복해서 총 1만 5000명의 병력을 탑승시키는 데는 30분의 시간이 걸린다.

훈련만 잘되면 가능해 보일 것이다. 그러나 실상은 전혀 그렇지 않다! 이게 가능하려면, 우선 이 항구 외곽에 1만5000명의 병력이 주둔할 수 있는 공간이 확보되어야 한다. 그리고 그 공간에는 식사와 휴식을 할 장소와 화장실 등 다양한 생활 공간이 필요하다. 단순히 야전 텐트 하나 쳐놓는다고 해서 끝이 아니다. 군인은 가축이 아니다. 아무리 전투에 투입될 병사라고 해도 비인간적인 조건에 처하면 사기 저하에 빠지는 것은 시간문제다.

승선 전 부대가 집결할 장소가 필요하다

이렇게 가정해보자. 저장성浙江省에서 푸젠성福建省까지의 연안에 이런 항구가 50곳 있다고 치면, 순식간에 75만 대군이 승선할 수 있다. 얼핏 굉장히 위협적으로 들리겠지만, 실제로는 전혀 그렇지 않다. 구글 어스를 켜서 이 두 성의 해안선을 보면, 대규모 병력이 주둔할 수 있는 지형이 아니다. 게다가 많은 수의 항구 주변에는 철도 없이 도로만 있을 뿐이다. 따라서 대규모 병력을 정해진 위치에 집결시키는 것은 거의 불가능하다. 즉 공간이 없기 때문에 대규모 병력을 항구 주변에 미리 집결시켜 작전 준비를 마친다는 가정 자체가 현실에서는 성립되지 않는다.

그러면 백번 양보해서, 인민해방군이 모든 수송 문제를 극복해

병력도 항구 주변에 주둔할 필요가 없고, 병력 이동 시간도 완벽하게 통제할 수 있다고 하자. 1000킬로미터 밖의 주둔지에서 대규모 병력이 일사불란하게 차량에 탑승해, 항구에 도착해서 하차하자마자 곧바로 선박에 올라타는 완벽한 수송이 가능하다고 가정하자. 생산 공장의 전 자동화 시스템처럼 말이다.

하지만 여기까지 읽고도 백만 대군을 배에 태우는 게 얼마나 어려운 일인지 감을 잡지 못한 사람이라면, 그는 이미 '중국은 무조건 할 수 있다'는 믿음으로 이 루머를 받아들이고 있는 셈이다. 사람을 자동화 공장에서 생산하는 물건 취급하면서, 인간의 기본적인 생리도 무시하고 기계처럼 훈련시킬 수 있다고 생각하는 건가?

결론적으로 말해서 설령 백만 대군이 실제로 존재하고, 그들을 실어 나를 만큼 충분한 선박을 확보했다고 해도, 그 병력을 집결시키고 주둔시킬 공간은 확보할 수 없다.

소형 어선으로는
중형 무기를 수송할 수 없다

두 번째 문제는 다음과 같다. 설령 선박들의 총 적재 중량과 부피가 같다고 해도, 실을 수 있는 내용물은 같을 수 없다. 소형 어선은 사람밖에 못 태우고, 중형 어선은 장갑차 한 대 싣는 것도 벅차며, 대형 어선 역시 탱크 한 대 제대로 실을 수 없다. 각 선박의 적재량을 다 합한 값만 보고 중장비를 실을 수 있을 것으로 생각하면 안 된다. 그렇다면 순수 보병만 가지고 어떻게 타이완의 기갑부대와 공중 타격 부대의 반격에 맞설 수 있겠는가?

이러한 운송 능력의 한계는 필연적으로 인민해방군의 공격 목표를 제약하게 된다. 현재 중장비를 하역할 여력을 갖춘 항구는 사실상 지룽基隆항, 타이베이台北항, 쑤아오蘇澳항, 타이중台中항, 안핑安平항, 가오슝高雄항 등 몇 개 안 된다. 일반 어항漁港에서는 탱크와 같은 중장비를 하역할 수 없고, 상업 항만은 간신히 가능한 수준이며, 공업 항만은 너무 특수한 형태여서 설비가 중장비 하역에 적합하지 않다. 그러니 아무리 따져봐도 현실적으로 점령 가능한 목표는 북부의 타이베이항과 지룽항, 중부의 타이중항이며, 억지로 끼워넣으면 마이랴오麥寮 정도가 가능하고, 남부 지역은 안핑항과 가오슝항이 전부다. 왜 반드시 항구를 점령해야 할까? 인민해방군이 '만선제발' 전술로 승리하려면, 우선 대량의 경무장 병력을 투입해 전쟁 초기 타이완군의 비교적 약한 방어선을 무너뜨리고 항구를 선점해야 이를 통해 중장비를 하역할 수 있다.

보병을 실어 나르는 것만으로는 그 수가 백만 대군이라 해도 타이완을 공략하는 것은 불가능하다. 타이완군의 기갑부대가 순수 보병으로만 이루어진 인민해방군의 상륙부대를 처리하는 것은 조금도 어려운 일이 아니다. 더군다나 제1파로 상륙한 병력의 숫자는,

중국이 동원할 수 있는 어선의 수를 기준으로 역산해보면 많아야 10만 명이다. 그 인원을 두 배로 잡아 20만이라고 해도, 한 번에 모두 상륙하는 것은 불가능하며 반드시 나눠서 상륙해야 한다. 그렇게 되면 타이완군의 포격에 가볍게 각개격파될 것이다.

여기서 문제가 또 하나 발생하는데, 적재 중량의 제약 때문에 병력의 수는 더 줄어든다는 것이다. 이 문제를 이해하는 것은 어렵지 않다. 타이완해협의 기상 조건은 너무나 열악하다. 풍랑이 잔잔할 때조차 선체가 요동치며 사람들을 바다로 떨어낼 수 있는데, 어떻게 인원을 최대치로 놓고 계산할 수 있겠나? 설령 전혀 문제없다고 가정하더라도, 수송하는 병력이 겨우 소총 한 자루만 든 보병 부대인데, 어떻게 전차와 대포로 무장한 타이완 수비군을 상대로 승리할 수 있을까?

민간 어선은 방어력이 형편없다

세 번째 문제는 이렇다. 방어력을 높여서 선박의 생존율을 끌어올리고, 그에 따라 상륙 병력의 수를 늘릴 수 있을까? 이는 현실적으로 불가능하다 단순히 방탄 강판을 덧대는 것만으로도 선박은 무거워지고 속도는 느려진다. 그렇게 되면 당연히 탑승 가능한 인원도 줄어든다. 그렇다고 모든 선박에 케블라 방탄 섬유를 두른다고? 돈이 남아도나? 단순 계산만 해도 이는 불가능하다는 것을 알 수 있다.

1제곱미터의 케블라 방탄 섬유의 가격이 1000위안(한화 약 19만 원)이라고 가정하자. 방탄 효과를 보려면 여러 겹을 덧대야 하고, 이를 10겹으로 잡으면, 1제곱미터당 1만 위안이다. 소형 어선 기준으로 수면 위 선체만 감싼다고 해도, 1척당 50제곱미터를 감쌀 때 필요한 금액은 50만 위안이다. 많이 잡아서 한 척에 병사를 30명씩 태운다고 하면, 1만 척의 병력은 30만 명이다. '만선제발' 전술에 따라 1만 척을 준비한다면, 비용은 50억 위안이 든다. 언뜻 실현 가능해 보인다.

하지만 케블라 섬유 10겹으로 막을 수 있는 것이 무엇인지는 조금만 찾아봐도 알 수 있다. 보병의 소총탄, 기관총탄 그리고 로켓류의 공격까지 막으려면 강철판과 세라믹 방탄판이 없어서는 안 된다. 결국 방어력을 향상하기 위한 50억 위안은 가장 기초적인 방탄에 들어가는 금액이고, 선박 무게에 영향을 주지 않고 방어력을 향상하려면 고가의 경량 세라믹 방탄판을 설치해야 하는데, 그러면 비용은 기하급수적으로 늘어난다.

게다가 중국 연안 항구 곳곳에서 대대적으로 어선을 개조하고 있는 이 괴상한 풍경을 아무도 눈치채지 못한다는 것은 말이 되지 않는다.

설령 인민해방군이 이 문제를 진지하게 해결하려 한다고 가정해도, 결국 '적재 중량'이라는 한계에 봉착한다. 방어력을 높일수록 배는 더 깊게 가라앉고, 적재 가능한 병력의 수는 줄어든다. 조금만 계산해봐도 효과가 좋지 않다는 것을 알 수 있다. 한 번에 100척의 어선이 상륙을 시도한다고 가정해보자. 방어력이 향상되지 않은 상황이라면 선박의 최소 30퍼센트는 침몰할 것이다. 남은 70척의 선박에서 20명씩만 살아서 상륙에 성공한다 해도, 총인원은 1400명밖에 안 된다. 방어력을 강화해서 10퍼센트의 손실만 봤다고 하면, 방어력 강화로 인해 적재 가능한 인원은 줄어들 것이고, 상륙 성공 인원도 줄어들 것이다. 그렇게 해서 선박당 15명만 상륙에 성공했다고 해도, 총인원은 1350명밖에 안 된다. 단순 계산이지만 방어력을 높여도 총인원은 오히려 떨어지는 결과가 나온다.

이 결과가 달하는 것은 중국이 정말 희생을 무릅쓰고 '만선제발' 전술을 감행하려 한다면, 방어력을 높일 필요가 전혀 없다는 것이다. 오히려 속도와 압도적 물량으로 타이완의 반격 화력을 상대하는 것이 더 합리적이다.

극악의 난이도,
헤이수이거우黑水溝 횡단

네 번째 문제는 자연환경의 제약이다. 타이완 사람 대부분은 배를 타고 바다를 나가본 경험이 없다. 대부분 접하는 바다 영상은 파도조차 잔잔한 고요한 풍경이다. 그래서인지 해협을 건너 상륙하는 일이 그리 어려운 게 아니라고 생각하는 사람들이 있다. 주변에 진먼金門이나 마주馬祖에서 군생활을 한 사람이 있다면 물어보자. 봄과 여름철, 바람이 거의 없고 해상이 안정된 시기에도 배를 타고 진먼으로 이동하는 동안 얼마나 많은 사람이 구토하는지. 만약 파도가 더 거세지거나, 선박이 작아진다면? 그 결과는 쉽게 상상할 수 있다.

타이완해협의 공식 기상 데이터를 보면, 평균 풍력은 보퍼트 풍력계 기준 3~5급이고, 계절풍이 불면 최대 7급에 달하기도 한다. 평상시 파고波高는 1미터, 계절풍 시기에는 2~4미터까지 상승한다.

타이완해협의 가장 양호한 상태는 보퍼트 3급 정도인데, 그런 날조차 배를 타고 몇 시간 이동해야 한다. 그리고 중요한 사실은 배가 작을수록 파도에 더 쉽게 흔들린다는 점이다. TV에서 거친 파도 속에서 작업하는 영상을 본 적이 있을 것이다. 그런 영상에 등장하는 어선은 아래 사진처럼 원양 어선 규모다.

'만선제발' 루머의 핵심은 10인용 소형 어선까지 포함하는 것이다. 이러한 어선은 사진에 나온 그런 원양 어선 크기가 아니다.

그리고 더 간과할 수 없는 요소가 있다. 바로 백만 대군이 일제히 하선한다는 전략의 난도다.

이 전략에서는 배가 작을수록 해안에 더 가까이 접근할 수 있고, 병사들이 쉽게 뛰어내려 얕은 바다를 걸어서 육지에 도달할 수 있다고 한다. 무장을 갖춘 병사가 바닷물을 헤쳐 나오는 속도는 매우 느려서, 쉽게 적의 표적이 된다. 게다가 상륙 후 바닷물에 젖은 군복은 이동하는 데 더욱 부담을 준다. 선박이 크면 흘수선이 깊어져 해안에 가까이 갔다가는 선체 바닥이 해저에 닿아서 움직일 수 없게 된다. 대형 선박은 해안 가까이 갈 수 없기 때문에 선박의 갑판은 수면과의 높이차가 크다. 무거운 장비를 멘 병사가 수 미터 깊이의 바다로 뛰어내리면 익사하기 쉽고, 해안까지의 수영 거리도 길다. 조수 간만의 영향까지 겹치면 난도는 더 올라간다.

배를 가득 채운 병사가 몇 시간 동안 요동치며 이동한 뒤, 바다로 뛰어내려 파도를 헤치고 수십 미터를 걸어서 쏟아지는 총탄을 뚫고 해변을 돌파한다고? 이게 말이 된다고 여기는 사람은 아마 배를 타 본 적이 없어서 배 탄 사람들이 집단으로 멀미한다는 게 어떤 느낌인지 모를 것이다.

모래사장은 좌초 위험이 크다

두 번째 큰 틀에서 보면, 과연 상륙은 어떻게 이루어지는 것일까? 이 문제를 논할 때 가장 먼저 마주하게 되는 것은 병사들이 어떻게 하선하느냐는 점이다. '만선제발'은 수량의 힘으로 각지의 상륙 가능 지점을 일제히 돌파하겠다는 전략이다. 말로는 간단해 보이지만, 실제로는 상륙 지점 해안의 수심을 반드시 고려해야 한다. 수문水文학적 데이터와 관련해서 좀더 직관적으로 이해할 수 있게, 상륙 가능한 해안사구海岸沙丘를 경사가 완만한 직선 형태라고 가정하자.

간단한 삼각함수로 계산하면 다음과 같은 결론을 얻을 수 있다. 모래 해변이 바다 쪽으로 10도 정도의 완만한 경사를 이루고 있다고 가정했을 때, 수심 1미터에 도달하기 위해서는 해안선으로부터 5~6미터까지 들어와야 한다는 계산이 나온다. 이는 곧 어떤 선박이 해안선으로부터 5~6미터 거리까지 접근하면서 좌초하지 않으려면, 선체의 흘수吃水는 반드시 1미터 미만이어야 한다는 것을 뜻한다.

간단하게 범위를 잡아서 최대한 우호적인 기준으로 계산해보자. 무장 병사 10명을 태울 수 있는 5톤급 어선 한 척이 수심 1미터 지점까지 접근할 수 있다고 가정해도, 병사들은 최소한 5미터 이상을 물속에서 걸어야 상륙할 수 있다. 두 다리는 흠뻑 젖어 있고, 허리 아래는 모래 범벅일 것이다. 10톤짜리 어선에 20명의 병사를 태웠다면, 수심 2미터 지점까지는 접근할 수 있을 것이다. 하지만 이렇게 되면 병사들은 머리까지 잠기는 깊이의 바다로 뛰어들어서 최소 10미터 이상을 헤엄친 뒤 다시 물속을 걸어야 한다.

어떤 독자는 의문을 제기할 수 있다. '왜 병사 수가 이전 예시보다 줄었지?' 그 이유는 사람을 태웠기 때문이다. 사람이나 장비를 태우지 않은 빈 배는 흘수가 얕아서 당연히 더 가까이 갈 수 있다. 병사와 장비를 가득 실은 상태에서는 그렇지 않다. 이 수치는 최대한 균형을 맞춘 추정값이다. 그리고 이는 인민해방군을 크게 우대한 수치다. 어선은 바닥이 뾰족한 첨저선尖底船이지, 상륙선처럼 바닥이 평평한 평저선平底船이 아니다. 평저선은 해안까지 갔다가 다시 돌아가는 것이 가능하지만, 어선은 그렇게 가까이 갈 수 없다.

이 밖에 해안 사구의 경사는 상륙 지점마다 다 다르다. 어떤 곳은 완만하게 이어지다가 급격히 깊어지고, 어떤 곳은 처음부터 가파르게 떨어진다. 일반적으로 가장 완만한 타이완 서해안은 인민해방군이 상륙 지점으로 노릴 만한 곳이다. 이 지역 해안의 경사각은 3도에서 5도 사이르, 병사를 수심 1미터에서 하선시킨다면 11.5~19미

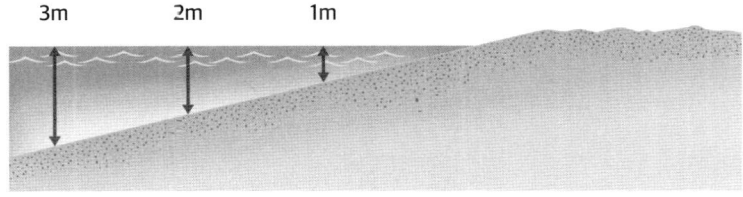

터 정도의 물속을 걸어야 상륙할 수 있다. 하지만 이렇게 이동하면 대응 사격도 불가능하고 이동 속도도 느리기 때문에 피격될 확률은 더 높아진다.

그러면 왜 병사들의 안전을 위해 좀더 해안 가까이 접근하지 않는 걸까? 선박이 피격당할 가능성은 논외로 하고, 가까이 갔다가 해저에 걸려 좌초되기라도 하면 회항해서 다음 병력을 태우는 것이 불가능해진다. 이제까지 이야기한 가설은 모두 어선이 중국과 타이완 사이를 뺑뺑이 돌면서 병력 셔틀을 한다는 극한의 설정 아래 만들어진 것이다. 나는 가능한 한 인민해방군에게 유리한 수치로 계산했음을 밝힌다.

다시 한발 양보해서, 만약 인민해방군의 어선들이 필사의 각오로 모래사장에 배를 댔다고 하면 좌초된 배는 어떻게 될까? 그러면 대

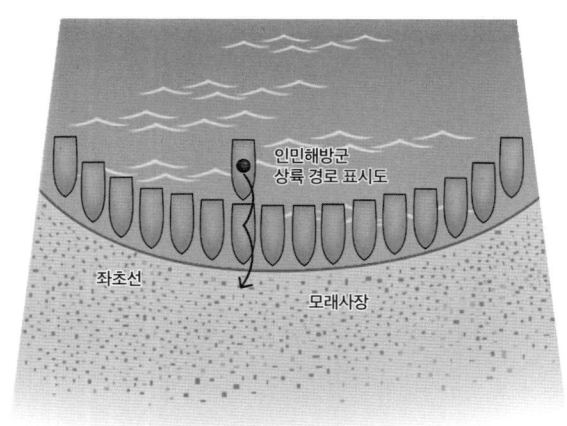

형 장애물이 되서 후속 상륙선들은 더 이상 해안으로 접근할 수 없다. 한 척이 좌초될 때마다 그만큼 후속 병력을 실어 나를 수단은 줄어든다. 증원 병력이 줄수록 타이완군을 제압할 가능성도 줄어든다.

물론 아래 그림처럼 하면 가능하리라 믿는 사람에게는 더 이상 할 말이 없다. 현대판 적벽대전의 방통龐統이 고안한 '연환계 상륙작전'으로 이해할 수밖에 없을 것이다.

상륙 가능한 지점은 적고, 수비군의 화력은 집중되어 있다

두 번째 큰 틀의 두 번째 문제는 선박 수송이 계속될수록 발생할 병력 손실이다. 과연 인민해방군이 이 정도 손실을 감당할 수 있을까? 일단 이 도든 것이 가능하다고 가정하고, 이 전략이 실제로 몇 번의 수송 안에 전력이 소진되는지 단순 계산을 해보자. 일반적인 관점에서 인민해방군이 해상과 공중 우위를 점한 상황에서 가오슝 항을 점령하고 병력 수송이 가능해진 이후에도 상륙함정은 약 20퍼센트의 손실을 감수해야 한다.

그런데 여기에 민간 어선을 넣는다면 손실률은 훨씬 더 커진다. 두께가 얇은 어선은 화포는 고사하고 중기관총만 맞아도 침몰할 수 있다. 장갑을 씌운다 해도 기본적으로 상륙함이 될 수 없다. 흘수의 문제가 심각해서 병사들은 최소 50미터 이상을 수영해서 가야 해안에 도달할 수 있다. 즉 손실률을 40퍼센트로 잡는 것은 오히려 인민해방군에게 최대한 관대한 추정치다. 타이완군의 포격 정확도가 형편없고, 모든 어선이 병력을 성공적으로 내려놓고 무사히 회항하며, 격침된 배는 곧장 바다로 밀려나 후속 상륙의 장애물이 되지 않는다는 전제하에 설정된 수치다(이게 얼마나 후한 계산인지 생각해보라).

간단한 등비수열로 계산해보면, 매번 40퍼센트의 손실률이 발생한다고 했을 때 다음 표와 같은 결론이 나온다.

수송 횟수	1회	2회	3회	4회	5회	6회	7회	8회
선박 수	1만	6000	3600	2160	1296	778	467	280
인원수	20만	12만	7만2000	4만3200	2만5920	1만5560	9340	5600
상륙 인원수	12만	7만2000	4만3200	2만5920	1만5560	9340	5600	3360

총 상륙 인원을 계산해보면 29만4980명으로, 약 30만 명이다. 이 얼마나 무시무시한 숫자인가! 그런데 잠깐, 방금 언급한 선박이 왕복하는 데 걸리는 시간을 생각해보면, 첫 번째 12만 병력이 해안에 도착한 뒤 대략 여덟 시간을 버텨야 두 번째 7만2000명의 병력이 도착한다. 여덟 시간 동안 단 한 명도 전사하지 않을 수 있을까? 당연히 불가능하다. 해변 점령 구역을 확보하지 않으면 추가 병력 증원

이 불가능하다는 관점에서 볼 때, 첫 번째 12만 병력은 반드시 엄청난 전투력을 발휘해서 상륙 지점을 확보해야 한다. 그렇지 않으면 해변을 가득 메운 12만 병력은 타이완 포병의 공격 한 번에 불지옥을 경험할 것이다.

어떤 이는 이렇게 말할지도 모른다. '12만 명이면 충분하지 않나?' 하지만 문제는 그 12만 병력이 순차적으로 상륙한다는 것이다.

인민해방군의 기적의 연환계 상륙작전이 성공했다 하더라도, 20만 병력 중 실제 상륙 인원은 12만 명이고 이들은 차례로 하선해야 한다. 현재 타이완의 상륙 가능한 해변의 너비는 수백 미터에 불과하지만, 우호적으로 1킬로미터라고 가정해보자. 어선 한 척당 폭이 5미터라 하면, 동시 접근 가능한 선박은 200척이다. 어선은 병력이 한꺼번에 내릴 수 있는 갑문이 없어서 한 명씩 차례로 선체 앞쪽에서만 하선할 수 있다.

각 어선이 5초마다 병사 두 명을 하선시킨다고 가정하고, 이들이 해안까지 100미터 이상의 화망을 뚫고 타이완군의 해안 진지를 공격하려면 완전무장한 병사는 최소 20초는 달려가야 한다. 인민해방군이 하나같이 죽을 각오로 전력 질주를 한다 해도, 역사적 기록에 따르면 이 병력이 해안 진지에 도달하기 전에 약 80퍼센트는 적군의 기관총 세례에 목숨을 잃는다. 그러니까 첫 번째 하선 병력 400명(200척×2명) 중 진지에 도착할 수 있는 인원은 80명에 불과하고, 이 인원이 1킬로미터 전선에 퍼지면, 해안 진지를 10개라고 가정했을 때 진지 하나당 8명이 공격하는 꼴이 된다. 게다가 이 8명의 간격은 12미터, 8개 팀은 100미터 간격으로 분산되어 있다. 이 8명으로 엄폐물 뒤에서 기관총을 난사하는 1~2분대로 구성된 진지 병력을 상대해야 한다. 게다가 이론상 이 기관총 진지 뒤에는 교차 화망까지 배치되어 있다.

이 정도 병력만으로 해안 방어망을 돌파하는 것은 사실상 성공 확률이 매우 낮다. 결국 필요한 것은 뒤따라 상륙하는 후속 병력이 죽음을 두려워하지 않는 부대여서 끊임없이 전진하는 것이다. 그렇게 해서 충분한 인원이 쌓여야만 타이완군의 해안 진지를 향해 본격적인 공격을 시작할 수 있다. 이론상 병력이 많을수록 좋겠지만, 그러면 대기하는 시간도 늘어난다. 그리고 타이완군도 이 지역이 인민해방군의 주요 상륙 거점이 되리라는 것을 알고 더 많은 병력을 증원해서 강력한 방어선을 구축할 것이다. 즉 시간을 지체할수록 인민해방군에게는 점점 더 불리해진다.

다시 한번 최대한 양보해서, 인민해방군의 상륙 인원이 충분해 해안 진지를 공략했다고 하자. 그러나 타이완군에는 해안 진지만 있는 것이 아니다. 후방에는 철근콘크리트 방어 진지가 즐비하고, 구릉 지대에도 제2차 방어선을 형성했을 수 있다.

이른바 '첫 번째 12만 병력'이 순차적으로 상륙하는 상황을 상상해보자. 첫 번째 어선에서 모든 병력이 하선하는 데만 1분 이상이 걸린다. 1킬로미터 너비의 해안에 200척의 어선이 접안할 수 있다고 하면, 총 6000척의 어선을 30팀으로 나눠서 상륙해야 한다. 모든 병력은 첫 번째 팀의 좌초된 어선을 발판으로 삼아 차례로 하선해야 한다.

이런 시나리오를 정말로 믿을 수 있나? 이 시나리오를 실행하려면 공장의 생산 설비가 돌아가듯 이뤄져야 한다. 첫 번째 수송선 200척 중 80척이 손실되고, 살아남은 120척이 4시간 걸려 회항해서 다시 병력을 수송해야 한다. 그들이 돌아왔을 때 목격하게 될 해변은 어떤 모습일까?

해변은 수만 명의 병사로 빽빽이 들어차 있고, 그들의 발밑에는 사람 키보다 높은 시체 더미가 쌓여 있다. 시체와 핏물에 빠진 병사들의 모습은 그야말로 좀비 영화의 한 장면이나 다름없다.

첫 번째 공세만으로 2000명이 넘는 시체가 널려 있는 해안에 쏟아진 증원 병력은 타이완군의 원거리 포격 세례에 직면한다. 단순 계산만으로도 5000구 이상의 시체가 해안에 널린다. 계속 쏟아지는 증원 병력은 정말로 전우의 시체를 밟고 전진해야 하며, 미끄럼 방지를 위해서 스파이크 신발이라도 신어야 할 판이다. 이런 상황에서도 두려움을 느끼는 사람이 없을 수 있을까?

이러한 맥락을 전부 고려하면, '모든 어선을 동원해 일시에 10만 대군을 해안에 투입한다'는 시나리오가 얼마나 말이 안 되는지 알 수 있다. 그야말로 기본적인 상륙작전의 원리조차 무시한 실현 가능성 제로의 작전이다.

수많은 선박이 일제히 출항하는 건
통제하기 너무 어렵다

앞서 이야기한 것들은 다양한 변수를 전혀 고려하지 않았다. 예를 들어 저장성과 푸젠성 연안의 항구들에서 타이완까지의 거리는 다 다르다. 그런데 어떻게 출항 시간을 통일하고, 타이완 상륙 지점에 동일한 시각에 도착하도록 조율할 수 있겠는가? 중국에서 타이완까지 가장 짧은 거리는 130킬로미터로, 약 70해리다. 이것을 기준으로 한다면, 일반적인 상황에서 어선의 속도는 시속 20~40킬로미터로, 시간당 약 10.7~21해리를 갈 수 있다. 이는 적재량은 고려하지 않은 상태다. 평균치를 가지고 말하면, 직선 항로로 가도 최소 세 시간 반이 걸린다. 푸젠성의 핑탄平潭에서 출발하면 세 시간 반이 걸리는데, 이게 제일 짧은 거리고, 가장 멀리 떨어진 저장성의 일부 항구에서는 최소 여덟 시간이 걸린다(여기에 해류 속도와 풍속은 고려하지 않았다).

속도가 제각각인 어선들이 일정한 속도를 유지하면서 진군하는 것은 엄청난 난도를 요구한다. 거기에 더해서 병사들을 가득 채워 실어 나르겠다고?

따라서 해마다 반복되는 이 시나리오는 매우 이상적인 조건에서만 가능하다. 예를 들어 인민해방군의 제1차 미사일 공격이 타이완의 방공망을 대거 파괴하고, 곧이어 해·공군이 서로 긴밀히 협조해서 제공권과 제해권을 장악한다는 조건이다.

그리고 이는 '동시에' 이뤄져야 한다. 병력을 가득 실은 인민해방군의 수송 선단이 타이완 육군이 미처 전선에 집결하지 못한 틈을 타, 예비군도 아직 동원되지 않은 상황에서 해변으로 밀어닥쳐 차례로 병력을 쏟아낸다. 이 과정에서 미세한 저항은 있을 수 있지만, 기본적으로 타이완군은 이미 전의를 완전히 상실해 후퇴하고 있어야 한다. 그렇지 않고 타이완군이 해안에서 조직적인 저항을 하기라도 하면, 이 시나리오는 곧 시체가 산처럼 쌓이는 비극을 맞을 것이다.

그러니 이 루거에 강한 믿음을 갖고 있는 이들은 다른 사이비 과학기술의 기괴한 설명만을 좇는다. 그리고 이 기괴한 설명들은 하나같이 검증 불가능하다.

예를 들어 이들은 "현대의 상륙전은 과거와 다르다" "인민해방군이 어떻게 똑같은 실수를 범하겠는가?" "어떤 천재적인 방법이 있을지 모르는 거 아니냐!"라고 외친다. 결국 전제부터 "타이완은 반드시 진다"로 고정되어 있고, 이 필패론에 어떤 반박도 허용하지 않는다. 반박이라도 할라치면, 이데올로기에 눈이 멀었다고 비난한다.

이것은 더 이상 토론이 아니고, 극렬 선교 활동이나 다름없다. 광신도들과는 말이 통하지 않는다.

구닝터우 전투

구닝터우 전투古寧頭戰役는 1949년 10월 25일부터 27일까지 진먼다오 북서쪽 해안 구닝터우 지역에서 벌어진 인민해방군과 타이완군 간의 전투를 말한다. 10월 25일 새벽 인민해방군 28군 1차 상륙군 약 9000명의 병력(2차는 1만 명을 계획했으나, 상륙용 선박 대부분이 1차 상륙 시도에서 파괴되어 1000명만 상륙)이 삼판선 등을 이용해 진먼다오 북서쪽 해안에 기습 상륙한다. 초기에는 일부 해안 방어선을 돌파하고 구닝터우 마을 인근까지 진입하는 등 전과를 거두었다. 하지만 곧이어 타이완군 22사단과 진먼방위사령부 소속 병력이 반격을 개시했고, 강력한 포병 지원과 특히 M5 스튜어트 경전차의 활약(당시 인민해방군에는 전차와 같은 공격 수단이 전혀 없었고, 순수 보병으로만 전력을 구성했음)으로 상륙부대를 포위했다. 27일, 상륙한 인민해방군 대부분이 전멸하거나 또는 포로로 붙잡혔다. 결국 인민해방군은 상륙 병력 1만여 명 중 전사 5000여 명, 포로 3000여 명 이상의 피해를 보고 일부만 겨우 철수에 성공했다. 이후 중국은 진먼다오에 대한 직접 상륙 전략을 포기하고, 포격(8.23포격전) 및 심리전 중심으로 전략을 수정했다. 구닝터우 전투를 잘 알아두면, 이 책에서 저자가 주장하는 내용을 이해하는 데 많은 도움이 된다.—옮긴이

7

항공모함 협공론
(타이완 동부 함락설)

'항공모함 협공론'이라는 루머는 사실 새로울 것도 없는, 포장만 바꿔서 계속 등장하는 시나리오다. 최근 다시 회자되고 있고, 일부 이름이 알려진 싱크탱크에서 마치 비장의 카드인 양 소개하고 있기에 한번쯤 짚고 넘어갈 필요가 있다. 중국 항공모함 전단이 타이완 동쪽 해안을 협공하고, 이를 통해 다른 국가들의 개입을 억제할 수 있다는 이 루머는 1990년대부터 존재해왔다. 이후 다양한 버전이 생겨났는데, 이런 유의 주장이 등장했던 당시의 원형부터 짚어보자.

1990년대만 해도 중국은 항공모함을 보유하지 않았는데, 왜 이런 루머가 퍼졌을까? 그 이유는 사실 간단하다. 바로 여러 층위의 요소들이 복합된 일종의 심리적 선전의 일환이었다. 당시 타이완 사회 내부에는 예방 차원에서 중국이 타이완 동부에 위치한 자산佳山 기지*를 어떻게 하면 파괴할 수 있을지에 대한 토론이 있었다. 이러한

---

* 화련花蓮에 위치한 전략적 지하 공군 기지.

논의가 중국이 항공모함을 보유하게 될 것이라는 추론으로 진화했다. 이것은 단순한 공상이 아니라, 당시 널리 퍼졌던 몇 가지 주장을 종합해서 만들어진 것이었다.

그중 하나는 GDP 10억 달러면 1개 항공모함 전단을 운용할 수 있다는 주장이었는데, 개혁개방으로 중국 경제가 빠르게 성장하고 있는 상황에서 이런 전단을 2개 운용하는 것도 무리가 아니라고 보았다. 다른 하나는 소련 해체 이후 대량의 기술 인력이 유출되었고, 자금난에 몰린 상황에서 군함을 매각할 가능성이 제기되었는데, 중국이 이를 획득하는 것은 시간문제라는 전망이었다.

이 루머의 본질은 현재 상황과 큰 관련이 없다. 항공모함이라는 무기를 크게 치켜세우는 것이 이 루머의 본질이다. 당시 중국의 항공모함 획득에 대해 토론할 때, 가장 주요한 쟁점이 된 것은 자산 기지였다. 논지는 간단했다. 동쪽 방향에서의 공격이 가능해지면 자산 기지의 전략적 가치는 무력화된다는 것이었다.

그 시기 중국 네티즌 다수가 온라인에서 타이완 네티즌들과 논쟁을 벌였는데, 어떻게든 자산 기지의 지리적 우위를 무너뜨리려 했다. 그 결과로 탄생한 것이 바로 '항공모함 협공론'이다. 하지만 이 주장은 그리 큰 반향을 불러일으키지 못했다. 중국이 항공모함을 갖지 못한 상황에서 이러한 토론은 시간 낭비일 뿐이었다. 여기서는 그 시절 논의의 결론만 짧게 언급하겠다. 이 항공모함 협공론의 최종 결론은, 적은 최대한 과대평가한다는 원칙에 따라 중국이 미국의 니미츠와 거의 동급의 항공모함을 보유하게 된다는 전제를 깔고 있다. 하지만 그렇게까지 했어도 여전히 '실행 불가능'이라는 결론이 나왔다.

왜 불가능할까?

그 이유는 앞서 누차 지적해온 바와 같다. 이 루머는 시간적, 공간적 배경이 완전히 어긋나 있다. 일부 특정한 상황에서만 가능할 전제를 전혀 다른 상황에 무리하게 끼워맞춰 억지로 성립시키려 한 것이다. 게다가 이러한 주장은 각국의 독특한 국내 정치 상황을 기반으로 해야 성립될 수 있다. 이런 유의 주장은 "미사일 한 발만 쏘면 타이완은 항복한다" "자국 군인이 한 명만 죽어도 미국은 철수할 것이다"와 같이 허무맹랑한 주장들과 다를 바 없다.

항공모함 함재기의 사출 시간과 작전 반경

우선 가장 기초적인 것부터 이야기해보자. 항공모함의 함재기들은 동시에 한꺼번에 이륙할 수 없다. 이륙에는 일정한 간격이 있어야 한다. 미군을 기준으로 하면, 30초에 1기씩 사출할 수 있다. 중국의 랴오닝함이나 산둥함이 미국의 니미츠급 항공모함과 동급이라고 믿는다면, 군사 루머에 쉽게 속아 넘어가는 부류일 가능성이 크다. 좋다, 늘 그랬던 것처럼 적은 최대한 과대평가하기로 하고, 최대한 많이 양보해서 동급이라고 쳐주자. 그럴 때 모든 함재기가 이륙하는 데는 얼마의 시간이 걸릴까?

공개된 위키피디아 자료에 따르면, 랴오닝함에는 J-15가 24기, 산둥함에는 J-15가 32기 탑재되어 있다. 이를 기준으로 32기를 30초 간격으로 사출한다면 총 16분 만에 모두 이륙한다. 즉 첫 번째 전투기가 이륙하고 마지막 전투기가 이륙할 때까지 16분이 걸리니까, 첫 번째 전투기는 이륙 후 16분 동안 상공에서 대기해야 하며, 그만큼의 연료를 소비해야 한다. 그러면 작전 반경은 1270킬로미터보다 줄어든다.

공개된 자료를 근거로 봤을 때, 최대 항행 거리와 속도를 대비하면 실제 작전 시간은 한 시간 이내가 최대치다. 어쨌든 이륙 직후부터 목표 구역까지 후방 연소기를 사용해 초음속으로 날아가 목표 구역에 도달하면 속도를 줄이고 미사일을 발사한 후 곧장 철수한다는 것은 전혀 현실적이지 않다(연료 소모율 같은 것은 일단 배제한 상태다).

한 시간의 작전 중 이륙에 16분이 소모되며, 이는 전체 작전 시간의 25퍼센트다. 이 모든 것은 중국이 제공한 공식 자료와 중국이 위키피디아에 기재한 데이터를 기준으로 나온 결과다. 임무를 마친 전투기가 귀환해서 착륙하고 연료를 보급하는 데는 최소한 10분 이상이 소요된다. 항공모함은 지상 기지가 아니라서, 다수의 전투기가 동시에 착륙과 보급을 할 수 있는 환경이 아니다. 따라서 귀환과 이

류을 충돌 없이 완벽하게 진행하는 것은 불가능하다.

다시 말해 최대 60기에 달하는 첨단 J-15 전투기라는 소리를 들으면 상당한 의협처럼 느껴지지만, 실제 작전 효과를 고려할 줄 아는 사람의 눈에는 이 60기의 전투기가 동시에 출격해서 전력을 발휘할 수 있을지가 의문이다. 더구나 인민해방군의 항공모함이 타이완 동쪽 해안에 배치된다면 지상 기지의 유도 지원을 받을 수 없기 때문에 반드시 조기경보기와 같은 병력 자원의 지원이 필요하다. 그렇지 않으면 전투기 자체 레이더만으로는 100퍼센트 능력을 발휘하지 못하는 것이 자명하다.

지도를 펼쳐놓고 J-15의 작전 반경을 원형으로 표시해보면, 중국 항모 전단이 어디쯤에서 작전할 가능성이 큰지 바로 알 수 있다.

우선 오키나와와 괌은 미군 기지가 위치한 전략 요충지이므로 논외로 하자. 확인된 타이완의 대함 미사일의 사거리는 300킬로미터이고, 소문에 따르면 600킬로미터까지 늘어난다. 여기에 J-15 전투기의 작전 반경은 1300킬로미터다. 따라서 항공모함은 육지 기지의 대함 미사일 사정거리 이내로 진입할 수 없고, 작전 리스크는 너무 커진다. 작전 반경을 1300킬로미터로 잡으면 J-15 전투기는 타이완 동부 해안에 도달해서 미사일만 투하하고 곧장 회항해야 한다. 정말로 항공모함이 타이완을 공격하려 한다면, 1300킬로미터 떨어진 거리에서 작전을 펼치는 것은 불가능하다. 전투기가 제공권을 장악하려 하거나, 해상의 적함을 탐지하려 한다면 작전 시간이 필요하

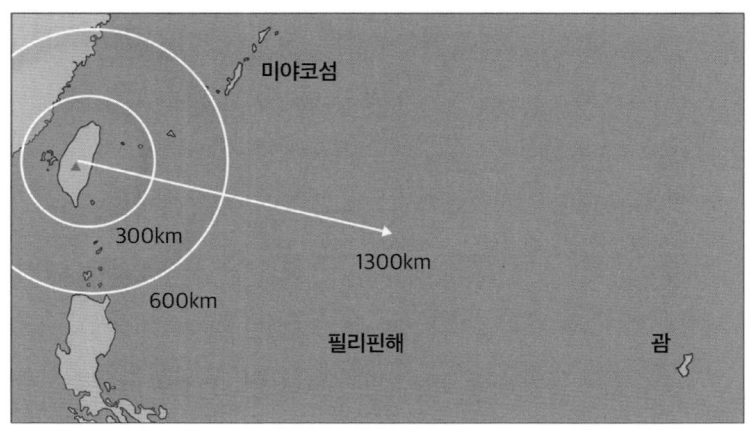

고, 그러려면 짧게 잡아도 10분 이상 상공에 체류해야 한다. 그것이 가능하려면 항공모함은 지도의 300킬로미터 원형에 최대한 가까이 가야 한다.

바꿔 말하자면, 항모 전단이 실제로 진입할 수 있는 위치는 타이완의 지대함 미사일 사정거리 외곽선과 함재기 작전 반경의 외곽선이 교차하는 공간으로 수렴된다. 그리고 이 범위를 예측하는 것은 어렵지 않다. 이때 타이완이 취할 수 있는 가장 효과적인 반격 방법은 자국 함대를 먼저 대양으로 보내는 것이다. 광활한 태평양에서 중국의 항모 전단은 자신의 본래 임무 외에 자신을 기습할지 모를 적함을 탐지하는 데 신경을 써야 한다. 중국 항모 전단의 전력이 강력하다고 걱정할 필요는 없다. 비록 타이완 해군이 항모를 소유하지 못했다고 해도, 상당한 방공 능력과 대함 능력을 갖추고 있기 때문에 해방군의 전투기가 타이완 함대의 사정권에 들어오면 격추당할 위험성은 상당하다. 중국 항모 전단이 함재기 손실로 공중 호위 전력을 잃으면 그 순간 항모는 가장 손쉬운 공격 목표가 된다.

항모 작전을 잘 모르는 사람은 두 척의 항공모함과 10여 척의 호위함으로 구성될 전단이 그렇게 쉽게 무력해지리라 생각하지 못할 것이다. 하지만 그렇게 되는 이유는 아주 간단하다. 실제 작전 때 항모 전단은 밀집된 상태가 아닌, 수십에서 수백 킬로미터 범위에 걸쳐 분산 배치된다. 지도를 놓고 보면 쉽게 알 수 있다. 작전이 가능한 해역 자체가 이미 크게 줄어든 상황에서 항모 전단이 좁은 지역에 흩어진다면, 호위함 한 척만 발견해도 나머지 항모 전단의 위치를 쉽게 파악할 수 있다.

현대의 대함 미사일은 이미 지구 곡률로 제한받는 직선 탐지 한계를 뛰어넘었다. 능동 유도 기능이 탑재된 대함 미사일은 해당 범위 내에서 목표를 스스로 탐지 및 추적할 수 있다. 그게 아니더라도, 타이완 본토의 장거리 레이더나 조기경보기를 통해 충분히 찾아낼 수 있고, 해방군의 불완전한 항공모함 전력을 궤멸하는 것은 그리 어려운 일이 아니다. 미국 항공모함 전대 하나의 전력은 중소 국가의 해공군 전력의 총합과 맞먹기 때문에, 중국이 이 수준에 도달하려면 아직은 갈 길이 멀다.

이 밖에도 항모 전단이 타이완을 공격할 수 없을 때는 특정 위치에 정지해 있어야 하고, 그러면 반드시 기동성을 유지해야 한다. 러시아의 항공모함 쿠즈네초프함*의 제원을 참고해보면(중국 위키피디아에서 제시하는 데이터는 대체로 과장이 심하다), 쿠즈네초프함의 항속거리는 약 7000킬로미터로 알려져 있다. 랴오닝함과 산둥함의 만재 항속력 역시 유사한 수준이라고 가정한다면, 실제 작전 지속 시간은 매우 제한적일 수밖에 없다. 하이난섬 싼야三亞 기지에서 출발해, 타이완 동부 해역의 공격 개시 지점에 도달하려면 편도 약 2000킬로미터, 왕복 약 4000킬로미터를 이동해야 한다. 이 정도 거리면 연료의 절반 이상을 소모한다. 따라서 보급함의 지원 없이는 2주 이상 작전을 지속하는 것이 불가능하다. 타이완군 입장에서 보면, 인민해방군 항모 전단의 위치를 예측하는 것은 그리 어렵지 않다.

이런 이유로 인민해방군의 전략은 일종의 '존재함대存在艦隊(현존함대Fleet in being)'**의 성격을 띤다. 그리고 절대 항모를 호위하는 함재기가 손실되면 안 된다. 게다가 공세 작전에서는 보급이 없기 때문에 보급을 위해서 모항으로 돌아가야 하는데, 이때 선택 가능한 경로는 더 줄어들어 피격 위험도 훨씬 더 커진다. 게다가 함재기를 모

* 러시아 해군의 유일한 항공모함으로, 장기 작전 능력이 취약하다는 평가를 받아왔다. 2017년부터 대규모 정비 및 현대화에 들어갔지만 반복적인 화재, 정비 사고, 예산 부족 등으로 인해 수리는 계속 지연됐다. 2023년 기준으로 7년째 정비 중이었으며, 2024년 재취역이 예정돼 있었지만 2025년 현재까지도 복구는 완료되지 않았고, 실전 복귀 일정은 여전히 불투명하다.
** '존재함대'는 군사 용어로, 함대 존재 자체에 의의를 둔다는 뜻이다. 이러한 함대는 자체의 전력이 압도적이진 않지만, 그 존재만으로도 적의 전략적 집중을 분산시키는 것이 가능하다. 그래서 함대가 직접 결전을 벌이기보다는 여기저기 돌아다니면서 적군이 공격받을 것을 두려워해서 방어에 신경 쓰게 만드는 데 그 목적이 있다.─원주

두 잃고 남은 것은 함선 자체의 전투력뿐인 상황에서 타이완이 지대함 공격능력을 유지하고 있다면, 인민해방군이 위협을 무릅쓰고 타이완 근해로 진입하는 일은 없을 테고, 해안 포격은 더더욱 불가능해진다. 지금은 제2차 세계대전 당시 전열함戰列艦이 활약하던 때와는 상황이 전혀 다르다.

항공모함이 작전 위치에 진입하는데, 발각되지 않고 공격받지 않는 것은 매우 어렵다

게다가 지금까지 언급한 모든 내용은 '인민해방군은 개전과 동시에 함대를 순간 이동시키듯 작전 위치에 투입할 수 있다'는 가정하에서나 가능한 이야기이고, 실제 상황에서는 절대 불가능한 일이다.

가령 현재와 같이 전쟁이 벌어지지 않은 시기에 갑자기 두 척의 항공모함이 무장을 가득 실은 채, 평소 훈련 범위를 뛰어넘는 수량의 호위함을 이끌고 출항한다고 해보자. 타이완 공격을 염두에 둔 작전 해역을 독표로 이동하고 있다면, 타이완은 어떻게 받아들일까? 타이완을 침공할 의도도 없는데, 이러한 항모 전단이 출항해서 단독으로 타이완 동부 해역으로 진입한다고? 만약 정세가 고조되어 전쟁 발발 직전의 상황이라면, 타이완군이 인민해방군에게 "어서 오세요, 자, 지나가세요"라며 태평양으로 진입하는 것을 허락할까?

미국이나 일본 같은 주변 국가들은 중국 항모 전단이 태평양으로 나가 타이완을 협공하는 것을 보고만 있을까? 지도를 다시 한번 펼쳐 보자.

큰 흰색 원은 미군 가데나 공군 기지 반경 1000킬로미터를 표시한 것으로, 미국 공군의 전술 타격 범위다. 장거리 폭격기인 B-1, B-52는 포함하지 않았다. 두 개의 작은 흰색 원은 현재 타이완이 보유한 지대함 미사일 사거리인 300킬로미터를 표시한 것이다. 짙은 회색 선은 인민해방군이 기지에서 출항해 앞서 언급했던 1300킬로미터 거리의 작전 한계선까지의 이동 경로를 나타낸다.

자, 이제 눈치챘을 것이다.

이 시나리오는 미군이 전혀 출동하지 않고, 타이완 해군과 공군

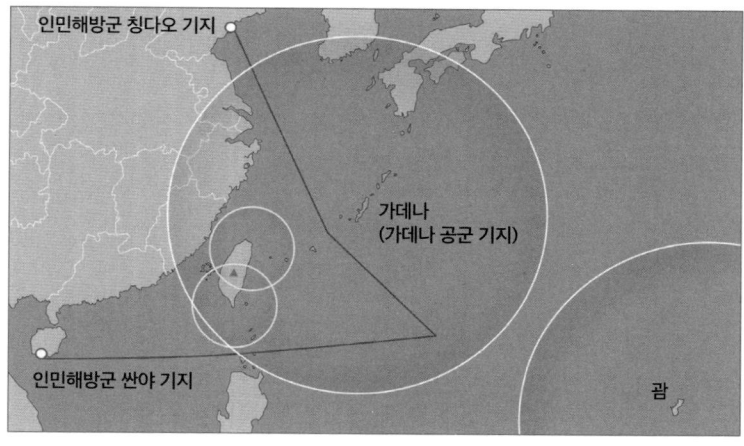

이 죽은 척 아무런 반응도 하지 않으며, 일본이 인민해방군의 미야코해협 통과를 묵인해야 성립될 수 있다. 변수가 많아도 너무 많다. 인민해방군이 이 허점투성이인 동부 해역 공습 작전을 실제로 수행하는 것은 탁상공론에 불과하다.

만약 어떤 인민해방군 참모가 상부에 미국과 일본은 중국의 위력에 눌려 전혀 개입하지 않을 것이라는 전제하에 만들어진 작전 계획을 제출했다고 해보자. 상관이 그 참모를 가만히 둘까? 정상적인 시나리오는 대략 다음과 같을 것이다.

1. 타이완과 중국이 전쟁 직전인 상황에서 미국이 개입한다면?
중국 함대는 항구에서 출항하는 순간부터 미국의 공격 범위 안에 들어간다. 미국이 항공모함을 더 많이 보유하고 있다는 점을 잊지 말자. 서태평양에 전운이 감도는 상황에서 미국의 항모 전단이 멀찍이 피해 있을 거라고 생각하면 안 된다. 전쟁 억제를 위해서 남중국해나 서태평양 해역에 항모 한두 척만 배치해도 중국은 전혀 돌파할 수 없다. 중국은 공격하는 입장이다. 따라서 미군이 해당 해역에 항모를 전개했을 때, 그것이 단순한 순찰이 아님을 인식해야 한다.

2. 미국이 개입하지 않고, 일본이 자위대를 동원해 인민해방군의 미야코해협 통과를 감시하는 상황이라면?
일본이 미야코해협을 통과하는 중국 함대를 감시하고 있다면, 타이완 또한 해당 정보를 충분히 확보할 수 있고, 이를 통해 미야코해협의 통과가 확인된 항모 전단을 기습하는 것은 전혀 어렵지 않다. 그러면 인민해방군은 항모 전단이 통과할 수 있도록 우선 자국 본토에서 대규모 공중 우세기를 출동시키고, 일본 영해 근처까지 가서 함대가 통과할 수 있게 엄호해야 한다. 이는 곧 함재기와 호위함이 작전 개시 전에 소모되는 것을 피하기 위해서 차라리 직접 타이완을 공격하는 것이 낫다고 할 수 있다.

3. 만약 미국과 일본이 개입하지 않고 정보만 제공한다면?

지도를 보면 명확하게 알 수 있다. 인민해방군의 항모 전단이 이동할 수 있는 경로는 사실상 두 가지뿐이다. 출항 시점과 경로를 예상하면, 이동 중간에 기습하는 것은 전혀 어렵지 않다. 설마 하이난섬의 산둥함이 바시해협을 포기하고 필리핀의 레이테섬을 우회해 서태평양으로 크게 돌아가는 경로를 택하겠는가? 그렇게 하면 항로의 길이가 1000~2000킬로미터에 달한다. 함대가 최대 시속 60킬로미터라고 가정해도, 하루에 1440킬로미터가 한계다. 듣기에 하루 만에 갈 수 있을 것 같지만, 최소 여덟 시간 이상의 항로는 수시로 타이완 공군의 공격 범위에 노출된다는 것을 뜻한다. 여기에 해상의 타이완 함대가 어디 숨어 있는지는 고려하지 않았다.

4. 타이완이 오직 자력으로만 대응해야 한다면?

앞서 언급했듯이, 지도를 보면 인민해방군이 어떤 항로를 택할 수 있는지는 거의 명확하다. 경로와 예상 도달 시간까지 예측 가능한 작전은 다시 말해 "오늘 오후에 널 공격할 거야"라고 미리 알려주는 것이나 다름없다. 이런 작전에 전술적 가치가 얼마나 있겠는가? 판단은 각자의 몫이다.

항공모함의 등부 공세는 타이완에 분명 위협이 될 수 있다. 하지만 그 위협이 전쟁 전체의 전략 판도를 뒤흔들 만큼 결정적인 수준은 아니다. 함대가 출항하면 보급이 필수이며, 적재량에는 물리적 한계가 있다. 게다가 손실된 함정과 함재기는 보충이 불가능하다. 일정 수준 이상의 전력을 상실한 항모 전단은 무력한 사냥감에 불과하다.

이는 결코 항공모함의 위협이 존재하지 않는다는 의미는 아니다. 다만 현실에서는 그 위협이 지나치게 과장되어 있을 뿐이다. 마치 항공모함이 있다는 이유 하나만으로 세계 최강국이 된다는 듯 말이다. 미군의 항모 전단이 작전을 수행할 수 있는 것은 막대한 해외 기지 네트워크가 받쳐주고 있기 때문이다. 반대로 기반 시설이 부족한 상황에서 겨우 하나의 항모 전단만 있다는 것은, 그 전단이 사실상 일회성 소모품일 뿐임을 의미한다. 그런데도 이런 작전을 중국이 강행한다면, 다른 국가들은 중국의 타이완 침공을 쌍수 들고 환영할 것이다.

8

컨테이너형 미사일 기습론
(미군 항모 격침론)

컨테이너형 미사일 플랫폼은 거의 거론할 가치가 없는 루머다. 이런 발상이 나온 지는 이미 30년이 넘었다. 과거 소련이 실제로 검토한 적도 있지만, 결국 전면 폐기되면서 단순한 구상에 그치고 말았다. 폐기한 이유는 매우 간단하다. 이 아이디어는 전술적으로는 실현할 수 있더라도, 전략적으로는 말이 안 되기 때문이다. 왜 말이 안 되는 것일까? 컨테이너에 미사일을 가득 실어놓고 대형 레이더까지 장착하면 대단할 것 같은데 말이다.

이런 아이디어가 등장한 배경은 미·소 양강이 대치하던 냉전 시기로 거슬러 올라간다. 당시 소련은 미 해군 항모 전단을 무너뜨릴 방법을 찾지 못하고 있었다. 미국처럼 항공모함을 건조하기에는 자원과 예산의 소모가 너무 컸고, 잠수함을 이용한 기습 공격 방식도 미국이 더 많은 잠수함을 동원해 일대일 감시 체계를 운용하면서 무력화되었다. 좌절을 거듭하던 소련은 미사일 포화 공격이 그나마 가능성 있다고 판단했고, 이는 소련이 미사일 순양함 개발에 힘을 쏟는 이유가 되었다. 다수의 초음속 대함 미사일을 사용해 미국 함대의 방공망을 돌파하는, 저비용 고효율 방식을 추구하게 되었다.

컨테이너형 미사일 개념이 등장한 게 바로 이 시점이었다. 하지만 타이완인이 이 개념을 알게 된 것은 언제일까? 흥미롭게도 1990년대 타이완에서 중국을 공격할 수 있는 전략 무기 개발을 논의하던 시기에 일각에서 다음과 같은 방안을 제시했다. '에버그린 해운' 소속 대형 화물선을 개조해서 단거리 미사일이나 로켓을 가득 실은 뒤, 상하이나 홍콩 앞바다로 이동시키거나 인민해방군 기지 인근을 지나며 기습 공격을 하자는 내용이었다.

즉 이 방안은 수십 년 전부터 여러 차례 제안됐으며, 애초에는 중국의 대타이완 전략이 아닌 타이완의 대중국 전략으로 거론되었다. 하지만 왜 현실화하지 못했을까?

첫 번째 이유는 화물선의 생존율이 극도로 낮기 때문이다. 현대 무기 체계의 공격 앞에서, 민간 상선은 군용 함만큼의 손상 통제 능력을 갖추지 못하고 있다. 그렇다고 호위함을 배치하는 것은 자신이 민간 상선이 아님을 밝히는 것과 같다. 결국 이러한 자살 공격에 가까운 방식은 결사의 각오를 해야만 실행할 수 있다.

두 번째 이유는 정치적 파장이 너무 크기 때문이다. 약소국이 강대국과 싸우는 상황에서 타이완이 컨테이너선으로 중국을 공격한다면, 그 직후 중국은 타이완 국적의 모든 화물선을 가차 없이 격침할 것이다. 이미 이와 같은 사태가 한 번 벌어졌기 때문에, 중국은 타이완 주변을 지나는 모든 민간 상선에 멀리 떨어지라는 통보를 해도 국제사회의 반발 없이 무력 조치를 정당화할 수 있다. 흥미로운 점은 과거에는 정신 나간 대중국 공격 방식이라고 비판받았던 것이 지금에 와서는 아주 효과적인 대미 공격 방식으로 재등장했다는 것이다. 최초의 시나리오는 다음과 같은 형태로 바뀌었다. '미국의 개입은 실패로 끝날 것이다. 왜냐하면 컨테이너형 미사일로 기습하기만 하면, 개입하려던 미 항모 전단을 궤멸시킬 수 있기 때문이다.' 얼핏 그럴듯해 보일 수 있지만, 정말로 항공모함 1대가 중국의 컨테이너형 미사일에 격침당했다고 미군이 울면서 철수할까? 아니면 미국 대중이 분노에 휩싸여 이 사건을 '제2의 진주만'으로 규정하고 중국 근처에 있는 모든 상선을 공격하자며 들고일어날까?

미군이 이러한 기습을 당했다면 당연히 다음과 같이 대응할 것이다.

"앞으로 중국 근해로 접근하는 모든 선박은 격침할 것이다. 살고 싶으면 타이완 동부나 필리핀으로 돌아서 가라. 남중국해에 들어오는 순간 격침 대상이다."

이런 일을 당한 미군이 어떻게 평소처럼 화물선을 자유롭게 근처에 오가도록 놔둘 수 있겠는가?

그래서 이 전략은 결코 새로운 것이 아니며, 실제로 위력이 있을 수도 있다. 하지만 이는 명백히 국제 전쟁 규범을 파괴하는 전략이다. 이 전략이 실전에서 한 번이라도 사용된다면, 그 즉시 해당 국가의 민간 선박에 대한 무차별 공격을 허용한다는 선언이나 다름없다. 강대국이 이러한 전술을 쓰는 건 몰라도, 약소국이 먼저 이런 식으로 싸움을 건다면 얻어맞고 싶다고 선언하는 것이나 마찬가지다.

이런 아이디어들이 나오는 것은 논문만 쓰는 사람들 때문이다. 하나의 전술로다 놓고 토론한다면 괜찮아 보일 수도 있다. 그렇다고 그 전술이 정말로 인정받을 만하다는 의미는 아니다. 중국의 군인 출신 작가 차오량喬良이 쓴 『초한전超限戰』*도 시진핑이 잠자리에서 읽는 책이라는 소문이 돌면서 이후 엄청난 인기를 얻었고, 정말 이렇게만 하면 미국을 이길 수 있을 것이라는 오해를 낳았다.

컨테이너형 미사일 기습론도 그 운용 방식이 어떻든 간에, 결국 그것은 전쟁의 암묵적 법칙을 깨는 테러 전술일 뿐이다. 알카에다가 그런 일을 벌이면 우리는 그들을 테러리스트라 여긴다. 중국이 똑같은 짓을 하면 민간 선박을 타격 목표로 삼아도 된다고 선포하는 셈이다.

이것이야말로 의도했던 상황과 완전히 다른 결과가 나오는 전형적인 예다.

적을 최대한 과대평가한다는 뜻은 이런 위협이 현실화될 때 생길 파장까지 고려해서 준비를 철저히 하자는 것이지, 손 놓고 어떻게

---

* 전통적인 전쟁 개념을 넘어 정치·경제·문화·기술 등 비군사적 수단까지 동원하는 새로운 전쟁 개념을 제시한 책이다. 국내에도 출간되었다.

항복할 것인가를 논하자는 뜻은 아니다. 이러한 패배주의 심리 상태를 퍼뜨리는 것이야말로 이러한 루머들의 궁극적인 목표다.

9

요즘 뜨고 있는 순항미사일과 장거리 로켓포에 의한 타이완 침공론

고전적인 루머가 고전이라 불리고 오랜 세월이 지나도 사라지지 않는 데에는 그만한 현실적인 이유가 있다. 앞서 살펴본 대표적인 루머들만 하더라도, 많은 이가 속아 넘어가는 이유는 '정보의 비대칭' 때문이다. 일반인만 속는 것이 아니다. 전문적인 군인이 더 쉽게 속아 넘어간다. 그건 그 군인에게 전문성이 없어서가 아니다. 오히려 일정 수준 이상의 전문성을 지녔기 때문에 속는 것이다.

이런 현상은 교육제도와 관련 있다. 현재의 교육제도는 그럴듯한 수치나 분석에는 쉽게 설득되면서, 상식만으로도 충분히 파악할 수 있는 사실은 하찮게 여기는 경향이 있다. 군사 교육은 더 그렇다. 학교의 교관들은 현역 시절 자신의 전문 분야에 대해서는 상당한 식견을 갖추고 있지만, 다른 병과나 군종에 대해서는 일반인 수준에 머물기도 하고, 전혀 다른 분야에 대해서는 대부분 문외한이다. 현대 무기는 기술 수준을 매우 중요시한다. 타이완 군대 내에서도 국방대학 이공계 출신을 제외하면, 대부분의 군 간부는 공업 기술에 대한 이해가 없으며, 그 기술 뒤에 숨은 의미에 대한 이해는 더 부족하다.

이런 상황은 전통적인 루머보다 새로운 루머에 대한 대응이 더 어려워지는 결과를 낳았다. 이 새로운 루머는 철저히 무지에 기대고 있다. 그 핵심 개념은 오직 하나, '중국이 어떻게 그런 것을 못 할 수 있나'라는 것이다. 여기에 반론을 제기하면, 곧바로 중국을 깔보는 이념적 편향이라는 낙인이 찍힌다. 최근에는 이런 흐름이 정치적 투쟁과 결합되면서, '타이완 독립파'라는 딱지가 붙거나 '혐중'이라는 프레임이 씌워진다. 이는 이미 논리의 문제를 떠나 하나의 신앙이 되어버렸다.

새로운 루머 중 파괴력이 가장 강한 것은 바로 '순항미사일'과 '로켓탄'에 대한 것이다. 사실 이 두 루머는 기존의 탄도미사일 루머의 변종으로, 핵심 개념을 쪼개서 따로 포장한 것일 뿐이다.

미사일 유도는 조금만 어긋나도 엄청난 편차가 생긴다

순항미사일 개념은 '비교할 수 없을 만큼 정밀한 타격'으로, 초저공 해면 비행을 통해 모든 탐지를 회피하고 지면을 스치듯 날아가 타이완의 군사 시설을 파괴한다는 것이다. "그래서 전쟁 발발 이후 반나절도 지나지 않아 전투기는 전멸하고, 레이더는 무력화되며, 방공미사일도 파괴되어 아무 대응도 하지 못한 채 인민해방군이 자유롭게 드나드는 것을 지켜보기만 한다"는 주장이 이어진다. 이는 앞서 언급했던 탄도미사일 루머의 논점과 그대로 연결된다.

로켓탄은 이보다 더 과장이 심하다. 사거리가 100킬로미터를 넘는 초장거리 로켓을 수백 수천 발씩 발사해 타이완을 불바다로 만든다는 것이다. 기존의 로켓과 미사일의 장점만 결합한 무기인 이 로켓탄은 유도 기능이 탑재되어 명중률이 어마어마하게 높아졌기에 타이완군은 속수무책으로 도륙당할 수밖에 없다고 한다.

그러나 이런 루머를 퍼뜨리는 이들에게 그 무기의 핵심 기술이 무엇인지 물으면 대답하지 못하고, 민간 장비를 예로 들며 둘러댄다. 가령 "요즘은 드론으로 음식도 배달하는 세상인데, 미사일이 목표물을 맞히는 게 뭐가 어렵겠냐"라거나, "중국은 이제 반도체도 자체 생산하는 나라라서, 정밀 장비 기술이 날로 좋아지고 있다. 그런 중국이 그걸 못 한다고 하면, 그건 바로 중국을 깔보는 것이다"라는 식이다.

기술적으로 보자면 순항미사일은 자이로스코프와 GPS 등 전자 장비에 의존하며, 지형지물을 스캔하고 대조해야만 초저공 비행을 수행할 수 있다. 루머 유포자들은 중국의 위성이 타이완의 지형을 완벽하고 스캔할 수 있으며, 자국산 전자 장비도 미국이나 러시아의 군용 장비 수준에 필적하므로 아무 문제가 없다고 주장한다.

그렇지만 없는 기술은 결국 없는 것이다. 세계 최고의 반도체 파운드리라 불리는 TSMC조차 첨단 장비는 반드시 수입해야 한다. 최상위 제조 능력을 갖추려면 자체 기술만으로는 불가능하다. 중국은 미국이나 러시아의 군용 자이로스코프와 동급의 제품을 만들지 못한다. 설령 러시아가 수출 의사를 보인다 해도, 상식적으로 생각해보면 최첨단 기술을 순순히 넘겨줄 리 없다. 수출한다 해도 블랙박스처럼 내부를 알 수 없게 할 것이고, 수량도 통제할 것이다.

그런데도 중국의 콘텐츠 팜이 배설하듯 쏟아내는 글에서는 창젠 순항미사일이 미군의 토마호크보다 더 정밀하다고 과장한다. 이는 말 그대로 먼치킨 소설을 너무 많이 본 결과다. 그 밖에도 GPS의 기술적 문제와 관련해서, 상식적으로 이해할 수 있는 것을 예로 들어보겠다. 운전 중에 계속 방향을 틀면 차량 내비게이션은 위치를 자주 벗어난다. 옆 블록 정도로 잘못 표시되는 일은 흔하고, 그 오차도 10미터 이상이다. 그것도 느린 속도로 움직일 때의 이야기다.

물론 상용 GPS를 군용 GPS와 동급으로 볼 수 없지만, 순항미사일은 속도가 매우 빠르며, 초저공 비행 시 계속해서 데이터를 대조해야 한다는 점은 불변의 사실이다. 속도가 빠를수록 대조해야 하는 데이터 양도 증가한다. 순항미사일이 지면의 방공망을 회피하면서 비행할 수 있다고 해도, 타이완 본토에 진입하면 복잡한 지형과 빽빽한 건물들을 직면하게 된다. 사방이 텅 빈 지역이면 모를까, 많은 장애물 속 작은 목표를 정밀 타격하거나, 급선회해야만 정면 공격이 가능한 격납고를 맞히는 일은 난도가 상당하다. 미군의 순항미사일 공격 사례를 보도, 도심에서 여덟 번씩 꺾는 경로를 통해 목표를 타격한 예는 드물고, 대부분 주변에 장애물이 적은 경우였다. 도심에 숨은 군사 시설을 겨냥하거나 엄청난 엄호를 받는 군사 시설이라면 대부분 공군기를 이용해 폭격한다.

그 이유는 자명하다. 순항미사일이 그렇게 완벽하다면, 굳이 공군기를 띄워 직접 타격할 이유는 없지 않은가?

우리는 지금까지 중국의 창젠 순항미사일에 대해 정확하게 소개한 기술 자료를 본 적이 없다. 따라서 창젠 순항미사일이 얼마나 강한지 분석하는 것 자체가 불가능하다. 분명한 것은 미국의 토마호크보다 더 정밀하다고 주장하는 글은 아무 가치도 없다는 점이다. 이것이 바로 내가 온라인에서 독자들에게 이야기했던 '중국 순항미사일이 한번 휩쓸면 타이완의 공군은 초토화된다'라는 이론이다. 이 이론은 검증된 바가 없으며, 기술 자료도 없이 문서상의 숫자놀음에 불과하다. 단순 수치 자료만 가지고 증거라고 한다면, 우리도 얼마든지 수치를 조작할 수 있다. 타이완의 윈펑雲峰 미사일의 사거리는 1만 킬로미터에 달해서, 베이징 구석구석을 타격할 수 있다고 주장한다면, 과연 그 말을 누가 믿겠는가? 그런데 어째서 중국의 주장만은 그렇게 쉽게 믿는 것인가?

미사일 사용 상황

방어가 촘촘하고, 지형적으로 은폐된 군사 시설이나, 민가 속에 숨겨진 군민 겸용 시설, 예컨대 도심 속 통신센터 등을 타격하기 위해 쓸 수 있는 수단은 다음 두 가지다.

1. 탄도미사일: 탄도미사일은 대기권까지 솟구쳤다가 거의 수직으로 낙하해서 목표를 타격하는 방식이다. 이로 인해 장애물 회피 문제는 발생하지 않는다. 다만 심각한 민간인 피해가 일어날 수 있어 도심 공격에는 사용하지 않고, 명중률도 높지 않은 편이다. 주로 군 비행장과 같은 군사 시설에 사용한다.

2. 전투기 폭격: 미국은 보통 스텔스 폭격기를 투입해서 먼저 적의 레이더 기지나 방공 기지를 무력화한 뒤, 일반 폭격기를 투입하는 방식을 운용한다. 방공망이 미비했던 이라크 사례에서도, 전투기들이 합동정밀탄JDAM을 투하해 주요 목표를 타격했다.

순항미사일이 사용되지 않은 것은 아니다. 정밀도 역시 일정 수준 이상 확보되어 있다. 하지만 사용상 제약이 있다. 단순히 민간인 피해를 우려해서만은 아니고, 제작 단가가 매우 높은 순항미사일로 도심 고층 건물 사이에 숨겨진 목표물을 완전히 제거하려면 상당한 수량이 필요하기 때문이다. 최근 순항미사일이 실제로 사용된 사례들을 살펴보면 레이더 기지, 방공포대, 핵 시설, 발전소, 전투기 등 대부분 목표물의 크기가 상당하다. 순항미사일의 사용 목적은 비용 절감에 있다.

비용 절감은 두 가지 측면에서 이뤄진다. 첫째는 탄약 비용이다. 기존의 폭탄이나 비유도 포격을 통해 철근콘크리트로 방호된 레이더 기지나 발전소와 같은 시설을 파괴하려면 꽤 많은 수량이 필요하고, 주요 시설에는 심한 손상이 가지 않는다. 여기에 소모된 폭탄이나 포탄의 전체 비용보다 순항미사일 한 발의 비용이 낮다. 순항미사일은 비교적 정확하게 목표물을 타격할 수 있고, 방어력이 낮은 측면으로 뚫고 들어갈 수도 있다. 어쨌든 순항미사일 공격을 받을 때 대형 시설을 완벽하게 방어한다는 것은 거의 불가능하다.

둘째는 시간 비용이다. 방어하는 측은 첫 번째 공격을 받은 직후부터 방어와 반격 체제로 전환한다. 평소에는 열려 있던 방폭문은 첫 공격 이후 즉시 닫히는데, 그러면 이후로 받는 공격은 위력이 떨어진다. 하지만 순항미사일은 첫 발로 적의 허를 찌르는 데 유리하다. 상대가 완전히 방어 태세를 갖추기 전에 치명적인 타격을 입히므로 매우 효율적인 수단이다.

결국 순항미사일은 타이베이 시내 어딘가에 숨어 있는 이동형 레이더 차량 하나를 겨냥하는 무기가 아니다. 반드시 교환비가 성립돼야 한다. 고가의 미사일로 이런 가치 떨어지는 목표물을 타격하는 것은 아무런 의미가 없다.

게다가 중국의 순항미사일이 시대를 초월한 수준의 무기라는 주장을 전문가에게 설득시키려면, 정부가 공개한 수치 몇 개만 들이밀고 끝낼 수 없다. 자이로스코프는 어떤 방식으로 제조했는지, 수입품인지 국산인지 밝혀야 하고, 사용한 재료와 박막 코팅 기술도 밝혀야 한다. 그리고 GPS 모듈은 어떤 업체 부품을 사용했는지, 회로기판은 얼마나 정밀하게 제조했는지 등도 밝혀야 한다. 그런 정보 없이 기밀이라 공개할 수 없다든가, 공식 자료이니 확실하다는 식으로 일관하면, 이는 과학이 아니라 신앙이다. 중국 순항미사일의 정밀도가 어느 정도인지 정말로 알리고 싶다면, 실전 훈련 성과를 근거로 제시해야 한다. 그마저 주변이 텅 빈 상태의 목표물을 명중한 것이라면 증거라고 할 수 없다.

위협 수준이 낮은 로켓탄

또 하나의 대표적인 루머가 바로 '로켓탄'이다. 하지만 이는 반박할 가치조차 없는 주장이다. 유도 장치가 없는 로켓탄은 발사된 후 바람과 기류 등 자연환경에 의존해 날아가기 때문에, 100여 킬로미터 밖에 있는 목표물에 명중하려면 기도하는 수밖에 없는 무기다. 이 기술은 이미 제2차 세계대전 때 등장한 것으로, 독일의 V1, V2

로켓이 바로 그것이다. 이들 로켓은 단순 유도만 할 수 있고, 런던을 향해 발사는 가능하나, 그것들이 무엇을 타격할지는 전혀 알 수 없었다.

이게 어떤 개념인지 알고 싶다면 다음과 같은 상상을 해보자. 고무줄 총을 들고 100미터 밖 개미를 조준한다고 했을 때, 과연 몇 번을 쏴야 맞힐 수 있을까? 그래서 로켓탄으로 어떻게 공격할 것인가는, 제2차 세계대전 당시 소련의 유명한 카추샤 로켓부터 오늘날 타이완이 자체 생산하는 레이팅 2000까지 전부 동일한 원리에 기반하는데, 바로 화력 밀집을 통한 제압이다. 이런 이유로 로켓에 유도 장치를 추가하는 일은 없다. 로켓에 GPS나 광학 유도 장치를 부착하는 순간, 그것은 더 이상 로켓이 아니라 미사일이 된다.

로켓이 물량으로 승부하는 이유는 원가가 매우 싸기 때문이다. 상자형 발사대 1대를 쏘는 비용도 그리 비싸지 않다. 이런 로켓탄을 '유도 로켓'으로 개조한다면, 그 비용은 어마어마하게 늘어날 것이다. 설령 약간의 유도 능력을 갖췄다 해도, 기존에는 100킬로미터 거리에서 목표 지점 반경 '10킬로미터' 안에 떨어지던 것이 반경 '1킬로미터' 안으로 좁혀지는 수준일 뿐이다. 이렇게 했다고 정확히 원하는 목표에 명중할 수 있는 것도 아니다.

앞서 탄도미사일 장에서 언급했듯이 무기의 정밀도와 파괴력은 별개가 아니다. 로켓탄의 위력은 인명 살상이나 장갑차량 공격하는 정도는 가능하다. 활주로를 공격해서 전투기의 이착륙을 일시적으로 마비시키는 것도 가능하다. 하지만 이를 무슨 결정적 비밀 병기로 여겨 몇 차례의 공격으로 타이완의 군사 시설을 전멸시킬 수 있다는 주장은 망상 수준이다.

한발 양보해서 개량형 유도 로켓이 실현 가능하다고 하자. 하지만 로켓탄이 발사된 이후 궤도를 수정하려면 어떻게 해야 할까? 이를 위해서는 꼬리날개를 달아야 하고, 다양한 전자 부품과 광학 부품을 탑재해야 한다. 추가 연료나 전력 공급용 배터리 또한 장착해야 한다. 결국 이 모든 것을 갖춘다면, 그것은 더 이상 로켓이 아닌 사실상 미사일이다.

유도 기능이 없는 상황에서 로켓탄이 발사되면, 바람의 영향을 받는다. 바람의 영향으로 멀리 날아갈수록 로켓탄은 더 크게 흩어진다. 이 원리는 생활 예시로도 확인할 수 있다. 샤워기를 비스듬히 들어 물을 뿌리면서 옆에서 선풍기를 틀어보면, 물줄기가 얼마나 심하게 퍼지는지 알 수 있다. 마찬가지로 150킬로미터 거리에서 타이완을 향해 1000발의 로켓을 발사했다고 가정해보자. 유도 장치 없이 바람에 실려 날아가서, 낙탄 시 로켓 간의 거리는 수백에서 수천 미터가 될 것이다. 게다가 로켓탄은 탄두를 많이 실을 수 없기에 파괴력이 현저히 떨어진다.

다시 말해서 로켓탄의 위력을 높이려면 장약량을 늘려야 하고, 그만큼 연료 소모도 늘어나, 그로 인한 전체 로켓의 크기도 커져야 한다. 이 원리를 반대로 정리하면 이렇다. 로켓의 크기만 봐도 사정거리와 위력을 가늠할 수 있다. 위력이 낮은 로켓탄은 광역 공격 정도는 가능하고, 민간인을 위협하거나 공포심을 유발하는 데는 효과적일 수도 있다. 하지만 군사적 효용성은 극히 낮다.

10

잡초처럼 질긴 타이완 봉쇄론

'타이완 봉쇄론' 역시 수십 년이 지나도 전혀 수그러들지 않는 루머다. 주요 내용은 대체로 두 가지로 나뉜다.

1. 타이완은 섬이라서 봉쇄당하면 끝장이다.
2. 중국은 가볍게 타이완을 봉쇄할 수 있다.

"그렇게만 되면 타이완은 끝장난다."
그렇다, 역시 이처럼 어떠한 기술적 토론도 없이 바로 결론을 낸다.
이런 식의 루머를 떠벌리는 이들의 절대다수는 국제관계의 관점에서 접근한다지만, 그렇게 주장하는 근거가 '다른 나라는 도와주지 않을 것이다' '타이완은 며칠 못 버틴다'를 벗어나지 못한다. 어떤 방식으로 봉쇄할 것인지에 대해서는 대체로 해방군의 수많은 함정과 무장 함선이 출격하거나 잠수함으로 항구 주변까지 와서 수뢰를 설치한다는 등의 이야기뿐이다.

군사 개념이 있는 사람이 볼 때 지적할 문제점이 수두룩하지만, 루머라는 것이 약간의 사실을 내포하다보니, 일반 민중에게는 상당히 설득력을 발휘한다. 이 루머의 사실은 대략 세 가지다.

1. 타이완은 봉쇄를 오래 견디지 못한다.*
2. 중국은 확실히 타이완을 봉쇄할 능력이 있다.
3. 잠수함도 분명 수뢰를 부설할 수 있다.

그렇다고 한다면 정말로 가능한 일 아닌가? 그렇다, '대략적으로'는 가능하다. 하지만 '엄격하게 말하자면' 불가능하다. 봉쇄는 생각만큼 그렇게 간단한 것이 아니다. 봉쇄를 감행하겠다고 하면 따져봐야 할 문제가 아주 많아진다. 국제적인 압력이나 기술적인 면만 고려해도 문제점은 산 넘어 산이다.

---

* 미국 전략국제문제연구소CSIS는 타이완이 전력용 석탄·천연가스는 2개월 미만, 원유는 6개월, 식량은 6개월가량 비축된 상태라고 분석했다(2024년 기준).

봉쇄는 시행하는 데 다양한 어려움이 있다

우선 위 세 가지 사실의 관건은 '시간'과 '공간'이다. 타이완은 봉쇄를 오래 견디지 못하지만, 문제는 '중국이 봉쇄를 얼마 동안 지속할 수 있는가?'이다. 빚쟁이들도 빚 독촉을 위해 채무자를 찾아내려면 엄청난 인원과 시간을 써야 하는데, 망망대해를 봉쇄해야 하는 중국은 얼마나 오랫동안 할 수 있을까? 중국에 과연 그만한 자원이 있을까?

기술적인 면에서만 보면, 중국은 정말로 타이완을 봉쇄할 힘을 갖추고 있다. 하지만 실행은 절대 불가능하다. 독자들은 이게 대체 무슨 소린가 할 것이다. 그렇게 생각하는 것이 당연하다. 다수의 군사 연구자 역시 어떻게 설명해야 할지 모른다.

우선은 타이완이 봉쇄되고 며칠이 지나면 난리가 날지, 군수물자나 민간 물품의 자급 생산과 같은 봉쇄 후 일어날 일에 대해서는 논하지 말기로 하자. 그 문제들에 대해 이야기했다가는 봉쇄 신봉자들이 더 기겁할 수 있으니, 여기서는 어떻게 봉쇄할 수 있는지만 논하겠다.

'봉쇄'의 구체적 조치는 어떻게 시행될 것인가? 한번 상상해보자. 타이완은 바다 한가운데에 있는 섬이라서 봉쇄하려면 반드시 해군이 필요하다. 레이더에 수십 킬로미터 밖에 '정체불명의 선박'이 나타났다고 가정하고, 당신이 봉쇄 명령을 받은 군함의 함장이라면 어떻게 할 것인가?

　문제는, 바다는 드넓은데 겨우 레이더에 의지해서 선박을 찾아낸 다음, 다른 수단을 또 써서 그 선박이 타이완으로 가는 선박인지 아닌지 물어보며 확인해야 한다는 것이다. 이 해협으로 들어오는 모든 선박을 타이완으로 가는 선박이라고 치는 것까지는 그렇다 해도, 그 선박을 어떻게 저지할 것인가? 군함으로 쫓아가서 타이완으로 가냐고 물어보면 된다는 생각은 하지 말자. 만약 선박과의 거리가 50해리이고, 군함의 속도는 선박보다 10해리 정도 빠르다고 가정한다면, 꼬박 다섯 시간을 쫓아가야 겨우 따라잡을 수 있다.

　그럼 방법을 바꿔서, 정선停船 명령에 불응한다면 곧장 미사일을 발사해 격침할 수 있을까? 일단 그렇게 할 수 있다고 가정해보자. 그러면 동북아시아 국가들의 선박은 타이완 해역의 항로로 항해해야 하는데, 매일 몇 척의 선박이 이 해역을 통과할까? 일본의 선박만 100척이라고 가정해도, 그중 어떤 선박이 타이완이 필요로 하는 물자를 가득 싣고 타이완의 항구를 목적지로 했을까? 게다가 실제로 타이완해협 주변을 통과하는 화물선은 크게 잡으면 1000척이 넘는다.

　여기에 더해 일본인들이 착해서 중국 해군이 자신들의 선박을 조사하는 것을 허락한다 가정하고, 1만 톤의 선박을 샅샅이 조사하려면 얼마나 많은 인원이 필요할까? 매일 100척을 조사하려면 얼마나 많은 해방군 함정이나 무장 함선이 필요하고, 시간은 또 얼마나 걸릴까? 만약 조사에 통과한 선박들을 다 지나가게 해준다면, 그 선박 중 타이완으로 빠질 것에 대비해서 중국 해군이 타이완 연안 순시를 위한 함선의 수를 배로 늘려도 완벽한 연안 순시는 어려울 것이다.

즉 봉쇄하려면 선박에 방향을 돌릴 것을 강제하든가, 아니면 격침하는 방법뿐이다. 배에 올라 사람들을 가두거나, 배를 압수하는 것은 많은 인력을 요한다. 압수한 배를 중국 항구에 정박하는 건 해적 행위나 다름없고, 실무적인 면에서도 처리 인력이나 선석船席이 충분하지 않기 때문에, 정말로 하려든다면 문제는 더 많아질 것이다.

일본과 한국의 해운 생명선生命線의 절반 이상이 타이완 주변을 통과하고 있는 상황에서 그들에게 타이완해협을 멀리 돌아서 가라고 한다면, 어떻게 돌아서 가란 말인가?

모든 선박을 바시해협에서 태평양으로, 타이완에서 1000킬로미터 이상 돌아서 가라고 하는 것은 바다의 기상 조건과 선박의 성질을 따져봤을 때 불가능하다. 더욱이 일본이 순순히 엄청난 비용의 증가를 감수하면서 북태평양으로 돌아서 갈 거라고 생각하면 안 된다. 계산기를 두드려보면 답이 나온다. 일본이 자위대를 파견해서 선박을 호위할 것은 정해진 사실이다. 이렇게 되면 누가 더 곤욕을 치를까?

항로에 있는 각국의 선박을
일일이 검사하기는 어렵다

 현실적으로 바다를 봉쇄하는 것은 그렇게 간단하지 않다. 여기에는 물리적으로 절대적인 한계가 있다. 그것은 바로 '육지에서 멀어질수록 바다는 넓어지고, 봉쇄해야 하는 구역도 커진다'이다. 항로를 봉쇄하는 건 도로를 봉쇄하는 것과 같지 않아서, 피치 못하면 얼마든지 돌아갈 수 있다. 더욱이 반드시 봉쇄를 뚫고 타이완으로 들어가야만 하는 선박이라면, 돌아서 가는 것이 무슨 대수겠는가?
 그러면 이런 말을 하는 사람이 나올 것이다.
 "해상 봉쇄가 어려우면 항구를 봉쇄하면 되잖아?"
 수뢰 부설함이 가오슝 항구 근처까지 가서 '미안한데 수뢰 부설하러 왔어!'라고 말하라는 건가? 평시라면, 상선으로 위장하고 항구 바깥까지 가서 수뢰를 부설하는 건 성공 확률이 높다. 문제는 그 후의 일이다. 전 세계 기자들이 다 가오슝으로 몰려와 보도할 것이다. 중국이 국제법을 어기고 상선으로 항구 근처에 수뢰를 부설했고, 그 바람에 민간 상선 몇 척이 파괴되어 침몰했다고.
 만약 양안이 팽팽한 긴장 속에서 충돌이 끊이지 않는 상황이라면? 중국이 이 상황에서도 타이완해협 가까이 함선을 보낸다고 해보자. 타이완에는 어쨌든 수백 문의 대함 미사일이 있고, 육군 역시 공격 가능한 직사 무기가 잔뜩 있는데, 해방군이 어떻게 수뢰를 부설할 수 있을까? 자살특공대가 수뢰 부설을 끝내고 전멸한 상황에서 함대 전체가 접근하려 한다면, 분명 적군의 침입으로 간주당하고 공격받을 것이다.

이 때문에 잠수함으로 수뢰를 부설한다는 루머가 생겨났다. 하지만 이는 곧 중국이 '실질적으로' 실행 가능한 방안을 전혀 갖추고 있지 않음을 의미한다. 중국은 이런 루머로 타이완을 심리적으로 공격할 뿐이다. 실질적으로 실행 불가능한 이유 역시 매우 간단하다. 타이완이 상당한 대잠對潛 능력을 갖추고 있는 상황에서 잠수함 한 척이 단독으로 항구 주변에 수뢰를 부설한다면, 타이완은 즉시 발견하고 추격 후 격침할 것이다. 게다가 겨우 잠수함 한 척으로 뭘 할 수 있을까? 수뢰 부설 후 기자들이 재난 다큐멘터리를 찍게끔 소재가 되어줄 것인가?

긴말할 것 없이 이렇게 상상해보자. 내일 지룽항 바깥에서 선박 한 척이 수뢰에 침몰해 항구를 봉쇄했다고 하자. 그러면 이어서 어떤 일들이 벌어질까? 언론에서 난리가 나는 건 말할 것도 없고, 군에서는 작전 단계를 격상할 것이며, 대기 중인 군함들은 즉시 전투 태세를 갖출 것이다. 공군도 준비 태세에 들어갈 것이다. 육군은 작전 계획에 따라 주요 공항과 항구에 대한 방어를 강화할 것이다.

그런 후에는? 중국은 어떻게 나올까? TV에 나와서 '오, 우리 사랑하는 타이완이여, 조국의 강력한 힘을 느꼈는가? 어서 항복하지 않고 뭘 하고 있는가'라고 할 건가?

여기서 파생된 또 하나의 루머가 해방군은 모든 선박을 검사할 필요 없이, 유조선과 LNG 운반선만 검사해 타이완의 에너지 자원을 끊어버리면 된다는 것이다. 솔직히 말해서 이런 견해는 입 밖으로 꺼내지 않는 것이 낫다. 유조선이 전부 타이완에 등록된 것도 아닌데, 무슨 근거로 이 선박들에 남해 해역에서 북쪽으로 운항하지 말라고 위협할 수 있겠는가? 선장이 자료를 들이밀며 자신들은 한국으로 가는 선박이라고 한다면, 해방군의 함장은 이 말을 믿겠는가, 믿지 않겠는가? 앞서 이야기했던 것과 마찬가지로 한국으로 가는 선박이라고 한 뒤 중간에 타이완으로 방향을 돌린다면?

시간과 공간은 어떤 이유에서 매우 중요할까? 만약 평시라고 한다면 항구를 봉쇄하는 것은 근본적으로 불가능하다. 더욱이 타이완에 항구가 얼마나 많은가! 완벽한 봉쇄를 실현하려면, 그 많은 항구에 일제히 수뢰를 부설해야 한다. 하나의 항구에서만 선박이 파괴된다면 뜻밖의 일이라고 할 수도 있다. 하지만 모든 항구에서 동시에 그런 일이 벌어진다면, 타이완의 군사력이 총출동할 것이다. 이어서 중국이 겁만 주면서 추가 행동을 취하지 않는다면 이는 국가 차원의 테러 공격이나 다름없고, 결국 전 세계는 '중국이 대단한 일을 했네'라며 조롱할 것이다. 다시 말해서 중국이 타이완을 무력 침공한다거나 전방위 봉쇄를 할 계획이라고 밝힌다면, 타이완 국군이 항구를 포기한 채 아무런 대비도 없이 봉쇄를 당할까?

만약 전시 상황이라면 어떻게 타이완을 봉쇄할 것인가? 여기서도 두 가지 전제를 고려해야 한다. 첫째는 타이완 해군과 공군이 건재한 상황이다. 그렇다면 해방군은 그저 공해상의 봉쇄만 가능할 뿐이다. 현재의 지리적 위치를 놓고 보면, 남해에서 그렇게 하는 것이 가능하다. 하지만 드넓은 남해상에서 어떤 게 막아야 할 선박이라고 확정할 수 있을까? 한 척의 선박도 지나갈 수 없게 전면적인 봉쇄를 하는 것은 불가능하다. 이 경우 동북아시아 국가들이 모두 들고일어날 것이다. 둘째는 타이완 해군과 공군의 힘이 약해진 상황이다. 그렇다면 굳이 봉쇄할 필요가 있을까? 곧장 쳐들어가면 될 것 아닌가?

따라서 봉쇄는 전쟁 발발이 임박했을 때나 가능한 수단이다. 누구든 타이완을 쉽게 봉쇄할 수 있고, 봉쇄만 하면 끝장이라고 말한다면 가볍게 웃어넘기자.

이제 간단히 정리해본다. 우리는 각종 봉쇄 가능성에 대해 살펴봤다. 그리고 봉쇄는 반드시 양안이 전쟁 발발 직전까지 가거나, 혹은 이미 발발한 상황에서 가능한 수단이라고 했다. 왜 그럴까? 앞서 여러 번 말했듯이, 만약 평화 시기에 봉쇄를 시도한다면 각국의 해군이 자국의 선박을 호송하는 상황에 직면할 것이다. 중국이 결코 전쟁까지는 갈 생각이 없다면, 타이완 해군이 선박을 타이완까지 호송한다고 한들 대치하는 것 말고 할 수 있는 게 뭐가 있을까?

드넓은 바다를 봉쇄하는 건 어려운 일이다

실현 가능한 봉쇄 방법에 대해 자세히 이야기해보자. 거리를 기준으로 삼으면 단 세 가지뿐이다.

1. 해협 전체를 봉쇄한다.
2. 주요 항로를 봉쇄한다.
3. 타이완의 모든 항구를 봉쇄한다.

우선 인민해방군은 해협 전체를 봉쇄할 능력이 안 된다. 구글 지도를 켜서 해당 해역의 크기를 확인해보자. 그런 다음 타이완을 통과하는 항로와 대비해본 후, 하루에 타이완 주변을 지나가는 선박의 총수를 찾아보면 모든 선박을 일일이 검문하는 게 물리적으로 불가능하다는 것을 알 수 있다. 만약 검문 과정에서 선박을 한 척이라도 놓친다면? 그 선박이 타이완 인근에서 방향을 틀어 곧장 가오슝항으로 접근한다면? 바로 쫓아간다 해도 따라잡기 어렵고, 타이완에 너무 가까이 접근하면 타이완군의 공격을 받는다.

주요 항로를 봉쇄하는 건 쉽게 들려도, 타이완에서 멀리 떨어진 필수 항로는 말레이반도의 믈라카해협 한 곳뿐이다. 하지만 이곳은 중국의 영해나 영토도 아닌데 무슨 권리로 봉쇄하겠다는 말인가? 나머지 해역도 대부분 타국의 영해이고, 그 국가들의 해군력도 만만치 않다. 인민해방군은 무슨 이유를 들어 그 국가들에 협조를 강요할 것인가? 타이완과 전쟁을 벌이는 것도 모자라 다른 나라들과도 전쟁을 벌일 생각인가?

중국은 남중국해에 기지를 다수 보유하고 있어서 봉쇄할 수 있다고 생각하겠지만, 현실은 아무 섬이나 클릭해서 포탑을 세우면 지나가는 선박을 쏘아 맞히는 게임처럼 돌아가지 않는다. 너무 작은 섬은 출력이 충분한 레이더 설치가 어렵고, 큰 섬의 경우 레이더와 함께 미사일도 같이 배치할 수 있겠지만, 그렇다고 보이는 대로 쏘아 맞힐 수 있는 것은 아니다. 봉쇄의 가장 큰 문제는 모든 선박이 적일 수 있다는 전제를 깔아야 한다는 점이다. 소형 함정을 보내서 수만 톤급 상선을 정지시키고 검문해야 하는데, 해당 선박에 무장 병력이 없다고 어떻게 확신할 수 있나? 결국 군함을 동원해야만 가능한 일이다.

타이완 항구를 효과적으로 봉쇄하려면, 우선 타이완의 방어 능력을 무력화해야 한다. 그렇지 않고서는 절대 불가능하다. 군함을 통해 타이완의 항구를 항시 견제하려 한다면, 타이완의 육·해군과 전면전을 벌여야 한다. 타이완 육상 기지의 화력이면 연안에 접근하는 인민해방군의 군함을 단번에 물고기 밥으로 만드는 것은 일도 아니다. 결국 효과적인 항만 봉쇄가 가능해지려면 먼저 타이완의 방어 능력을 소멸시켜야 하는데, 앞서 여러 차례 이야기했듯이, 방어 기지를 파괴해서 제공권을 확보하고 단계적으로 지상 전력을 약화시켜야 한다. 이러한 조치 없이 군함을 연안에 접근시키는 것은 매우 위험하다. 그리고 이 정도 단계에 이르면 이것은 더 이상 단순 봉쇄의 시나리오가 아니다. 이런데도 정말로 봉쇄를 해야겠다면, 인민해방군 신봉자들에게 간단한 방법을 제시하고자 한다.

'수천 발의 탄도미사일로 타이완 전역에 있는 항만 시설을 박살낸다.'

이렇게 되면 이미 전쟁은 벌어진 것이나 다름없는데 뭐 하러 선박을 일일이 검문하나?

타이완을 봉쇄하려면 차라리 항구를 감시하다가 유조선이나 LNG선이 정박하는 걸 보면 즉시 미사일을 퍼부어 침몰시키는 편이 낫다. 아니면 아예 개전 초기에 항구 하역 시설을 먼저 파괴해버리는 것이 봉쇄하는 것보다 훨씬 낫다.

봉쇄는 반드시 성공할 것이라고 외치는 인민해방군 신봉자들이 놓친 군사 상식이 하나 있다. 실제로 봉쇄 명령이 떨어졌다고 치고, 지도를 펴서 어디를 봉쇄해야 하는지 생각해보자.

타이완 주변 해역, 동해에서 일본 오키나와 열도, 서태평양에서 바시해협까지는 대부분 타이완 공군의 공격 사정권 안에 있다. 이런 상황에서 중국 함대가 이 해역들을 휘젓고 다니면서 만나는 선박마다 지금은 봉쇄 중이니 자국으로 돌아가라고 강요하는 것이 가능할까? 이렇게 되든, 타이완군에게는 인민해방군이 어디 있는지 정확하게 알려주는 온갖 정보가 쏟아질 것이다.

결국 실질적인 봉쇄는 믈라카해협에서 바시해협에 이르는 남중국해 일부 정도다. 물론 그것도 주변 국가들의 감시망을 피해다녀야 가능한 것이겠지만 말이다. 현직 인민해방군 장교라면, 주변 국가들이 인민해방군의 해군을 보고도 타이완에 귀띔하지 않을 거라 확신하진 않을 것이다. 그렇게 본다면, 실제로 선박 차단이 가능한 해역은 극히 줄어들 것이다. 그리고 이미 타이완을 떠난 특수 함대 입장에서는, 중국이 봉쇄 전략을 선택했다는 것이 알려지는 순간 샴페인을 터뜨리며 축하할 것이다.

특수 함대 함장 입장에서 인민해방군 함대가 어디 있는지 다 알고 있는데, 공격해서 박살 내는 일이 뭐 그리 어렵겠는가? 타이완의 해군력은 중국 해군 전체와 견주면 약한 편이지만, 중국의 세 개 항모 전단 중 하나와는 충분히 전면전을 벌일 수 있는 수준이다.

봉쇄론을 주장하는 이들은 바다 위에서 언제든 자신의 위치는 노출되어 있지만, 적이 어디에서 다가오는지는 알 수 없는 공포를 전혀 이해하지 못한다.

요컨대 타이완 봉쇄는 여러 '부분적 사실'을 기반으로 만들어진 루머다. 각 요소는 개별적으로 타당해 보일 수 있지만, 그것들을 하나로 합쳐놓으면 궤변일 뿐이다.

왜냐하면 시간과 공간의 매칭이 전혀 맞지 않기 때문이다. 타이완이 여전히 강력한 해공군 전력을 보유한 초기 단계에서 봉쇄 전략을 취하는 것은 사실 자살 행위에 가깝다. 그 상황에서 인민해방군이 함대를 잃으면, 타이완 상륙작전은 더 이상 생각할 수 없는 일이 된다. 만약 전쟁이 이미 수 주간 진행되어 타이완의 해공군 전력이 상당 수준 소멸한 상황이라면, 그 시점에서의 봉쇄 작전은 아무런 의미가 없다. 전쟁으로 변한 타이완 주변 해역에는 애초에 민간 선박이 감히 접근조차 하지 않을 것이기 때문이다.

1부 총정리:
루머는 사람을 패배주의자로 만든다

대부분의 루머는 비슷한 방식으로 조작된다. 일부 사실을 토대로 삼아, 잘 모르는 사람들에게 나머지 허구까지도 진실이라고 믿게 만드는 방식이다.

그런데 문제는 '사실이 얼마나 진짜인가'에 있지 않다. 군사 전술에서 모든 사실은 '시간'과 '공간'에 기반을 두어야 한다. 중국의 항공모함 '랴오닝함'을 예로 들어보자. 항모가 출항해 타이완 동부 해역의 작전 위치에 도달하기까지는 아무리 서둘러도 이틀이 걸린다. 이 이틀 동안 약 6~8시간은 타이완의 공격 범위 안에 들어온다. 그래서 항공모함 위협론이 사실에 기반한 것은 맞다. 하지만 여기에 시간과 다른 조건이 추가되면 실질적인 위협성은 크게 줄어들거나, 특정한 조건에서만 성립될 수 있다.

그렇다면 우리는 다음과 같은 이분법으로 이 문제를 판단할 수 있을까?

"중국 항공모함은 무용지물이다." vs "중국 항공모함은 절대무기다."

물론 그럴 수 없다.

특정한 조건에서만 성립되는 전술을 '타이완은 동부 해역에서의 우위를 완전히 상실했고, 전쟁이 시작되면 바로 끝장난다'라는 식으로 확대해석하는 것은 '과도한 해석'을 넘어 '창작 수준'이다.

타이완군도 당연히 인민해방군이 개발한 신무기나 전술에 대해 전방위적 분석과 연구를 수행한다. 그 과정에서 좋은 점은 더 확대하고, 타이완 수비군의 약점도 찾아내려 시도한다. 이는 마치 시험 전 보는 '모의고사'와 비슷하다. 모의고사의 목적은 본고사의 실패를 확인하기 위한 것이 아니라, 부족한 부분을 찾아내고 보완하려는 것이다.

그런데 우리가 TV에서 보는 군사 전문가라는 이들은 이 모의고사 성적만 가지고 시험을 망쳤네, 대학 입시 폭망했네, 인생 끝났네 식의 결론을 내린다.

다음 장에서는 이러한 루머의 세계를 벗어나 정규 군사 연구의 영역으로 들어갈 것이다. 우리는 명확하고 간단한 설명을 통해, 전략이나 군사 상식에 익숙하지 않은 일반 독자들도 중국의 타이완 전략과 현재 어떻게 침공 전술이 발전하고 있는지를 이해할 수 있게 할 것이다.

합리적인 수단부터 알아야만 올바른 대응 방법도 나올 수 있다. 그러지 않고 타이완은 무조건 진다는 관점에서 중국의 모든 무기와 전술은 반드시 성공하리라 믿는 것은 패배주의일 뿐이다. 타이완 사람들이 패배주의에 빠져 아무것도 소용없다면서 체념한다면, 중국은 가장 낮은 비용으로 타이완을 점령할 수 있게 된다. 이것이야말로 이러한 루머들이 진짜로 노리는 효과이자 목표다. 왜 이런 루머들이 필요한지 거꾸로 생각해보자. 그건 바로 정규 전쟁은 치르기 어렵고, 비용도 많이 들며, 치러야 하는 대가도 너무 크기 때문이다. 그래서 이런 루머들로 전쟁의 난도와 비용을 낮추려는 것이다. 만약 이런 루머를 믿고 패배주의에 빠진다면, 중국을 크게 돕는 셈이다.

2부

중국의 타이완 침략 전술

■

적의 의도를 파악해야만 비로소 효과적인 방어가 가능해진다. 따라서 이 장에서는 합리적 시각과 국내외 주요 워게임의 결과들을 토대로 중국의 타이완 침공 시나리오를 분석해보고자 한다. 시공간 조건을 무시한 채 병력이 순간 이동하듯 출현하는 설정은 배제할 것이고, 지리적 제약과 후방 보급 요소까지 고려해 중국의 타이완 침공이 얼마나 어려운 과제인지 이해할 수 있도록 할 것이다.

또한 이 분석을 통해 독자들은 타이완이 결코 쉽게 점령당할 수 있는 곳은 아니지만, 그렇다고 절대 불가능한 일도 아니라는 점과 우리에게는 강화해야 할 취약점도 있다는 것을 이해할 수 있을 것이다. 이 책의 목적은 군사 지식에 익숙하지 않은 일반 국민도 군사적 사고를 하도록 도와서, 우리가 군사적으로 마주하는 문제들이 국적을 불문하고 다들 맞닥뜨리는 문제임을 이해할 수 있게 하는 것이다.

　이어질 장에서는 중국의 타이완 침략 시 실현 가능한 시나리오와 작전 계획의 분석에 초점을 맞추고, 앞 장에서 루머를 파헤칠 때 논의된 몇몇 방안도 언급할 것이다. 하지만 강조해둘 점이 있다. 앞서 다룬 각종 루머는 대부분 일부 사실을 기반으로 상황을 극단적으로 과장한 것이다. 이제부터 다룰 분석에도 해당 무기나 수단이 나오지만, 앞의 루머들처럼 하나의 수단으로 극단적인 과장을 하는 것이 아니고, 비교적 실제 상황에 맞게 응용했으며, 정식 워게임 때 다양한 수단이 연계되는 상황을 전제로 했다.

　덧붙여 말하자면, '국민적 심리 방어'를 확립하기 위해서는 우선 중국에 어떠한 절대병기도, 신묘한 전략도 존재하지 않는다는 사실을 이해해야 한다. 너무나 많은 사람이 인민해방군의 참모들이 마치 제갈량이라도 되는 듯, 상상을 초월한 기발한 전술을 설계할 것이라 믿고 있으며, 심지어 중국은 절대적 우위를 지닌 기술력을 갖추고 있다고 생각한다. 이러한 발상은 먼저 화살을 쏘고 나중에 과녁을 그리는 것과 다름없으며, '중국은 반드시 승리하고, 타이완은 반드시 패한다'라는 전제하에 모든 논리를 합리화한다.

　내가 사실을 들어 반론을 제기하면 '혐중'이라는 딱지를 붙이며, 최근 선거에서는 이념 경쟁이 격화되면서 극단적인 타이완 독립주의자라고 욕하는 사람이 늘어나고 있다. 자신의 이념을 방어하기 위해 상대에게 이념적 낙인을 찍는 방식은 현실적인 전략 문제의 토론을 쓸모없게 만든다. 현실을 직시한 토론은 몹시 힘든 일이다. 차라리 감정에 호소하고, 루머를 확대재생산하는 편이 훨씬 더 쉽다. 하지만 이것이야말로 우리가 반드시 극복해야 하는 문제다.

11
타이완 침공 시나리오 설정

중국의 타이완 침공을 논의할 때 전제는 중국이 어떻게 승리할 수 있는가부터 설정해야 한다는 것이다. 명확한 승리의 조건도 없이, "타이완인은 죽음이 두려워 항복할 것이다" "타이베이만 점령하면 승리한다" "어쨌든 타이완은 이기지 못한다"와 같은 허황된 전제나, "타이완인은 시가전을 치를 수 없다"라는 식의 비약적인 단정은 재고할 가치가 없다.

지금 당신이 타이완 침공을 계획하는 인민해방군의 참모라고 하보자. 과연 당신은 "어쨌든 우리 군이 상륙만 할 수 있다면, 타이완 국민은 거리로 쏟아져나와 환영할 것이고, 타이완 독립 세력들은 꽁무니를 뺄 것이다" 식의 계획서를 쓸 수 있을까? 당장 상부에 끌려가서 모진 고초를 겪을 것이다. 타이완군도 워게임을 할 때는 적의 능력을 최대한 높게 설정하고, 그 속에서 아군의 약점을 찾아내려고 애쓰는데, 설마 인민해방군이라고 그렇게 하지 않을까?

전쟁은 사람을 죽이는 일이며, 인민해방군은 공격하는 쪽이라서 스스로 직접 나아가 싸워야 한다. 그렇기에 아무도 장난삼아 계획서를 쓰지는 않는다. 우리가 이런 점을 인식하지 못하면, 항간에 떠도는 온갖 소문에 쉽게 휘둘리게 된다. 실제로 인민해방군의 참모는 대단히 이성적이며, 계획 수립에서도 전혀 타이완의 방어 역량을 무시하지 않고, 철저하게 현실에 기반한 계획을 세운다. 우리가 볼 수 있는 인민해방군의 심리전을 동반한 군사 위협의 기본 개념은 타이완 국민에게 악영향을 주기 위한 선전전이지, 타이완해협을 건너는 상륙전의 시나리오와 같은 군사 위협이 아니다.

이러한 침공 시나리오는 반드시 어떻게 해야 승리할 수 있는지 설정하는 것부터 시작해야 한다. 그렇게 해야 얼마만큼의 병력이 필요한지, 후방 지원은 얼마나 필요한지 그 구체적인 준비가 가능하다. 이건 마치 공장이 주문을 받는 것과 같다. 고객이 "완제품을 500개에서 5만 개 사이로 설정해 일단 알아서 준비해주세요"라고 한다면, 어느 공장이 그 주문을 진지하게 받아들이겠는가?

중국에 있어, 정치적인 의미에서의 완벽한 승리란 타이완의 항복 선언이다. 그것이 전면적인 항복이든 형식적인 귀순이든 간에, 어쨌든 타이완의 정치 지도자가 입법기관의 절차를 통해 항복을 공식 선언하는 것이어야 한다. 만약 타이완이 항복하지 않고 법적으로 완벽한 독립을 이룬다면, 그 순간 중국은 정치적으로 완전히 실패하게 된다. 그러면 중국이 쓸 수 있는 유일한 것은 비정치적 수단, 바로 군사 침략이다.

타이완 침공 계획 수립

따라서 인민해방군의 타이완 침공 시나리오의 정치적 목표는 타이완 독립의 저지 혹은 무력을 통한 통일 달성이다. 하지만 이런 승리 조건은 어떻게 설정할 수 있을까? 일반적으로 다음과 같은 방식들이 거론된다.

1. 해상과 공중 봉쇄전을 일으켜 타이완의 경제를 붕괴시키고, 이를 견디다 못한 타이완 국민이 정부에 중국의 조건을 받아들이라고 압박한다.

이는 타이완에 널리 퍼져 있는 '봉쇄' 개념의 루머와 비슷하지만, 실지 수단은 상당히 다르다. 이 방식은 타이완 본토를 직접 공격하지 않고, 해·공군만 활용해 단계적으로 타이완의 방어력을 무력화해 결국 타이완군이 방어권을 확장하지 못하게 하는 데 초점을 둔다. 이를 통해 인민해방군은 광범위한 남중국해에서 무차별적인 봉쇄로 힘을 낭비하지 않고, 타이완 근해에서 특정 상선이나 화물선에 대한 통제에 초점을 맞추는 것이 가능해진다. 하지만 이런 전략은 몇 주에서 수개월에 걸쳐 장기적으로 이뤄져야 하는데, 그동안 타이완이 굴복하지 않거나,

국제사회가 강하게 개입한다면 실패할 가능성이 크다.

2. 타이완의 외도外島에 대한 소규모 침략으로 타이완 본토에 공포를 유발하고, 여론이 정부를 압박해서 대중국 협상을 종용한다.
이 방식은 타이완 본토를 직접 공격하지 않고, 진먼, 마주馬祖, 둥사東沙, 타이핑다오太平島 등 타이완 주변 도서 지역에 위력적인 군사 침략을 하는 것이다. 중국의 실력이면 이런 작전을 성공으로 이끄는 것은 어렵지 않다. 문제는 얼마나 많은 희생을 감당할 수 있는가다. 외도를 점령하면 필연적으로 다수의 포로와 무장 점령하의 민간인이 생기는데, 중국은 이를 통해서 본토 내 전쟁에 대한 공포를 유발하고, 항복을 강요하는 정치 선전전을 벌일 것이다.

3. 타이완 본토 점령을 목적으로 하는 삼군 합동 작전을 통한 실질적인 무력 통일을 달성한다.
이것은 가장 효과적이고 확실한 작전이지만 그만큼 실패 위험도 크다. 설령 승리하더라도 이는 상처뿐인 영광이다. 아마 중국은 이후 이어질 타국의 군사적 개입의 위협을 감당할 방법이 없을 것이다.

앞의 두 가지가 무력시위를 통해 항복을 강요하는 방식이라면, 세 번째야말로 한 번의 무력 사용으로 모든 문제를 해결하는 방식이다. 하지만 우리는 타이완 본토를 점령하지 않고 항복만 강요하는 앞의 두 방식으로는 목표 달성이 어렵다는 것을 알고 있다. 만일 타이완 국민이 틀복하지 않고 끝까지 항전하겠다는 입장을 고수한다면, 결국 중국은 세 번째 시나리오인 본토 침공을 선택할 수밖에 없을 것이다.

'무력시위를 통한 항복 강요'도 단계가 나뉘어 있다. '타이완에서 멀리 떨어진 해역에서의 단순 봉쇄'와 '선先탄도미사일 본토 타격 후後봉쇄' 중 어느 쪽이 더 효과적일까? 1장에서도 해상 봉쇄가 어렵다는 것을 언급했다. 게다가 인민해방군은 광활한 남중국해를 봉쇄할 정도의 능력이 안 된다. 이런 방식은 타이완 본토의 방어력을 약화시키지 못하며, 안전할지는 몰라도 효과는 크게 떨어진다. 오히려 탄도미사일로 타이완을 폭격한 후, 며칠간 공군을 동원해 타이완 본토의 방어력을 약화시킨 다음, 근해에서 봉쇄를 시행하는 전략이 훨씬 더 효과적이라고 할 수 있다. 하지만 그만큼 위험은 더 커진다. 단순 방어만 하면 되는 타이완과 달리, 중국은 고려해야 할 요소가 너무나 많기 때문이다.

게다가 타이완 국민이 실제로 사상자를 목격한다면, 전쟁을 계속하자고 결집할지, 아니면 중국이 원하는 대로 항복할지는 예측하기 힘들다. 타이완 본토 공격을 통해 대규모 민간인 피해를 일으킨 후 이를 심리적으로 이용해 항복을 유도하려 해도, 타이완 국민이 실제로 공포를 느낄 것이라는 확신이 있어야 가능하다. 하지만 실전이 있기 전까지 이런 효과를 어떻게 확신할 수 있을까? 타이완 본토를 공격하지 않고, 해상에서 일정 기간 교전을 벌인 후 봉쇄 작전을 펼친다 해도 그 효과가 기대만큼 나타날지, 아니면 타이완 사회가 심각하게 받아들이지 않을지는 알 수 없다. 무엇보다 정치적으로 이러한 시도는 반복해서 시도할 수 없다. 따라서 타이완보다 중국이 걱정해야 할 것이 훨씬 더 많다.

그런 이유로 인민해방군의 타이완 침공 시나리오의 승리 조건은 단순히 협상을 끌어내는 방식으로는 만들 수 없고, 최소한 타이완의 일정 지역을 실질적으로 점령하는 것이어야 한다. 정치적 불확실성이 매우 높은 상황에서, 특히나 타이완 집권 세력이 독립적 성향을 띠는 상황에서는 내부 붕괴를 기대하는 것이 너무나 어렵다. 최후의 결론은 전면적인 무력 침공을 통한 타이완 본토 점령으로 귀결될 수밖에 없다.

타이완 침공 작전에는 보통 두 가지 시나리오가 있다.

1. 속전속결을 통한 본토 직공直攻
2. 먼저 펑후澎湖를 점령한 후 본토를 공격하는 단계적 침공

이 두 가지 시나리오는 군대 운용의 구상부터 완전히 다르므로 서로 혼동해서는 안 된다. 속전속결은 인민해방군이 설정한 '실패 조건'을 의미한다. 이는 특정 시점까지 타이완을 점령하지 못하면 철군할 것인지, 아니면 추가 병력을 투입해 병력 소모를 계속할 것

인지와 같이, 이후의 상황에 대한 새로운 구상을 고민해야 함을 뜻한다. 만약 청나라 시기의 시랑施琅*이 채택한 방식처럼, 먼저 펑후를 점령해 전초기지를 마련하고, 이후 타이완 본토를 침공하는 단계적 전략은 확실히 충분한 병력을 모아 체계적인 작전 전개가 가능하다. 하지만 이 방법은 시간이 너무 오래 걸린다는 게 문제다. 오늘날 동아시아 정세를 고려할 때 외국의 군사 시뮬레이션에서는 작전 기간을 통상 1년 내로 제한하고 있다.

승리는 반드시 6개월 내로!

아래 그림은 타이완 본토에 대한 직공 계획의 진행도다. 독자들도 알 수 있듯이, 인민해방군이 상륙에 성공한다면 목표 중 하나는 군사적 진전을 통해 타이완 국민이 패배를 자인하게 만드는 것이다. 그렇지 않으면 계속해서 증원 병력을 투입해야 한다. 이를 통해 정해진 시간 내에 충분한 점령지를 차지해서 실질적인 점령 성과를 내야 한다. 그렇게 하지 못한다면 결국 실패한 작전이 된다.

타이완 본토를 직공해 속전속결하는 전략을 선택한다면 승리까

---

* 강희제 당시 복건 총독 요계성姚啟聖과 함께 타이완 점령을 담당했던 장수.

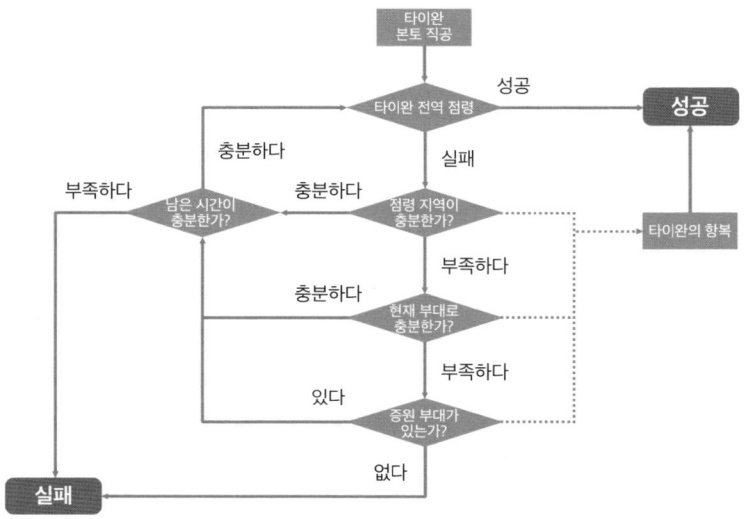

지 허용되는 최대 기간은 반년을 넘길 수 없다.

왜 반년을 넘기면 안 되는가?

그 이유는 지구상에 중국과 타이완만 있는 것이 아니라 수많은 주변 국가가 존재하고, 타이완은 해상 교통의 요충지이기 때문이다. 모든 전쟁 시뮬레이션은 몇 개월 이내에 타국이 개입할 수 있다는 전제로부터 시작한다. 타국의 개입은 중국이 더 이상 군사 행위로 타이완을 압박할 수 없음을 의미한다. 만약 그때까지 타이완이 함락되지 않은 상태라면, 타이완 국민도 굴복하지 않은 상태일 것이다. 이 상황에서 외부 지원이 있다는 것을 알게 된다면, 더더욱 항복하려들지 않을 것이다.

물론 어떤 이는 적의 능력을 최대한 과대평가해야 한다고 하며, 타이완은 외부 지원을 가정하지 말아야 한다고 주장한다. 맞다. 실제로 타이완군도 방어 계획을 세울 때 외부 지원은 전제로 하지 않는다.

하지만 인민해방군의 작전 계획에는 전 세계가 절대 수수방관하지 않을 것이라서, 최대한 속전속결해야 한다는 전제가 반드시 깔려 있다. 작전 시간의 차이에 따라 전술 계획도 완전히 달라진다. 전쟁이 장기화된다는 것은 보급이 충분해야 하고, 국내 탄약 생산량도 뒷받침돼야 하며, 다양한 보급 방식까지 설계되어야 한다는 뜻이다.

단계적 점령을 추진한다면, 보통 반년 내에 먼저 평후 점령과 재정비를 마치고 그와 동시에 지속적인 해공군 전력을 투입해서 타이완 본토의 방어력을 약화시킨다. 그런 다음 남은 반년 동안 대규모 병력으로 공격을 감행한다는 구상을 세운다. 이러한 전략을 선택한다면, 타이완의 예비군 동원 상황까지 함께 고려해서 1년 내에 실질적인 무력 통일을 달성할 수 있는지 따져봐야 한다.

결론적으로 말해, 전쟁은 A 단계를 끝내면 곧바로 B 단계로 들어간다는 식의 단순한 도식으로 돌아가지 않는다. 단 승리 조건 하나를 설정하는 것만으로도 전체 작전 준비에 막대한 영향을 끼친다. 하물며 전쟁에서의 임기응변을 고려한다면, 훨씬 더 넉넉한 자원과 시간 계획이 요구된다. 그리고 인민해방군이 어떤 작전을 선택하든,

거기에는 공통으로 반드시 나타나는 작전 요소들이 있다. 다음 장에서는 이러한 요소를 하나하나 설명하고, 이에 대한 타이완의 대응도 서술할 것이다.

이 글을 통해 인민해방군도 결국 인간이며, 적을 최대한 과대평가하는 것이 타이완만의 일이 아님을 독자들이 이해하길 바란다.

마지막으로, 이 장에서는 인민해방군이 미군이나 일본 자위대에 대비해 추가로 준비해야 하는 전력에 대해서는 논하지 않기로 한다. 어디까지나 타이완이 단독으로 중국의 침공을 맞는 상황을 가정하며, 미국과 일본은 직접적인 개입 없이 정보만 제공한다고 설정했다.

어쨌든 미군이 직접 개입한다면, 중국이 무력 통일을 이룰 가능성은 제로다. 이 점은 세 번째 장에서 중국의 군사 전략과 구상을 다룰 때 자세히 설명하겠다.

12

전쟁 전 준비 단계

중국은 비록 대규모 군사력을 보유하고 있지만, 주의를 기울여야 하는 지역이 너무 많다. 최근 자주 충돌하는 인도 외에도, 동북 지역에서는 북한도 신경 써야 하고, 베트남과의 관계 역시 우호적이지 않다. 게다가 대규모 전쟁 발발 시 국내 각지에서 발생할 수 있는 혼란까지 고려하면, 전 병력을 타이완에 투입하는 것은 사실상 불가능하다. 정상적인 상황이라면, 타이완 침공에 투입될 주력 부대는 동부 전구와 남부 전구의 부대이고, 이 중 주력은 동부 전구, 그 외 지역 병력은 대부분 지원 형태로 참가할 것이다.

인민해방군의 타이완 침공에 투입 가능한 병력

이론상 타이완 침공에 투입될 육군은 동부 전구 소속 집단군이 주력이며, 총병력은 약 13만, 각종 장갑차 2000대, 화포 1000문, 그리고 헬기 200여 대다. 남부 전구는 약 9만 명의 병력을 보유하고 있지만 전체 투입은 불가능하고, 최대 절반 수준만 지원할 수 있다. 동부 전구의 병력을 주력으로 하고 그 외 지역의 지원 병력을 더하면, 타이완 침략에 동원할 수 있는 육군 병력은 20만 명 안팎이며, 장갑차 3000대, 화포 1000문 이상, 헬기는 약 400대 규모다.

해군은 분명 세 개 함대가 모두 동원될 가능성이 크다. 동부 전구가 가장 많은 함정을 보유하고 있다. 동해 함대라 불리는데 100여 척의 전력을 보유하고 있으며, 가용 상륙함은 17척, 5000톤급 이상의 미사일 구축함은 10여 척이 있다. 북해 함대는 항공모함 랴오닝호를 포함해 100여 척을 보유하고 있고, 5000톤급 구축함 10여 척, 핵잠수함, 그리고 10척이 안 되는 상륙함을 보유하고 있다. 남해 함대는 항공모함 산둥호를 포함해 역시 100여 척의 함정, 5000톤급 구축함 10여 척, 가장 많은 수의 잠수함과 상륙함을 보유하고 있다. 이 구성만 보더라도, 동해 함대는 방공과 대함 작전에 중점을 두고 있으며, 남해 함대는 상륙작전을 전문으로 하는 전력이고, 북해 함대는 중간 성격의 종합형 전력이라고 할 수 있다. 전반적으로 세 함대 간의 전력 차는 크지 않다고 할 수 있다.

공군은 전구에 따른 구분보다 전국 단위의 기지 배치를 통한 운용이 이뤄진다. 따라서 국가 전체의 균형적 운용이 핵심이다. 중국은 충분히 위협적인 최신예 전투기를 보유하고 있다. J-10은

300여 기, J-11과 수호이-27(Su-27)은 400여 기, J-16과 Su-30은 100여 기를 보유하고 있다. 그 외 실험 중인 기종은 수량이 부족하다. 항공모함의 함재기로 운용 가능한 J-15는 아직 생산 중이며, 젠훙-7(JH-7) 전폭기는 100여 기가 있지만 제공권 확보에는 역부족이다. H-6 등의 폭격기는 200기 이상 있다. 중국 전체 공군력을 타이완 공격에 몰아넣을 수는 없기 때문에, 실제로 동원 가능한 전력은 이들 전력의 절반가량일 것이다.

전쟁 준비는 기존 기지에서 이루어지는 것이 아니다. 예를 들어 인민해방군이 새로 건설한 수이먼水門 공군 기지는 타이베이에서 300킬로미터도 채 안 되는 거리에 있어, 전쟁이 발발하면 초기 억제 효과를 기대할 수 있다. 하지만 거꾸로 생각하면, 이처럼 가까운 거리는 타이완의 반격도 훨씬 더 쉽다는 뜻이다. 정상적인 군대라면, 공군을 적의 전투기나 미사일에 노출된 거리에 배치하지 않는다. 특히 고정식 유류 저장고나 탄약고는 더 위험하며, 전쟁 발발 전에 타이완에서 너무 가까운 기지는 철수하는 것이 기본이다.

인민해방군 역시 타이완이 절대 먼저 공격하지 않으리라는 가정은 하지 않는다 또한 타이완이 절대 반격하지 않으리라는 환상도 갖지 않는다. 타이완의 반격 능력을 완전히 제거하기 전까지, 육해공 전력을 섣불리 타이완의 타격 범위 내에 두는 것은 매우 어리석고 위험한 행위다.

간단히 말해서 진먼다오와 마주다오 공략을 목표로 하는 육군을 제외하고, 그 외의 상륙부대는 집결지를 저장과 광둥에 지정하지, 결코 샤먼이나 푸저우에 지정하지 않는다. 타이완해협의 기상 상황을 고려했을 때 봄여름이 가장 유리한 시기다. 이 시기에는 쿠로시오 해류의 지류를 타고 북상하는 것이 빠르다. 그래서 이상적인 집결지는 광둥성이 될 것이다. 그렇지만 저장성은 거리상 더 가까워, 해류를 거슬러 간다 해도 전체 소요 시간은 크게 차이 나지 않는다. 그런 의미에서 두 지역 모두 집결지가 될 가능성이 있다.

해군은 반드시 출항해야 한다. 그 목적은 방공망 구축에만 있지 않고, 타이완 함대를 찾아 섬멸하고, 이를 통해 제해권을 장악해 향후 상륙작전의 안정성을 확보하는 데 있다. 그런데 전체 함대가 출항한다고 했을 때 보급선이 완벽히 갖춰져 있다 하더라도, 현재 인민해방군의 해군 보급 능력으로는 전 함대가 한 달간 무정박 항해를 지속하는 것은 불가능하다. 따라서 가장 현실적인 시나리오는 다음과 같다. 북해 함대는 랴오닝호 항모가 미사일 구축함을 대동하고 미야코해협을 돌파해 태평양 진입을 시도하며, 나머지 소형 구축함들은 동해 함대에 합류해 타이완 북부의 동중국해 해역에 전개한다. 남해 함대가 타이완 동부를 포위 공격하는 작전에 참여한다면, 산둥호 항모는 바시해협을 통과해야 한다. 이를 위해서는 모든 대형 구축함과 잠수함을 동원해야 한다. 그렇지 않으면 항모 전단이 제대로 된 전투력을 갖추지 못하기 때문에 전략적 의미가 매우 낮아진다. 이러한 전개를 통해 남해 함대의 나머지 전력의 첫 번째 목표는 둥사군도東沙群島)-될 것이다. 둥사군도를 제압한 후에는 타이완 남서 해역에 배치될 가능성이 크다.

공군은 푸젠 해안 지역은 물론, 저장 남부의 공군 기지도 반드시 회피할 것이다. 타이완이 이미 F-16의 대지 공격 능력, 톈궁과 슝펑 미사일 그리고 개량형 레이팅2000 다연장포 등을 확보한 상황에서, 고가의 전투기를 해협 인근에 배치하는 것은 큰 손실 위험을 감수하는 일이다. 인민해방군은 공군의 전력 대부분을 저장, 장시, 광둥, 안후이 등 내륙의 기사일 방어망이 갖춰진 공군 기지로 재배치할 가능성이 크다.

같은 이유로 소위 '제2의 포병'인 미사일과 로켓 부대의 경우, 단거리 이동형 발사 차량을 제외한 나머지 전력은 타이완의 반격 범위를 벗어난 후방 지역으로 분산 배치할 것이다.

인민해방군의 기동과 배치를 통해
전쟁 발발 여부를 판단할 수 있다

간단히 말해, 인민해방군이 정말로 타이완을 상대로 군사 작전에 나선다면 부대 배치 양상만으로도 어느 정도 판단이 가능하다. 동부 전구의 육군이 주둔지를 떠나기 시작할 것이며, 방어부대를 제외한 공격부대는 남쪽과 북쪽으로 분산 이동할 것이고, 상륙부대가 승선할 항구 인근에서는 부지 징발이 시작되고, 간이 병영의 건설이 시작될 것이다. 혹은 가능한 한 모든 공터에 임시 막사가 설치될 것이다.

해군 소속 세 개의 함대는 모두 출항 준비에 돌입하고, 공군 또한 타이완에 인접한 전방 기지로의 연료와 탄약 수송을 눈에 띄게 중단한 채, 500킬로미터 이상 떨어진 후방 기지에 가능한 모든 물자를 축적할 것이다. 이 가운데 해군의 동태는 공격 시점을 가늠하는데 가장 유효한 지표가 된다. 이는 항공모함 루머 편에서 대략 언급했다. 중국의 항공모함이 출격할 경우, 완벽한 대공 및 대잠 전력을 유지하기 위해서 보급함도 같이 출항한다. 사실 이러한 경우에도 작전 지속 시간은 1개월을 넘기기 어렵다. 실제로는 보름도 유지하기 어려울 것이다. 따라서 만약 중국이 항공모함을 이용해 타이완 동부 해역으로 우회 협공하는 전술을 택한다면, 출항 이후 일주일 내에 본격적인 공세에 착수할 것으로 예측할 수 있다.

이렇게 전쟁 수행 의도가 분명한 부대 배치를 완비하려면 어떤 준비 작업이 필요할까?

답은 명확하다. 탄약 공장은 24시간 완전 가동에 들어가고, 전투 식량은 대량생산 후 전방으로 수송 및 저장되어야 한다. 인민해방군이 타이완을 공략한다면 육군의 병력 규모는 10만 명이 넘어야만 상륙할 수 있다. 이는 곧 타이완에서 수백 킬로미터 떨어진 육군의 임시 기지에 많은 양의 탄약과 식량 물자가 사전에 축적되기 시작함을 뜻한다. 혹자는 "인민해방군이 현지에서 보급받으면 충분하지 않겠는가?"라고 반론할 수 있으나, 이에 대해서는 뒤에서 자세히 설명하겠다.

위에 언급한 모든 준비는 타이완 본토에 대한 직접적인 공격을 전제로 한다면 준비 기간이 석 달을 초과해서는 안 된다. 타이완 측 반응이 아무리 더디고 예비군 동원 체계가 미흡하다 해도, 중국이 실제로 무력행사를 감행할 의도가 있다는 것을 알게 되면 모든 장비를 가동할 것이고, 제대한 지 수년 내외인 예비역 병력은 즉각 부대로 복귀할 것이다. 만일 중국이 전쟁을 준비하는 데 너무 오랜 시간이 걸린다면, 상륙부대가 상대하게 될 병력은 정규군과 소수의 훈련이 미숙한 예비군이 아니고, 정규군과 그에 못지않은 훈련 수준을 자랑하는 엄청난 수의 예비군이 될 것이다. 그러면 작전 난도는 단순한 배수를 넘어 엄청나게 치솟을 것이다.

만약 작전이 펑후를 우선 타격하는 방식으로 전개된다면, 준비 기간은 석 달에서 반년으로 늘어날 수 있다. 다만 이때는 전투를 수행하는 동시에 준비가 이루어질 것이다. 타이완의 포격 위험을 무릅쓰고 계속해서 펑후로 보급 물자를 수송해야 한다. 그에 따라 필요한 연료, 탄약, 증원 부대의 물량도 타이완 직공의 몇 배는 될 것이다. 인민해방군도 모든 보급 물자가 무사히 도착하고, 모든 수송선이 격침당하지 않을 것이라는 전제는 하지 않는다.

따라서 작전 준비의 양상만으로도 이것이 진짜인지 아니면 단순한 허세인지 분간할 수 있다. 수만 명의 대군을 푸젠에 집결시키고 온갖 상륙 훈련을 벌인다고 해도, 그것이 타이완 본토를 직접 겨냥한 것이라고 보기는 어렵다. 오히려 타이완 바깥 섬들을 겨냥한 것일 가능성이 더 크고, 그나마도 단순 과시용일 확률이 더 높다. 실제로 전쟁이 벌어진다면, 타이완의 미사일 사거리 안에 들어간 상륙 함대가 얼마나 생존할 수 있을지도 생각해봐야 한다.

무조건 적을 최대한 과대평가하는 습성은 버리자. 인민해방군이 죽음도 불사하는 방식을 선택할 것이라고 속단하지 말자. 죽음을 불사했다 해도 반격당하면 죽는 건 인민해방군이다. 민간인이라도 전쟁은 두려운 일인데, 그 전쟁에 직접 참여하는 사람은 더 두려울 것이다.

13

개전開戰 초기

인민해방군의 첫 번째 전술 수단은 두말할 것 없이 '탄도미사일'이다. 일정 수준 이상의 타이완 해·공군력을 선제적으로 약화시키지 않고, 정규적인 방식으로 연합 작전을 시행해서 타이완의 제해권과 제공권을 단계적으로 탈취해나가는 데에는, 각종 워게임이나 군사 시뮬레이션에 다르면, 소요 시간이 대체로 3개월을 초과한다. 중국에 어드밴티지를 주지 않는 설정에서는 6개월을 초과하는 결과도 넘쳐난다.

현재 타이완의 정상적인 동원 체계와 무기 재고량을 기준으로 판단할 때, 6개월이라는 시간은 최근 10년 내에 전역한 예비역 병력을 모두 재소집해 훈련하기에 충분한 시간이다. 타이완의 예비역 간부들이 전부 정비를 완료한 후, 인민해방군이 타이완 상륙 이전 단계의 지상 타격을 개시하는 순간이 되면, 그들이 마주할 타이완군의 병력 규모는 7 존에 상정한 15만 명 규모에서 몇 배 이상으로 늘어날 것이다.

시간을 벌기 위한 필수 수단, 미사일

인민해방군이 시간을 벌고자 한다면 탄도미사일과 순항미사일을 반드시 사용해야 하며, 임전 동원 단계에서 침공 단계까지 최대한 빠르게 전환해야 한다. 하지만 타이완 본토를 직접 공격하든, 평후를 먼저 점령하든 간에 이 과정에서의 시간은 통제하기 어렵다. 시간 통제는 왜 어려운 것일까?

1. 중국이 상륙부대를 대규모로 동원해 집결하기 시작하면, 타이완도 이에 맞춰 병력 동원에 들어갈 것이다. 그러면 상륙전은 수적 우위를 확보하기 어렵다.
2. 중국이 전투 함대를 정비하고 출항 준비를 마치면, 그 규모는 훈련이나 통상 임무를 훨씬 웃돌 것이고, 타이완 역시 그에 상응하는 준비를 할 것이다. 타이완의 특수 함대가 태평양에 진출하면, 타이완 동부를 협공하려는 인민해방군 항모 전단에 큰 위협이 될 것이다. 그리고 이 경우 탄도미사일은 항구만 타격할 수 있을 뿐, 단기간 내에 함대 결전을 벌여야 하는 타이완 함대 자체에는 피해를 주지 못하며, 상륙 함대의 안전도 보장할 수 없다.

3. 사전에 충분한 준비 없이 공군만 투입하는 방식으로 타이완을 공격하려면 최신예 전투기를 공격이 가능한 기지로 배치하고, 충분한 연료와 탄약을 준비해야 한다. 하지만 이렇게 되면 타이완 공군도 전력 동원을 마치고, 전력을 모두 작전 위치로 이동시킬 것이다. 최근 대체 활주로 이착륙 훈련에서 본 것처럼 관련 부대들도 작전에 따라 행동할 것이다. 이를 통해 공군은 가능한 범위 내에서 리스크를 최대한 분산시킬 것이고, 이는 기습을 통해 타이완의 공군 전력을 소멸하려는 중국의 시도는 더 어려워졌음을 의미한다.

바꿔 말하면, 중국이 일정 규모 이상의 부대를 동원해 기습 가능성을 지니는 전력을 갖추는 순간 타이완도 대응에 나설 것이다. 우리가 이런 상황을 체감하지 못한 이유는 그간 중국이 해협을 넘는 본격적인 총공격을 준비한 적이 없기 때문이다. 기껏해야 외도外島를 공격한 수준이었으며, 대중이 인식하지 못하는 사이에 중국이 포기할 수밖에 없을 정도로 타이완군도 대비를 철저히 했다. 이는 중국의 오판이나 우발적 충돌을 피하기 위해 미군이 항모 전단을 서태평양에 선제 배치하는 상황은 계산에 넣지 않은 것이다. 그렇게 되면 인민해방군은 도저히 못 본 척할 수 없게 된다.

어떻게 계산하더라도 중국이 해협을 넘어 타이완을 완전히 점령할 수 있는 작전 능력을 확보하려면, 남은 수단은 대량의 탄도미사일 공격뿐이다. 첫 번째 파상공세를 통해 타이완의 방공력을 최대한 약화시키고, 중국 공군이 제공권 장악과 대지 공격 임무를 수행할 수 있게 만들어줘야 한다. 이어서 이미 출항한 타이완 해군을 격멸하고, 육군의 중장비 전력에 최대한 타격을 줘야 한다. 그래야만 상륙부대가 상륙한 뒤에도 계속 전진할 능력을 확보할 수 있다.

미사일의 목적

미사일의 주요 타격 목표는 크게 세 가지로 나뉜다.

1. 군사 목표
2. 발전소와 변전소
3. 주요 교량과 도로

가장 우선되는 목표는 단연 군사 시설이다. 민간 시설을 일부러 공격해서 타이완 국민을 겁주어 항복하도록 만들겠다는 전략은 정규군이 할 수 있는 게 아니다. 이는 국제정치에 대한 도박이나 마찬가지다. 정상적인 군대라면 이런 선택을 하지 않는다. 그러면 최우선 군사 목표는 무엇일까? 비공식적인 조사 결과에 따르면 대다수는 공군 기지, 유류 저장소, 방공미사일 기지가 1차 타격 대상일 것이라고 응답했다. 이런 인식은 전혀 놀랍지 않다. 이는 대다수 타이완인이 현실적인 감각을 유지하고 있음을 보여준다. 정치적으로는 이견이 있을지라도, 중국이 타이완 주거지역에 무차별 미사일 공격을 감행하리라고 망상하는 수준은 아니라는 것이다.

하지만 1차 타격 대상은 이러한 시설들이 아닌, 사실상 반공개 상태인 '러산 레이더 기지'다.

러산 기지에는 미국의 장거리 조기경보 레이더인 '페이브 포스'가 설치돼 있으며, 설치 고도와 레이더의 크기를 감안할 때 3000킬로미터 이상 떨어진 표적을 탐지할 수 있다. 이는 곧 중국의 중·단거리 탄도미사일과 타이완을 목표로 한 모든 전투기가 이륙과 동시에 탐지 대상이 된다는 의미다. 이 밖에도 순항미사일의 위협을 감안해 기능이 향상된 레이더 시스템은 타이완해협을 감시하는 능력까지 갖췄다고 평가받고 있다. 이는 공중뿐만 아니라 해상에서도 함정이 출항하는 순간, 그 즉시 탐지할 수 있다는 것이다.

앞서 한 말을 다시 풀어보면, 현재 타이완의 상황은 중국이 타이완을 침공하려 한다면 마치 '맵핵map hack*을 켜고 게임을 하는' 것과 같은 상황이라는 뜻이다.

러산 기지의 지리적 위치와 주변 방어 체계로 볼 때, 특수부대의 침투나 제5열 세력에 의한 공격은 불가능하며, 유일한 수단은 첫 번째 공격에서 탄도미사일을 사용하는 것뿐이다. 하지만 러산 기지 주

---

* 게임 용어로, 전략 게임에서 상대의 모든 움직임이 지도에 그대로 보이는 치트키를 뜻한다.─원주

변에도 방공망이 갖춰져 있다. 이 기지의 레이더 크기와 방어 수준을 감안했을 때, 인민해방군이 이 레이더 시스템을 확실히 무력화하려면 방공망의 포화를 압도하는 수준의 밀도로 미사일 공격을 감행해야 한다. 이는 곧 최소한 100발 이상의 미사일이 필요하며, 첫 번째 공격에 투입되는 전체 미사일 중 절반 이상이 이곳에 집중되어야 한다는 뜻이다. 중국군은 계산상 최소 수량만으로 공격하는 무모한 도박은 하지 않을 것이다. 이론적으로는 CEP 수치와 패트리엇의 요격 성능을 감안하면 30여 발로 충분하다는 계산이 나온다. 하지만 이런 계산에만 의지하는 것은 너무 위험성이 크기 때문에 실전에서는 그 두 배 이상을 투입한다.

러산 기지의 임무 중 하나는 중국의 첫 번째 미사일 공격을 유도하는 것이기도 하다. 탄도미사일의 속도를 고려하면, 타이완군은 최소 5분 이상의 조기경보 시간을 확보하게 된다. 이 정도면 대기 중인 전투기들이 긴급 이륙하기에 충분하며, 중국의 1차 미사일 공격 후 뒤따라올 수 있는 인민해방군의 첫 번째 전투기 편대에 대한 대처가 가능하다.

물론 인민해방군에게 더 골치 아픈 문제는 러산 기지에 주둔하고 있는 미군일지도 모른다. 미국이 이를 명분으로 직접 개입할지는 누구도 장담할 수 없다. 만약 그렇게 된다면, 인민해방군은 전쟁 초기부터 미국을 상대해야 하는 상황이 되는 것이다. 그런데 러산 기지를 파괴하지 않고 타이완과 전쟁을 시작하는 것은 전혀 승산이 없는 자살 행위나 다름없다. 러산 기지가 해상 감시 기능까지 보유하고 있다는 것은 중국 해군이 출항하는 순간부터 감시망에 들어간다는 뜻이다. 제정신인 인민해방군 지휘관이라면 이 기지를 타격하지 않고 작전을 개시하는 일은 없을 것이다.

물론 미국이 반드시 개입할 것이라고 가정할 수는 없다. 그렇기에 중국의 첫 번째 미사일 공격은 러산 기지나 칭취안강淸泉崗 공군 기지와 같은 공군 기지가 최우선 타격 대상이 될 것이다. 그다음으로는 방공미사일 기지, 방공포 기지, 주요 정부 기관, 변전소 등이 될 것이다.

하지만 이것은 지나치게 광범위하다. 현시점에서 타이완이 보유한 방공부대와 휴대용 대공 무기 전력을 고려하면, 중국이 이를 전부 제거하는 것은 불가능하다. 중국이 보유한 모든 탄도미사일을 타이완에 쏟아부어도, 타이완의 전력을 전멸시키는 것은 불가능하다. 그 이유는 간단하다. CEP와 탄두 위력이 부족하고, 아울러 미사일 발사 후 타이완기 탐지에 성공하면, 공군이 긴급 출격해서 전력이 분산되기 때문이다. 이렇게 되면 탄도미사일로 공군 전력을 소멸하는 것은 불가능해진다.

타이완 공군이 적에 대응하기 충분할 정도로 이륙한다면, 인민해방군은 대지 공격 전력을 본격적으로 투입할 수 없게 된다. 제공권 장악을 위한 전투기는 항속거리 한계 때문에 타이완군 전투기의 몇 배에 해당되는 수량이 필요하며, 이게 가능해야 지속적인 제공 우세를 유지할 수 있다. 하지만 이는 또 다른 문제를 야기한다. 만약 탄도미사일이 지상 전력을 충분히 제압하지 못한다면 인민해방군이 쉽게 제공권을 확보할 수 있을까? 답은 분명히 '아니오'다. 타이완의 방공미사일 밀도는 매우 높아, 속도가 느린 폭격기는 물론이고 고속 전투기조차 생존 가능성이 적다.

따라서 탄도미사일로 이들 방공 및 공군 관련 시설을 먼저 제거하지 않으면 다음 단계로 넘어갈 수 없다. 그리고 여기서 맞닥뜨리는 첫 번째 난관은 바로 타이완의 패트리엇 미사일 방어망이다. 현재 타이완이 보유한 PAC-3 패트리엇 미사일 수량을 기준으로 추정해보면, 인민해방군의 1, 2차 미사일 공격 대부분은 요격될 가능성이 크다. 최소한 3차 공격 이후부터 비로소 성과가 나타나리라 예상할 수 있다.

제공권 쟁탈전

3차 공격 이후부터의 탄도미사일 공세가 시작될 즈음이면, 전투는 이미 두 시간 이상 지속되고 있을 것이다. 이 시점에서 인민해방군이 맞닥뜨릴 두 번째 과제는 바로 과연 지금 타이완해협의 제공권 확보를 위해 제공 전투기를 투입할 것인가에 대한 결정이다. 이 판단은 매우 중요하다. 제공권을 확보하려면 반드시 최신예 전투기와 최고의 조종사를 투입해야 한다. 전쟁은 게임이 아니다. 대부분의 게임 플레이어는 훈련에 오랜 시간이 걸리고 장비가 우수한 최정예 부대는 마지막까지 아끼며, 우선은 2선 부대를 보낸다. 그리고 마지막 정리를 최정예 부대에 맡기려는 경향이 있다. 하지만 현실 전쟁은 정반대다. 반드시 정예부대가 먼저 나서서 적의 주력을 최대한 격멸하고, 2선 부대가 나머지를 정리해야 아군의 피해를 줄일 수 있다.

제공권은 있고 없고의 이분법이 아니라, 여러 단계(이 부분은 뒤에서 상세히 다룬다)로 나뉜다. 중요한 것은 가장 강한 전력으로 하늘을 장악하지 않으면, 타이완 공군은 계속 타이완 상공을 지키게 되고, 이로 인해 중국 공군의 2진이 타이완 본토를 공격하는 것은 대단히 어려워진다는 점이다. 다시 강조하자면, 공중전은 게임이 아니다. 전략 게임처럼 기체 하나를 전선에 보낸다고 끝나는 일이 아니다. 공격과 미사일 발사 각도 그리고 회피 기동을 위한 공간 등 모든 것을 고려해야 한다.

만약 앞선 세 차례의 미사일 공세가 기대만큼 효과를 거두지 못해 타이완의 방공망이 여전히 건재하다면, 중국이 투입한 정예 전투기는 지상과 공중에서의 협공으로 전멸할 수도 있다. 전투기는 다시 만들면 되지만, 정예 조종사는 다시 보충하기 힘들다. 타이완해협 상공에서 격추된 조종사는 어디로 탈출할 수 있는가? 바다로 떨어지면 익사할 확률이 높고, 타이완에 착륙하면 즉시 생포될 것이다.

어느 쪽이든 전력에 상당한 손실이다. 이로부터 세 번째 문제가 발생한다. 바로 인민해방군은 어떻게 공격에 성공했는지 확인할 수 있는가다.

인공위성으로 확인할 수도 있지만, 판독에는 상당한 시간이 필요하다. 아주 명확한 피해가 아니면 즉시 성공률을 산정하는 것은 어렵다. 그렇다면 타이완에 잠입한 제5열에 의존할 수 있을까? 전쟁이 발발한 상황이 아니더라도, 타이완의 주요 부대 주변에는 육군 병력이 배치되어 있고, 제5열이 이들을 뚫고 접근하는 것은 매우 어렵다. 설령 성공해서 자료를 수집한다 해도, 인민해방군이 제5열이 수집한 정보를 전적으로 신뢰할 수 있을까? 그 정보원이 이미 체포된 상황에서 가짜 정보를 보내고 있는 것은 아닐까? 아니면 이미 타이완 측에 전향했을 가능성은 없는지 누가 장담할 수 있겠는가?

이런 이유로 타이완군의 워게임에서는 대체로 탄도미사일 공세가 끝난 이후에도 일정 수준의 반격 능력이 남아 있고, 공군 전력도 크게 약화되긴 하지만, 인민해방군이 제공권을 장악하는 데까지는 시간이 필요하다고 설정한다. 타이완군의 워게임에서도 아무리 적의 능력을 과대평가한다 해도, 인민해방군이 제공권을 확보하는 데 최소 1~2주 이상이 걸리는 것으로 시뮬레이션 된다. 따라서 일부 사람의 '전쟁이 시작되면 미사일 몇 발 떨어지고 곧바로 전투기가 날아와 제공권을 장악한다'라는 식의 주장은 허튼소리다.

인민해방군이 보유한 중·단거리 탄도미사일 수량은 약 2000발 수준으로 추정되며, 처음 세 차례의 공격에만 최소 600발 이상, 많게는 700~800발 이상이 사용된다. 그러면 남은 1000여 발은 어디에 사용될 것인가?

1. 피해 정도가 불확실한 공군 기지 → 최소 한 차례 더 공격해야 함.
2. 완전히 무력화됐는지 확인되지 않은 방공부대 → 최소 한 차례 더 공격해야 함.
3. 철저히 파괴됐는지 불확실한 레이더 기지 → 최소 한 차례 더 공격해야 함.

직설적으로 듣해, 앞선 서너 차례의 공격으로도 확실히 파괴되지 않은 목표물은 최소한 한 번씩, 100~200발 이상을 소모해서 더 타격해야 한다. 그 후에야 비로소 남은 미사일로 정부 청사, 변전소 등 주요 고정 시설에 대한 타격이 시작되겠지만, 이 시점이면 전쟁은 반나절 이상 지속된 상황이다. 정부 인사들은 이미 대피했고, 일반 시민들 또한 정전停電에 대비한 상태이기 때문에, 이 시점에서의 공격은 심리적으로 큰 충격을 주기 어렵다.

타이완의 방공 능력이 전세를 결정한다

이후 인민해방군은 더 이상 미사일을 사용하지 않을 것이다. 전량을 발사해서 타이완의 모든 군사 목표를 완전히 파괴할 수 있는지는 차치하더라도, 나중에 정식으로 상륙작전을 개시했을 때 긴급히 타격해야 할 목표가 생기면 사용해야 할 미사일은 남아 있어야 한다.

더 중요한 점은, 중국은 반드시 일정량의 미사일을 비축해야 한다는 것이다. 그게 비록 인도 등 다른 국가를 견제하기 위한 목적이 아니라 하더라도, 타이완의 잔존 전력에 대비할 필요가 있다. 전쟁이 전개될수록 타이완의 주요 방어 진지나, 정찰에 포착된 이동형 미사일 차량, 고속도로 주변에 은닉된 연료 보급 차량, 심지어 전시에 급조된 임시 유류 저장고와 탄약 저장고 등이 속속 드러날 것이다.

이러한 상황에서 전투기나 폭격기를 동원하지 않고 미사일을 사용해야 하는가? 전투기와 폭격기의 전력은 제한이 있다. 이들은 해상 상륙작전 지원에 우선 투입해야 한다. 목표물을 발견했다고 그때마다 전투기나 폭격기를 출격시키면, 타이완군의 기동차량은 전투기가 도착하기도 전에 이동해버릴 것이다. 목표물을 찾지 못한 채 허탕 치는 건 그나마 낫다. 도중에 육군의 야전 방공 무기와 마주치기라도 한다면, 저고도로 비행하는 인민해방군의 전투기에는 치명적인 위협이 된다. 결국 이런 목표물들을 효율적으로 파괴하려면 미사일이 가장 효과적인 수단이 된다. 다만 목표물이 너무 작다면, 필요한 미사일의 양은 더 늘어날 것이다. 예를 들어 휴식 중인 이동형 미사일 연대 하나를 완전히 무력화하려면 수십 발의 미사일이 필요하고, 전력을 절반 수준으로 낮추는 데에도 10발 이상은 필요하다.

즉 인민해방군은 어떤 상황에서도 탄도미사일을 1000발 이상 사용한 뒤에는 반드시 공군을 투입해야 하며, 이후를 대비해 일정 수량의 미사일은 반드시 비축해둬야 한다. 만약 이러한 미사일 공세에도 러산 기지를 제거하지 못한다면(비록 확률은 낮지만), 그다음 전투는 아예 포기해야 할 것이다. 탄도미사일 공격의 효과에 따라 향후 제공권 쟁탈이 시작될 것이다.

다음 단계의 전황은 매우 복잡해질 것이다. 타이완의 특수 기동함대는 이미 태평양 해역으로 진출해 있지만, 인민해방군의 항모 전단은 아직 수로를 통과하지 못한 상황이다. 하지만 인민해방군은 이미 수백 척의 각종 함정을 타이완 북쪽과 남쪽 해역에 전개해 방공망을 형성해놓고 타이완 공군의 공격 범위를 제한할 것이다. 이렇게 점점 범위를 좁혀나가 결국 해군이 타이완 본토로부터 수십 킬로미터 이내로 접근할 수 있도록 만들 것이다.

만약 이 단계까지 달성하지 못한 상태에서 상륙 함대를 투입한다면, 방어력이 약한 대형 상륙함들은 타이완의 대함 미사일의 훌륭한 표적이 될 것이다. 대형 상륙함의 피해가 일정 수준을 넘어서면 중국의 상륙 계획은 실패로 끝날 것이다. 왜냐하면 대형 상륙함이 중장비를 해안에 상륙시키지 못한다면, 인민해방군의 보병만을 갈아 넣어 항구를 점령해야 하기 때문이다. 그렇게 하지 못하면 타이완 육군의 반격에 대항할 방법 자체가 없다.

제해권과 제공권만 확보하면 되는 것 아니냐는 식의 주장은 하지 말자. 인민해방군의 함정은 지상 목표를 타격하기 위해 설계되지 않았으며, 공군도 전투기, 폭격기 그리고 잔여 미사일에 의존할 수밖에 없다. 지속적인 피해를 보고 있긴 하지만, 여전히 반경 능력을 유지하고 있는 타이완 공군과 이동형 미사일 발사대 외에 상륙 저지용 전차와 헬기부대에 대해서도 신경을 써야 하므로, 인민해방군의 공군 입장에서 전력 압박은 매우 크다.

따라서 어찌 됐든 공군의 투입은 반드시 탄도미사일 파상공세 직후에 이어질 수밖에 없고, 다른 대안은 존재하지 않는다. 그리고 이 시점에서 타이완이 보유한 잔존 방공 전력이 얼마나 있는지가 이후 모든 전황을 결정짓는 핵심 요소가 될 것이다.

왜 최근 2년간 군 관련 회의 후에는 각 군 병과에서 불만이 터져 나왔을까? 사실 모두 같은 생각을 하고 있다. 육·해·공군 모두 대공 공격 능력을 보유하길 원하고, 탄도미사일의 타격 대상을 분산시키길 원한다. 중국이 사용할 수 있는 미사일의 수량은 아직 유한하기 때문에, 타격해야 할 타이완의 표적이 많을수록 그만큼 안전하다. 타이완 공군의 비행기지를 타격할 경우, 집속탄을 사용해 활주로를 한동안 마비시킬 수 있다고 가정하더라도, 이미 충분한 수의 방공 차량이 지형지물과 철근콘크리트로 엄폐된 진지로 이동한 뒤이기 때문에 탄도미사일에 명중될 확률은 지극히 낮아진다.

14

제공권·제해권 확보 단계

탄도미사일 공세가 끝난 후 시작되는 제공권·제해권 쟁탈전은 각각의 단계가 긴밀하게 연결되며 매우 복잡해질 수 있다. 제공권과 제해권 쟁탈은, A가 있으면 B로 이어지고, C가 발생하면 D가 생기는 식의 단순한 공식으로 설명할 수 있는 게 아니다. 여기에 영향을 미치는 변수는 실로 셀 수 없이 많다. 다음의 그림을 통해 대략적으로 설명할 수 있다.

그림의 짙은 색의 둥근 모서리 사격형은 인민해방군을, 연한 색의 사각형은 타이완군을 가리키고, 사각형 왼쪽 상단의 표시는 군종軍種을 나타낸다. 이 그림은 인민해방군을 위협할 수 있는 타이완군의 부대가 무엇인지 보여준다. 인민해방군의 미사일 구축함을 세 가지로 나눈 것은 사정거리 때문이다. 인민해방군의 대공 미사일 사정거리는 40에서 60킬로미터 정도이며, 인민해방군이 타이완 전역을 사거리 안에 둘 수 있는 해역까지 함대를 진입시키려면 반드시

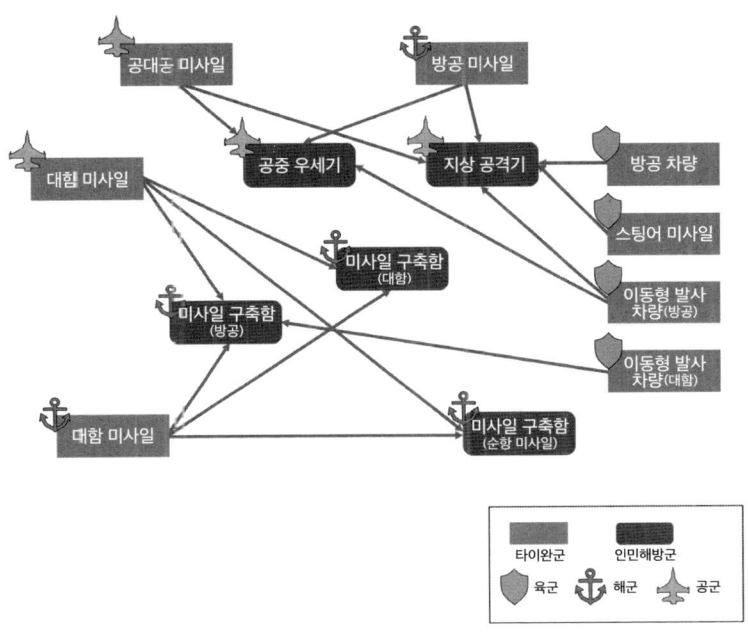

타이완 육군의 대함 미사일 사정거리 안으로 들어가야 한다. 하지만 순항미사일을 사용한다면 수백 킬로미터 밖에서도 육군의 지상 목표물을 공격할 수 있고, 이에 대해 육군은 마땅한 반격 수단이 없다. 하지만 공군은 반격할 수 있고, 해군도 위치에 따라 반격할 수 있다. 또한 제공권을 두고 벌어지는 전투에서는 전투기가 저공비행을 할 필요가 없어서, 육군의 대공포 차량이나 스팅어 미사일은 그리 위협적이지 않다. 하지만 지상 공격기는 저공비행을 해야 효과적인 작전이 가능하므로 쉽게 공격 목표가 될 수 있다.

탄도미사일 무적론자들은 미사일이 한번 휩쓸고 가면 타이완군의 모든 방공 및 대함 무기가 사라진다고 믿는다. 이는 지나친 환상이며 현실을 벗어난 생각이다. 정부의 공식 수치만 봐도, 타이완군이 보유한 위 무기들의 수량과 탄도미사일 1차 공격으로 어느 정도 피해가 발생할 수 있는지 대략적인 범위는 예측 가능하다. 분명한 점은 타이완군의 무기가 전부 파괴될 가능성은 없다는 것이다.

이외에도 공격 목표는 가치에 따라 등급이 나뉘는데, 타이완군의 방공미사일 차량이나 스팅어 미사일을 탄도미사일로 공격하는 것은 가성비가 매우 낮다. 이런 표적은 인민해방군의 해군 함정이 전장에서 탐지한 후, 순항미사일로 타격하는 편이 더 적절하다.

타이완의 대공·대함 미사일 차량은 야전 방공 배치를 포함하면 수백 대에 달한다. 이들은 고정된 목표인 레이더 기지 같은 것과 달리 크기가 매우 작다. 쉽게 말해 인민해방군의 미사일은 수량 자체가 부족하다. 미사일로 타이완의 방공·대함 시스템을 전부 제거하고, 전쟁 발발 하루도 안 되어 완전히 제압할 수 있다는 발상은 그야말로 꿈에 불과하다. 사람과 차량은 이동할 수 있기 때문에, 전쟁이 가까워지면 타이완군의 모든 차량은 언제든 출동 가능한 대기 상태에 들어간다. 중국이 100발 이상의 미사일을 발사하면 이는 전면전 개시를 의미하며, 그 즉시 타이완군의 차량은 주둔지를 떠나 진지나 지정된 위치, 강화된 방어 시설, 혹은 도심 거리로 이동해 우수한 은폐 효과를 확보하게 된다.

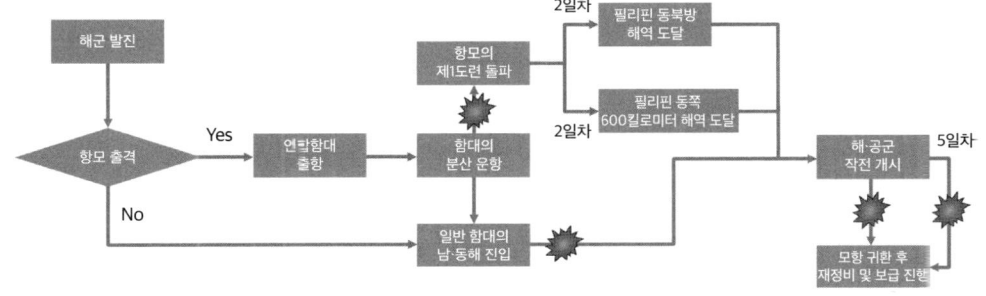

　이는 중국의 제공권 확보 과정으로, 탄도미사일 발사 전후 해군과 공군의 작전 흐름은 대체로 위 그림처럼 이루어진다. 그림에서 보듯, 탄도미사일은 해공군 작전이 시작되기 전날 밤에 발사한다. 이는 타이완군이 대규모 공격 시작점을 예측하는 게 그리 어렵지 않다는 것을 설명한다.

　그림의 폭발 표시는 인민해방군이 타이완 해공군의 공격 범위에 진입했음을 뜻한다. 전쟁이 시작됐는데도 타이완군이 그저 멀뚱멀뚱 바라만 보고 있을 리 없다.

　1, 2차 미사일 공격이 있고 30분 이상이 지났는데도 여전히 기존의 진지를 사수하고 있거나, 꼼짝 않고 가만히 있을 타이완 부대는 없다. 이른바 '기습 효과'는 애초부터 기대하기 어렵다. 공격 우선순위에 따라 인민해방군이 공군을 출격시킬 시점이 되었을 때, 타이완 육군의 방공미사일 차량은 사실상 손실이 거의 없을 가능성이 크며,

이는 더 언급할 필요도 없다. 그리고 어떤 방식으로 계산해도 8할 이상의 전력 유지가 가능하다. 타이완 해군이 태평양에 진출한 상황이라면, 인민해방군은 이를 공격할 방법이 없다. 그리고 인민해방군이 제공권을 장악하려면 반드시 타이완 주변 해역으로 진입해야 하는데, 그러면 태평양에 진출한 타이완 해군의 사정거리 안으로 들어갈 가능성이 크다.

타이완의 광범위하고 다층적인 방공망을 제압하려면 공군만으로는 불가능하며, 반드시 해군의 측면 공격이 병행되어야 한다. 공군 단독으로 공격한다면 공격 루트의 문제가 생긴다. 쉽게 말해서, 인민해방군이 전투기를 직선 경로로 날려 보내는 일은 없다. 가장 짧은 비행 거리인 직선 경로는 전투 항로가 될 수 없고, 실제 작전 반경은 공식 문서상의 수치보다 더 짧아질 수 있다. 이와 같은 이유로, 타이완 공군이 아직 전투기를 띄워 대응할 수 있는 상황이라면, 인민해방군의 전투기들이 직선 비행을 시도하는 것은 불가능하다. 대략의 개념은 다음 그림처럼 나타낼 수 있다.

스텔스 전투기가 아니라면 직선 경로로 적 상공까지 진입하는 일은 없다. 현대 전투기는 미사일 발사 각도와 회피 기동 공간을 고려해야 하므로, 사실상 직선 비행은 불가능하다. 이외에 타이완은 섬이고, 인민해방군의 공군 기지는 아무리 가까워도 타이완에서 최소 200킬로미터 이상 떨어져 있다. 전투기가 이륙한 뒤 편대를 정렬하고 목표를 향해 출발하면, 대부분 직선이 아닌 곡선 형태의 비행 경

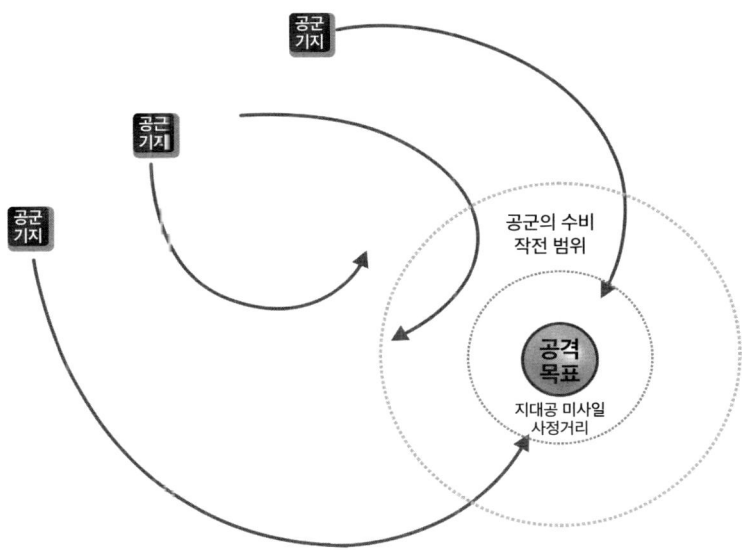

로를 취하게 된다. 최소한 타이완 방공망에 진입하기 전까지는 직선 비행을 할 수 없다. 그러나 안타깝게도 타이완의 방공망은 타이완해협 전체를 아우르고 있고, 타이완 공군이 중국의 레이더 탐지 범위를 벗어난 타이완 동쪽 후방에 숨는 것은 결코 어려운 일이 아니다. 게다가 방어 측 전투기는 기지에서 가까운 만큼, 연료 보급에 걸리는 시간이 공격 측보다 짧다.

설령 작전 가능 시간을 희생하면서 동북 또는 동남 측으로 우회한 뒤 서북 또는 서남 방향으로 공격 루트를 설정한다 해도, 타이완 해군이 태평양에 진출한 시점부터는 제공권 확보를 목표로 한 초반 전투기 편대들이 거의 확실하게 타이완 해군의 타격 범위 내에 놓인다. 관점을 바꿔서, 중국에서 출격한 공군이 먼저 타이완 해군을 섬멸하려고 타이완의 남측이나 북측 해역으로 우회하더라도, 타이완 본토의 방공망에 진입하게 되거나 타이완 전투기의 측면 공격을 받을 수 있다.

항모 전단이 직면한 한계

이전 장에서 타이완 침공 관련 군사 루머를 반박하면서 랴오닝함의 작전 시간에 대해 간단히 언급했다. 여기서는 항공모함의 작전 운용에 있어서 일반적으로 생각하는 것보다 훨씬 더 많은 제약이 존재하는 이유를 상세히 설명하고자 한다.

우선 항공모함은 전단을 구성해서 출항한다. 공식 자료에 따르면 현재 중국 해군이 보유한 두 척의 항공모함이 실제로 타이완 동쪽 해역까지 도달해 위협적인 작전을 벌이려면, 전단을 구성하는 함정의 수는 수십 척에서 많게는 100척에 육박할 가능성이 있다. 그 이유는 간단하다. 미야코해협이나 바시해협을 통과한다면 타이완군의 요격을 받게 되는데, 현재 타이완이 보유한 미사일 수량을 고려할 때 광범위한 방공망이 없다면 항모 전단은 전멸할 위험성이 매우 크다.

수십 척의 함정으로 구성된 전단의 생명선은 '보급함'이다. 중국 정부의 자료에 따르면, 전단과 동행할 수 있는 보급함은 고작 2척* 에 불과하다. 이는 내가 중국군을 깎아내리는 것이 아니라, 기본적인 '속도' 개념에 따른 것이다. 현재 중국 해군 보급함 가운데 901형 보급함만 25노트의 속도를 낼 수 있으며, 나머지 보급함은 15노트 전후에 불과하다. 만약 항모 전단이 바시해협을 통과할 때 타이완 측의 측면 공격 가능성을 줄이려 한다면, 반드시 해협 진입 전부터 최대 속력으로 항진해야 한다. 그렇게 최소 여덟 시간은 전력 질주해야 타이완군과의 교전 가능 지역에서 벗어날 수 있다.

인민해방군이 보급함을 더 많이 데리고 가려 한다면, 바시해협을 통과하는 게 열여섯 시간 이상으로 늘어나기 때문에 전략적으로 불가능하다. 결국 태평양까지 항모 전단을 따라갈 수 있는 보급함은 901형 두 척뿐이고, 이들이 실을 수 있는 중유는 2만5000~3만 톤** 으로 추정할 수 있다. 랴오닝함이 '1.5개월 동안 작전을 지속할 수 있다'고 주장하는 것도 사실상 이 보급함의 지원을 전제로 한 것이다. 실제로 러시아의 쿠즈네초프함 사례를 보면, 보일러를 전력 가동해도 고속 항해는 겨우 5일이며, 순항 속도를 기준으로 해도 2주

---

* 중국 해군에는 다양한 보급함이 있지만, 여기서 언급한 2척은 901형 보급함을 가리킨다. 901형 보급함은 만재 배수량 4만5000톤, 최대 속력 25노트로 중국의 보급함 중 가장 많은 배수량과 가장 빠른 속도를 자랑한다.

** 알려진 바로는 중유 2만5000톤, 정수 1500톤, 탄약 1800톤, 식량 400톤 및 기타 화물 250톤의 군수 능력을 갖추고 있다.

를 넘기기 어렵다. 여기에 보급함에서 1만 톤가량의 연료를 보충받아야 겨우 한 달 이상 작전을 지속할 수 있다.

더군다나 이 두 척의 보급함은 항공모함뿐만 아니라 전단 전체 수십 척의 함정을 대상으로 연료와 물자를 보급해야 하므로 전단의 작전 시간은 더 줄어든다.

다시 말해 항공모함이 고강도 작전을 지속할 수 있는 시간은 5일이고, 최대로 연장해도 10일에 불과하다. 이 시간을 넘겨서 항구로 돌아가지 않으면 작전에 큰 문제가 생길 수 있다. 일반 함대의 작전 또한 보급의 한계에 부딪힌다. 이 모든 설정은 '타이완 해군이 출항하지 않은 상황'이라는 전제하에 이뤄진 것이다. 만약 타이완 해군 함대가 출격해서 대응한다면 상황은 완전히 달라질 것이다. 거꾸로 말해서 항모 전단이 작전을 수행하면, 타이완은 항모 전단의 최대 전력 투입 시점에 최대한 근접한 예상치를 계산해낼 수 있다.

인민해방군은 여기서 딜레마에 빠진다. 항공모함의 공중 장악력을 유지하려면 호위함 수를 줄여 보급이 항모에 집중될 수 있게 해야 한다. 하지만 이는 방공망이 축소되고, 정찰 능력 역시 줄어들어 항모 전단 전체 방어력이 낮아지는 결과를 초래한다. 이렇게 되면 타이완군이 이 전단을 섬멸하는 데 필요한 전력은 훨씬 더 적어질 수 있다. 그리고 작전 지속 능력을 높이면 보급이 이를 따라가지 못한다. 그렇게 되면 작전을 개시한 지 며칠 안 돼 전단은 귀항해서 보급을 받고 다시 이 위험한 해협을 통과해야 할지, 아니면 부족한 자원을 감수하고 작전을 강행할지를 두고 전략적 판단을 내려야 한다.

항공모함을 통한 타이완의 공격은 단지 타이완만의 위기가 아니라, 인민해방군에게도 동일한 수준의 위험을 안기는 전략이다.

왜 동일한가? 타이완 해군은 장거리 대함 미사일이 있고, 함대의 방공 능력과 대잠 능력 역시 상당한 수준이다. 그래서 중국의 항모 전단이 잠수함을 이용한 전진 방어선을 구축하는 것도 그리 쉬운 일은 아니다. 이는 중국의 공격 작전이기 때문에 타이완군은 해협에서 인민해방군이 출몰할 위치를 대부분 예측할 수 있다. 인민해방군의 잠수함이 태평양으로 진입하기 전 타이완군에 탐지된다면, 그 시점에서 게임은 끝난 것이나 다름없다. 그래서 잠수함이 항공모함을 호위한다고 하기보다, 항공모함이 태평양 진입 전까지 잠수함을 호위한다고 하는 것이 현실에 더 들어맞는다.

양측의 조건은 대체로 비슷하지만 결정적인 차이점이 하나 있다. 그것은 바로 인민해방군이 태평양 해역에 진입했을 때, 태평양 해역에서 멀리 떨어진 중국 본토의 기지가 타이완 해군을 탐지할 수 있느냐는 점이다. 이는 실제로 불가능하다. 서태평양 국가 대부분은 타이완의 잠재적 군사 동맹이다. 필리핀은 말할 것도 없고, 미국과 일본이 타이완 해군의 위치 정보를 중국에 넘겨줄 리 없다. 타이완 해군은 사실상 미 제7함대의 분견대와 비슷한 위치에 있다. 미국과 일본이 그런 정보를 넘긴다는 건 스스로 발등을 찍는 격이다. 인민해방군이 미·일 등 타이완의 잠재적 군사 동맹국의 감시를 완전히 피하려고 한다면, 선택할 수 있는 항로와 작전 구역은 극히 제한될 수밖에 없다.

이것이 의미하는 바는 명확하다. 중국이 타이완 상륙작전 개시 전 해·공군 작전을 개시하려 한다면, 광역 해양 감시 능력의 부족으로 인해 심각한 불이익을 감수해야 한다. 태평양에 진입한 항모 전단은 함대 자체의 정찰 능력이나 중국산 조기경보기에 의존할 수밖에 없는데, 중국산 조기경보기는 수량도 적고 성능도 평범해서 인민해방군조차 큰 기대를 걸지 않는다.

혹자는 내가 인민해방군을 너무 얕보는 것 아니냐고 생각할지도 모르지만, 결코 그렇지 않다. 타이완은 지상의 지원을 받을 수 있고, 조기경보기의 운용 조건도 상대적으로 넓다. 육군과 공군의 방어 체계 아래서 일정 거리 바깥의 해역까지 감시할 수 있기 때문에, 사실상 타이완은 태평양 지역에서의 정찰 범위를 크게 확대할 수 있다. 하지만 인민해방군이 항공모함에 조기경보기를 운용하려 한다면, 그 수는 많아야 한두 대에 불과하다. 이러한 상황에서 한 대라도 격추되면 끝장이다. 설령 항공모함이 일정 거리 밖에서 타이완 함대를 포착하더라도, 함재기를 총동원해 타이완 해군을 궤멸시킬 수 있을까?

솔직히 말해서 불가능하다. 대함 공격기의 수가 충분하지 않다는 것도 문제지만, 더 큰 문제는 타이완 함대를 상대로 공격력을 소모해버리면 타이완 동부를 위협할 수 없게 된다는 데 있다. 설령 어느 정도 타격을 입힌다고 하더라도 아군의 피해가 전혀 없을 수 없고, 그 뒤에는 즉시 본토로 귀환해야 할 수도 있다. 귀환 중에 또한 이미 전시 상태에 들어간 타이완 주변 해역을 다시 통과해야 하며, 거의 완벽한 상태인 타이완의 공군력과 맞닥뜨려야 한다.

바다를 곳곳에 기지가 있는 육지처럼 착각하지 말자. 당신을 인민해방군 해군 함장이라고 해보자. 통신이 끊긴 상황에서 어디서 나타날지 모를 타이완 해군과 자신을 추적할 것이 확실한 타이완 공군을 경계하는 것도 모자라, 자신을 공격할지 어떨지 확실치 않은 미 제7함대와 일본 해상자위대까지 경계해야 한다. 게다가 자국 항구는 최소 1000킬로미터 이상 떨어져 있고, 전속력으로 항해해도 귀환에는 이틀이 걸린다. 그중 하루는 반드시 타이완의 공격 범위 안에 들어간다.

미사일의 사거리

이 부분에서 일반 대중에게 꽤 그럴듯하게 들리는 주장이 하나 있다. 심지어 일부 밀리터리 마니아들 사이에서는 거의 정설처럼 받아들여지곤 하는데, 이 때문에 제공권 확보 문제가 마치 초등학생 수준의 산수처럼 단순하게 다뤄지기도 한다. 그것은 미사일의 사거리에 대한 아주 직관적인 이해로 인해 "미사일 사거리가 100킬로미터라면, 적기가 100킬로미터 안으로만 들어올 경우 격추할 수 있다"는 주장이다. 이런 발상은 아마도 '턴제 전략 시뮬레이션 게임'의 영향을 강하게 받은 탓일 것이다.

현실은 이 주장과 전혀 다르다. 이제부터 이에 대해 간략히 설명할 것이다. 설명의 편의를 위해 일부 내용은 단순화했다. 이를 통해 개념이 쉽게 전달되길 바란다.

공중전과 미사일의 친구이자 적이 있는데, 그것을 '중력'이라 부른다. 이 친구 때문에 공중전에서 고도를 선점하는 것은 매우 중요하다. 타이완군의 미라주 2000, F-16, IDF 전투기는 각기 다른 고도에서 임무를 맡고 있다.

그렇다면 차이는 어디에 있는가? 이것은 미사일 발사 시의 앙각仰角 및 부각俯角*과 관련 있다. 미사일의 최대 사거리와 실제 사거리 사이에는 차이가 있으며, 그 차이는 때로 아주 클 수 있다.**

다음 페이지의 그림이 나타내는 네 가지 상황은 각각 다음과 같다.

① 전투기가 수평 방향으로 미사일을 발사하는 상황
② 적기가 더 낮은 고도에 있을 때 미사일을 부각으로 발사하는 상황

* 앙각은 위를 향해 올려다보는 각도, 부각은 아래를 향해 내려다보는 각도.
** 이하 계산은 중학교 수준의 물리화학 지식을 바탕으로 하며, 공기역학 등의 복잡한 요소는 배제했다. 이해를 편하게 하려고 수치를 단순화했지만, 실제 상황 역시 아래 계산들과 크게 차이가 나지 않는다.—원주

③ 적기가 더 높은 고도에 있을 때 미사일을 앙각으로 발사하는 상황

④ 지상의 이등형 발사 차량이 같은 발사 각도로 공중을 향해 발사하는 상황

이 네 상황 모두 같은 기종의 미사일을 사용하며, 성능 차이도 없다고 가정한다.

상황 ①은 미사일의 최대 발사 속도는 마하 2, 전투기 속도는 마하 1이라고 가정하면, 이 상태에서 발사된 미사일은 최대 마하 3까지 가속하며, 약 7킬로미터 수평 비행한다.

이 예시에서는 몇 가지 단순화된 조건을 설정했다. 바람의 영향은 받지 않고, 중력 가속도는 $10 m/s$로 가정했다. 또한 미사일 연료는 30초만 연소 가능한 양으로 설정했고, 100미터 상승할 때마다 1초 분량의 연료를 추가로 소모한다고 설정했다. 마지막으로 음속 돌파 시 발생할 수 있는 각종 문제는 고려하지 않았다. 이는 단순히 다양한 발사 방식에 따른 차이를 이해시키기 위한 목적으로 설정한 것이다.*

그렇다면 우리는 다음과 같은 사실을 확인할 수 있다. 부각으로 미사일을 발사할 경우 상승할 필요가 없기 때문에, 30초간 비행한 후 중력의 영향으로 종말 속도가 마하 3.12에 도달할 수 있다. 수평

---

* 쉽게 이해할 수 있도록 단순화한 것이니, 계산이 다소 부정확하더라도 양해를 바란다.—원주

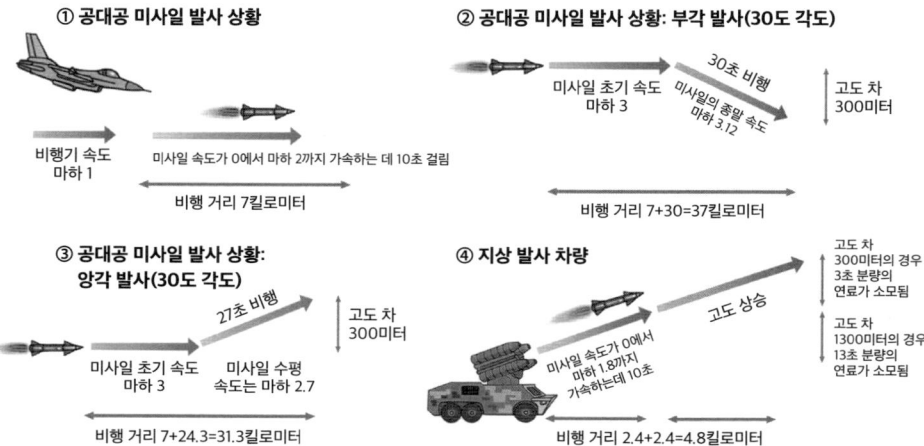

비행 거리는 37킬로미터이며, 이때 중력의 영향으로 고도는 300미터 낮아진다(상황 ②).

하지만 앙각으로 발사할 경우 동일한 고도를 확보하기 위해 비행 시간은 27초로 줄어든다. 게다가 수평 최고 속도가 마하 3이라고 해도, 상승을 위해 연료의 일부를 소비해야 해서 수평 속도는 감소한다. 대략 10퍼센트의 속도 손실이 발생해서 속도는 마하 2.7로 줄어든다. 결과적으로 수평 비행 거리는 31.7킬로미터에 불과하다(상황 ③).

분명한 것은 정면으로 마주한 두 전투기 중 더 높은 고도를 선점한 쪽이 우위에 있다는 것이다. 부각으로 발사한 미사일이 더 빠른 속도와 더 긴 사거리를 확보할 수 있고, 앙각으로 발사한 미사일은 이와 정반대 결과를 갖는다. 이동형 발사 차량에서 발사한다면 상황은 더 불리하다. 처음부터 끝까지 중력에 저항해야 하기 때문에 수평 비행 거리는 4.8킬로미터에 불과하며, 겨우 1.6킬로미터의 고도만 상승할 수 있다(상황 ④).

이는 왜 지대공 미사일이 공대공 미사일보다 크고 무거운가에 대한 이유이기도 하다. 연료가 충분하지 않으면, 가속도도 부족하고 사거리도 짧아져 공중 전투기를 위협하기 어려워진다. 물론 여기서 제시한 수치는 물리학을 단순화해 사거리 개념을 설명하기 위한 것일 뿐 실제 상황은 더 복잡하다.

그러면 전투기는 왜 고도를 선점하려는 것일까? 그 이유는 부각 발사가 더 우세하기 때문이다. 미사일이 아래를 향해 날아가면, 중력의 영향으로 음속에 가까운 속도를 낼 수 있으며, 미사일의 후연소기後燃燒器가 작동하면 초음속의 속도를 낼 수 있다. 반대로 앙각으로 발사하면 일정한 속도를 유지하기 위해서 연료를 더 많이 소비해야 한다. 그만큼 실제 사거리는 공식적으로 알려진 것보다 훨씬 더 줄어든다. 이러한 맥락에서 보면 타이완해협 전체를 아우른다고 주장하는 중국의 S-400 방공미사일도 실제로는 400킬로미터 전역이 격추 가능한 범위라고 보긴 어렵다.

방공防空미사일은 왜 '제공制空미사일'이라고 부르지 않는 것일까? '방공'이라는 표현이 수동적인 성격을 띠는 것은, 방공미사일이 우리 쪽으로 침투해오는 적기를 요격하도록 설계된 무기이기 때문이다. 적기가 정면에서 접근하는 경우 속도가 매우 빠르기 때문에, 미사일이 정면으로 날아오면 적기는 회피하기 어려워진다. 하지만 적기의 후방에서 추격 사격을 한다면 이는 마치 자동차로 다른 자동차를 쫓는 것처럼 된다. 이때 미사일의 가속력이 충분하지 않다면 오히려 따돌려질 가능성이 크다. 우리가 말하려는 바는 간단하다. 설령 중국이 타이완 전역을 사거리 안에 둔 방공미사일을 보유하고 있다 하더라도, 이것이 타이완 공군이 하늘에 떠 있을 수 없다는 의미는 아니다.

위키백과 자료에 따르면 S-400 미사일의 장거리 비행 속도는 마하 11.3에 이른다고 한다. 이를 환산하면 초속 약 3.84킬로미터다. 이 미사일이 타이완에서 200킬로미터 떨어진 푸젠성에 배치되어 있다고 가정하고, 타이완군의 전투기가 발진한 것을 포착해서 미사일을 발사했다고 하자. 가속 구간은 생략하고 전 구간 최대 속도로 비행한다고 해도 전투기까지 도달하는 데 52초가 걸린다. 이마저 전투기가 전혀 회피 기동을 하지 않는다는 가정하에서다.

미사일의 유도 체계

여기까지 읽었으면 반드시 짚고 넘어가야 할 오해가 하나 있다. 미사일은 발사했다고 해서 즉시 목표물을 명중하는 것이 아니라는 점이다. 거리만큼 시간이 소요되기 때문에 수십 초가 걸릴 수도 있다. 전투기 입장에서 100킬로미터 넘게 떨어진 곳에서 날아오는 미사일을 피할 방법은 셀 수 없이 많다. 이와 함께 미사일의 유도 방식도 짚고 넘어가야 한다. 대공 미사일은 일반적으로 '능동 유도'와 '반능동 유도' 방식으로 나뉜다. 그 개념은 다음과 같다.

A. 능동 레이더 유도 미사일
미사일 자체에 탑재된 레이더로 적기를 탐지하고, 해당 레이더의 반사파를 통해 적기를 추적하는 방식이다.
B. 반 능동 레이더 유도 미사일
전투기나 지상 레이더 차량이 쏜 신호의 반사파를 수신해서 적기를 인식하여 추적하는 방식이다.

능동 레이더 유도 미사일

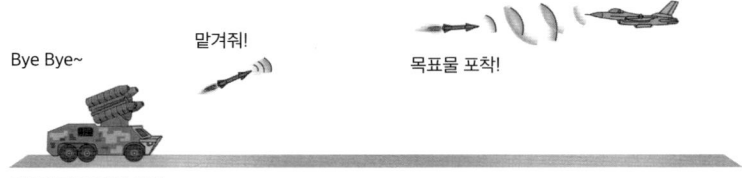

미사일과 레이더 차량

반 능동 레이더 유도 미사일

미사일과 레이더 차량

능동 레이더 유도 미사일: 레이더가 목표물(전투기)을 탐지하면,
나머지는 미사일이 알아서 목표물을 추적한다.
반 능동 레이더 유도 미사일: 반드시 지상 레이더가
목표물(전투기)을 추적하면서 신호를 쏴야 하고,
미사일은 그 신호의 반사파를 수신해서 목표물을 추적한다.

정리하면, 능동 유도 미사일은 미사일 스스로 목표물을 추적하는 방식이고, 반 능동 유도 미사일은 외부에서 제공된 정보를 바탕으로 목표물을 추적하는 방식이다. 능동 유도는 유효거리가 길지 않기 때문에 일반적인 장거리 미사일은 반 능동 유도로 유도된 후, 일정 거리 안에 도달하면 능동 유도로 전환해 목표를 추적한다. 물론 이 설명은 많은 기술적 세부 사항을 생략했다. 여기서 강조하고 싶은 것은, 미사일이 발사되었다고 해서 영화처럼 도심 골목을 휘젓고 다니며 목표물을 끝까지 추격하는 식의 능력을 갖춘 것은 절대 아니라는 점이다.

그렇다면 왜 지형이 중요한가? 아래 도식에 산 하나만 추가해보면 바로 그 이유를 알 수 있다. 능동 유도 미사일은 여전히 스스로 목표물을 탐색할 수 있지만, 반 능동 유도 미사일은 지형에 의해 신호가 차단되는데, 그때까지 미사일이 목표물을 탐지하지 못했다면 미사일은 신호가 차단되어 목표물을 상실한다. 이러한 현상을 '락온 해제'라고 부르며, 이 경우 해당 미사일은 사실상 무력화된 것이나 다름없다.

달리 말하면, 타이완이 가진 가장 큰 이점은 바로 중앙 산맥이다. 타이완군의 전투기가 멀리서 미사일이 접근하는 것을 포착한다면, 그 미사일의 대다수는 반 능동 유도 방식일 것이다. 이때 산맥 아래로 저공 비행해 지형의 엄폐를 받거나, 기체를 크게 트는 회피 기동을 통해 레이더 탐지를 벗어나면, 미사일은 일정 시간 동안 신호를 추적하지 못하지 돼 결국 '락온 해제'로 이어진다. 능동 유도 역시 상황은 비슷하다. 제공권을 장악하려면 더 높은 고도를 선점하는 것이 중요하지만, 수백 킬로미터 밖에서 날아오는 미사일은 사실 그다지 위협이 되지 않는다.

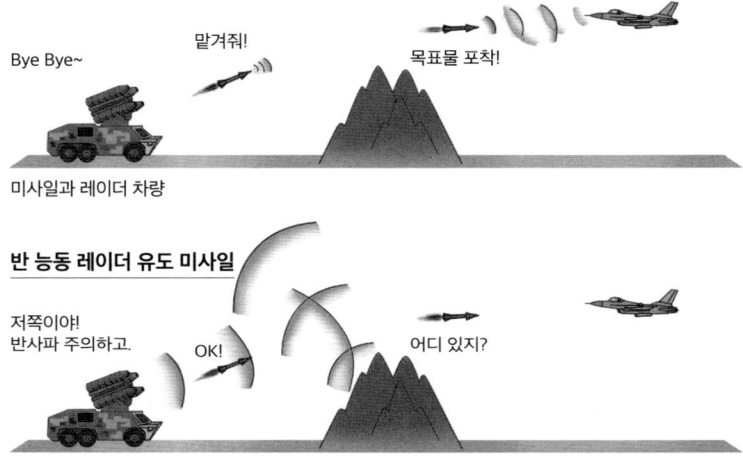

반 능동 레이더 유도 미사일: 지상 레이더의 신호가
산맥에 막히면 목표물을 일관되게 추적할 수 없고,
이로 인해 미사일은 신호의 반사파를 수신할 수 없게 되어
목표물 추적이 불가능해진다.

    실제 위협이 되는 것은 '킬존Kill Zone'*이라 불리는 구역이다. 이 구역은 타이완 공군이 중국 본토에 더 가까운 공역으로 진입했을 때 형성된다. 이때는 방공미사일이 명중하는 데까지 걸리는 시간이 짧아진다. 여기에 더해 인민해방군과의 공중전이 벌어져서 고도와 공

---

* 중국은 타이완해협, 특히 푸젠성 연안을 중심으로 반경 약 300킬로미터 내외의 A2/AD 킬존을 구축하고 있으며, 이는 인근 해역에서의 군사 훈련을 통해 확인된다.

역 확보를 위해 타이완 전투기가 의도치 않게 방공미사일의 유효 사거리 안으로 진입할 가능성이 커진다. '타이완 전투기를 소모하게 한다'라는 전략은 바로 이런 식의 공군 전술을 활용해 타이완의 전투기를 '킬존'으로 유도하는 방식이지, 무턱대고 전투기를 보내 일대일로 맞교환하는 방식이 아니다. 현대 공중전은 그렇게 단순하게 싸우지 않는다.

하지만 '킬존'은 고정된 경계선이 아니고 끊임없이 바뀐다. 이 구역은 공중에서의 우세 여부, 각각의 전투기에 따른 최적 고도, 사용되는 미사일의 사양에 따라 복잡하게 변한다. 유일하게 변하지 않는 것은 적기가 우리 영공에 가까워질수록 우리의 '킬존' 범위는 넓어진다는 것이다. 결국 공격자 입장에서 '킬존'에 노출될 위험이 더 크므로, 인민해방군이 타이완 공군보다 격추당할 확률이 훨씬 더 크다는 점은 분명한 사실이다.

그렇다면 중국이 S-400 방공미사일을 구매한 이유는 타이완해협 상공을 중국군이 마음대로 비행할 수 있는 공역으로 만들기 위해서일까? 타이완이 중국의 타이완 군 기지 공습을 우려하듯 중국도 타이완의 공습을 우려하지 않을까? 막대한 예산을 들여 고가의 전투기와 상륙함을 도입해놓고, 정작 방공망의 보호를 받지 못한 채 타이완 공군에 격파당한다면, 그것이야말로 세상에서 가장 어리석은 군사 지휘일 것이다.

인민해방군 항모 전단의 작전 구상

앞서 언급했듯이, 타이완의 지리적 위치는 단순히 공군만으로 공격을 시도한다면 거의 모든 공격 경로가 예측되는 특성이 있다. 타이완의 방공망에 대한 압박을 가중하고자 한다면, 반드시 해군도 동시에 운용해서 타이완의 대외 방어 능력을 주변으로 분산시켜야 한다. 둥사에서 바시해협에 이르는 해역 어딘가에 중국 함대가 출현할 가능성만으로도, 타이완 공군은 그 일대를 위험 공역으로 간주하거나 공격 목표를 추가 설정해야 한다. 항공모함이 태평양에 진출하는 전략도 이와 같은 맥락이다.

이 전략의 본질은 타이완의 대외 방어 능력에 압박을 주는 데 있지, 항공모함이 태평양에 진출하면 타이완 동부가 자동으로 함락된다는 것은 아니다. 중국 항공모함의 항행 능력은 10일이 안 되기 때문에 장기전을 위해서는 반드시 보급함이 동행해야만 한다. 앞서 언급했듯이, 중국 항모에 탑재 가능한 전투기 수는 공식적으로 최대 60기이며, 작전 반경과 탑재 무장량을 고려한 전체 중량을 생각했을 때 중국이 항공모함을 효과적으로 운용할 수 있는 방안은 단 두 가지뿐이다.

하나는 미군 가데나 기지의 타격 범위 안에 진입하는 것이다. 이 경우 타이완 동북 해역은 거리가 비교적 짧아서 보급함 없이도 하루 정도 더 작전을 지속할 수 있다. 다른 하나는 타이완 동남쪽이나 필리핀 동북쪽 해역으로 우회하는 것인데, 전체적인 위험은 줄어들지만, 항해 거리가 조금 더 길어지고, 함재기의 작전 반경은 축소된다. 어디에서 작전을 펼치든 함재기의 수량은 정해져 있고, 공격이 들어오는 방향만으로도 현재 항공모함의 대략적인 위치를 추정할 수 있다. 만약 타이완군이 일정 수 이상의 함재기를 격추한다면, 중국의 항공모함은 '고가치 저위험'의 표적이 된다.

더구나 시간을 따져보면, 타이완의 특수 임무 함대가 중국의 항공모함보다 더 동쪽 해역에 자리 잡고 있을 가능성이 크다. 다시 말해, 누가 누구를 협공하는지조차 불분명해진다. 이 시점에서 타이완 해군은 이미 중국 본토 공군의 타격 범위에서 완전히 이탈한 상태이며, 설령 위치가 노출된다고 하더라도 중국은 명중률이 형편없는 탄도미사일을 발사하거나, 항모 전단이 노출 위험을 감수하고 선제공격을 하는 것 외엔 다른 선택지가 없다. 하지만 이는 사정거리가 제한받을 수 있다. 항공모함 함재기의 항속거리는 길지만, 그 수량은 방공망을 돌파하기에 턱없이 부족하다. 결국 양측은 대함 미사일을 주고받는 고환비 싸움을 벌일 것이고, 단순히 쌍방의 대함 미사일 수량과 방어 체계의 우열만을 따지게 될 것이다. 가장 현실적인 시나리오는 타이완 특수 임무 함대가 전체 전력의 70퍼센트 이상을 손실하고, 중국은 항모 2척과 호위 함대 전체가 전멸당하며 소수의 잠수함만이 생존하는 상황이다. 이 시나리오는 타이완에는 참혹한 대가이긴 하나, 전략적으로는 충분히 유리한 교환이다.

요약해보면, 초반 몇 차례 투입될 중국의 첨단 공중 우세기가 맞닥뜨릴 것은 위치를 알 수 없는 타이완 해군의 방공망과 여전히 건재한 지상의 방공 미사일 망, 그리고 타이완 상공의 유리한 고도를 선점한 F-16과 미라주2000이다. 설령 조종사 손실은 무시하고 압도적인 전투기 물량으로 밀어붙인다 해도, 제공권 확보는 전혀 쉬운 일이 아니다. 그 이유는 간단하다. 타이완의 조종사는 격추되더라도 낙하산으로 탈출하면 몇 시간 안에 전투에 복귀할 수 있지만, 중국은 그렇지 못하기 때문이다. 숙련된 조종사를 한 명 잃을 때마다 중국의 전력 손실은 고스란히 누적될 것이다.

여러 차례의 전투 교환 후 타이완 공군의 가용 전투기는 100기 이하로 줄어들겠지만, 중국의 공군은 타이완 공군의 200여 대를 궤멸시키기 위해 두세 배의 피해를 감수해야 한다. 게다가 타이완이 보유한 지대공 미사일은 1000발 이상이고, 단거리에서 중거리까지 타이완 본토 주변 100킬로미터 이내 전역을 사정거리로 한다. 이는 곧, 인민해방군이 앞서 이야기한 전략을 택한다면, 공중 우세기는 전멸하고 Su-27이나 J-10 같은 구형 기체들만 남으며, 이런 상황에서는 완전한 제공권을 장악하는 게 불가능하다는 것을 의미한다.

제공권의 몇 가지 구분

여기서 '제공권' 개념을 간단히 짚고 넘어가자. 우리가 조사한 바에 따르면, 많은 사람이 '제공권을 장악한 측은 마음대로 비행할 수 있고, 원하는 대로 지상을 공격할 수 있으며, 지상군은 꼼짝없이 당한다'는 식으로 제공권을 오해하고 있었다. 하지만 최근 30년간의 크고 작은 전쟁 가운데 그런 식의 철저한 제공권 장악을 실현한 사례는 북대서양조약기구NATO의 세르비아 폭격*뿐이었다.

우리는 여기서 전문적인 구분을 논하려는 것이 아니다. 다만 독자들의 빠른 이해를 위해 일반적인 언어로 쉽게 구분해보려는 것이다. 그래야 '인민해방군이 제공권을 확보하면 타이완 육군은 살아남을 수 없다'라는 식의 루머를 손쉽게 반박할 수 있다.

단도직입적으로 말해, 제공권이란 특정 시간 동안 특정 공역에 대해 완전한 통제력을 갖는 것을 뜻한다. 하지만 통제한다고 해서 마음대로 작전할 수 있다는 뜻은 아니다. 육군은 아마 인민해방군이 제공권을 확보한 동안에는 숨어 있다가 그들이 물러나면 다시 이동하려 할 것이다. 남아 있는 공군 역시 그렇게 할 것이다. 그렇다면 완전한 제공권을 얻는 일은 왜 그렇게 어려운 것일까? 간단한 계산만 해봐도 알 수 있다. 다음과 같이 가정해보자. 인민해방군 전투기 1기

---

* NATO는 1999년 코소보 전쟁 당시 세르비아에 대한 공습에서 철저한 제공권 장악을 통해 단 한 차례의 지상군 투입 없이 78일간 정밀타격 작전을 수행했다.

의 체공 시간이 두 시간이고, 1개 편대가 4기이며, 이들이 타이완 전체 상공을 감시하며 적기의 출현을 막고, 지상 목표물을 탐색하는 공격기를 호위한다. 북부, 중부, 남부에 각각 1개 편대씩 배치한다면, 총 4기×3개 지역=12기가 동시에 작전에 투입된다. 완전한 제공권 장악이 24시간 내내 전투기가 상공에 있어야 한다는 것을 의미한다면, 두 시간마다 교체 투입이 필요하므로, 12기×(24시간÷2시간)=하루 144소티^{sortie}*라는 결괏값이 나온다.

	상대 육군	상대 공군
완전한 제공권 장악	기동성은 거의 상실하고, 엄폐 장소를 벗어나는 즉시 격파됨.	이륙 즉시 격추. 이착륙 불가능. 공군 전력은 사실상 전멸됨.
부분적 제공권 장악 —지속적 제압	일정 수준의 기동성은 유지함. 공중 공격에 반격은 가능하나 엄청난 손실 예상.	이륙의 여지는 있어 견제나 매복은 가능함. 하지만 정면 대결은 불가능함.
부분적 제공권 장악 —특정 시간대 제압	적이 제공권을 장악한 시간대에는 기동 불가능. 그렇지 않은 시간대엔 기동 가능.	적이 제공권을 장악한 시간대에는 전력 차이로 회항하거나 은폐함. 그렇지 않은 시간대에는 이륙 가능.

* 출격 횟수.

이는 전투기 손실이 전혀 없다는 가정하에서 나온 것이다. 만약 타이완이 반격 능력을 유지하고 있어 하루 평균 10퍼센트의 손실이 발생한다면, 일주일에 약 100기의 손실을 입으며, 이 제공권을 유지하려면 중국은 최소 250기 이상의 공중우세기를 확보해야 한다. 만약 전쟁 초기에 첨단 전투기와 정예 조종사의 손실이 너무 컸다면 성능이 떨어지는 기체와 경험이 부족한 조종사에게 의존해야 하므로, 완전한 제공권 확보는커녕 부분적 제공권조차 장담할 수 없게 된다.

타이완 지상에 존재하는 모든 위협 세력을 제거하는 것은 현실적으로 불가능하기 때문에 인민해방군은 항시 제공권 유지를 목표로 삼지 않을 것이다. 전쟁 초기 손실된 전투기와 정예 조종사의 전력 공백을 메우려면 더 많은 출격 횟수와 기체 수를 유지해야 하고, 그에 따른 손실 보충을 위해 예비 전력이 필요하다. 게다가 24시간 제공권 장악을 위해서는 앞서 말한 출격 횟수를 몇 배로 늘려야 한다. 그렇게 하지 못한다면, 타이완에 남은 공군이 상황을 보며 제공권 재탈환을 노릴 수 있고 그렇게 되면 인민해방군은 다시 대규모 공중공격을 감행해야 한다. 이러한 상황이라면 차라리 특정 시간대의 제공권을 유지하는 편이 낫다. 예컨대 낮 동안처럼 상대적으로 안전한 시간에 대규모 공군을 투입해서 타이완의 방공망을 억제하며 공격을 감행하는 방식이다.

이는 결국 닭이 먼저냐 달걀이 먼저냐의 문제로 귀결된다.

만약 초반 제공권 확보를 위해 너무 많은 정예 조종사와 최신예 전투기를 투입한다면 이후 제공권 유지에 더 큰 출혈을 감내해야 한다. 결국에는 2선급 전투기까지 투입하게 되면서 손실은 더 커질 것이다. 반면 작전 초기에 정예 전투기와 구형 전투기를 혼성 편대로 운용한다면, 정예 전투기의 소모는 다소 줄일 수 있으나 제공권 확보는 그만큼 늦어진다. 보통 일주일이면 충분했을 제공권 확보가 한 달이 지나도 이루어지지 못할 수 있다. 이 시점에 태평양에 전개된 항공모함이 아직 생존해 있다면, 이미 귀환했을 것이다. 그러나 제공권이 확보되지 못한 탓에 후속 작전은 여전히 시작되지 못하고 있다. 이렇게 되면 중국 내의 민심과 전쟁 의지는 급격히 떨어질 것이다.

여기까지 이야기하면서 함정과의 협동 작전 문제는 논외로 했다. 그 이유는 상황이 훨씬 더 복잡해질 수 있기 때문이다. 타이완 특수 임무 함대의 매복 가능성은 고려하지 않더라도, 인민해방군이 해군과 공군의 연합작전을 실행하는 것은 그 자체만으로도 매우 어려운 일이다. 그 이유는 다음과 같다. 타이완의 대공 방어망과 지상의 방어 시설만을 목표로 한다면, 인민해방군의 해군 함정이 쓸 수 있는 카드는 먼 거리에서 사용 가능한 순항미사일뿐이다(공식 자료에 따르면, 현재 기존의 함재 미사일을 순항미사일로 교체할 수 있는 중국의 함정은 극소수다).* 문제는 가령 이동형 발사대는 언제든 이동 가능하며, 강화 벙커로 숨는다면 파괴는 거의 불가능하다는 것이다.

요약하면, 중국이 해군을 통해 타이완 주변에 방공망을 전개하려면 해결해야 할 난제가 여럿 있다.

첫 번째 문제는 거리다. 함정의 위치가 타이완에서 너무 멀다면 타이완 전투기가 애초에 그곳까지 가지 않기 때문에, 해당 방공망은 무의미해진다. 반대로 너무 가까이 접근하면, 타이완 대함 미사일의 사거리 안으로 진입하게 된다. 그래서 타이완의 레이더 시설을 전부 무력화하지 않는 이상 타이완 연안은 고사하고, 연안에서 100킬로미터 이내 접근만으로도 미사일의 집중 공격에 격침당할 수 있다. 레이더 시설을 먼저 파괴하려고 해도, 타이완군은 이들 시설을 방공 시설과 결합했기 때문에 한 차례 미사일 공격으로 제거하는 것은 어렵고, 공격기를 통한 강습은 심각한 손실을 각오해야 한다.

두 번째 문제는 기동 차량이다. 타이완의 고정형 레이더 기지와 미사일 기지를 제거했다고 해도, 이동형 레이더 차량이나 미사일 발사 차량은 추적이 어렵다. 차량의 속도는 함정의 속도보다 훨씬 더 빠르다. 미사일에 관해서는 더 말할 것도 없다. 일단 인민해방군의 함정이 100킬로미터 이내로 접근하면, 차량에 탑재된 레이더로도 탐지할 수 있기 때문에 함정의 생존율은 마찬가지로 급감한다. 현재 타이완은 사거리 100킬로미터 이상의 차량형 대함 미사일을 300발 이상 보유하고 있다. 여기에 '슝펑 3형HF-3' 발사 차량의 생산까지

---

* Type 052D와 05E 등 중국의 최신 함정 다수는 범용 수직발사대VLS를 갖춰 순항미사일 운용이 가능하며, 해당 함정들은 이미 실전 배치되어 '극소수'라는 표현과는 거리가 있다는 주장도 있다.

계산에 넣는다면, 1년마다 100발 이상이 더 늘어날 것으로 본다. 해안 20~100킬로미터 내의 인민해방군 미사일 구축함을 격침한다고 할 때 발사에서 명중까지 '슝펑 2형'은 70초~6분 30초, '슝펑 3형'은 17초~2분이 걸린다. 인민해방군이 극도로 정밀한 미사일 요격 능력을 갖췄는지는 차치하더라도, 함정 내 승조원들의 심리적 압박은 상당할 수밖에 없다.

하지만 중국 함정을 타이완 본토에 충분히 가까이 보내지 않으면, 공군이 타이완 공중 전력을 제압하는 데 도움을 줄 수 없다. 그렇다고 너무 가까이 가면 빠르게 손실될 위험이 커진다. 인민해방군이 너무 많은 수상함 전력을 잃는다면 이는 타이완에 '해상 회랑'을 열어주는 꼴이 되고, 타이완 공군은 이 회랑을 통해 반격을 가할 수 있게 된다. 이 상황에서 중국의 상륙 함대가 공격 개시를 위해 힘들게 대기 중이라고 가정한다면, 중국의 함정이 대량 손실되었기 때문에 타이완 공군의 습격에 상륙 함대는 속수무책으로 당할 것이고, 이후 발생할 상황은 언급할 필요도 없어진다.

타이완 방공망의 부담 증가

제공권과 제해권 모두 확보하지 못한 상황에서는 상륙작전을 개시할 수 없다. 이 점 때문에 '정상적인' 워게임에서는 중국이 최소

1개월에서 3개월 이상 소모한 끝에 부분적 제공권을 확보한다고 전제한다. 왜냐하면 병력 손실을 전혀 개의치 않는 강공은 중국이라도 감당할 수 없고, 임계점을 넘는 순간 상륙작전 자체가 성립될 수 없기 때문이다. 이러한 문제를 피하려면 보수적인 전략을 취해야 한다. 예를 들어 전투마다 3~4개의 공군 중대를 투입해 타이완 전투기와 공중전을 벌이면서 전술과 교대 횟수의 우위를 통해 타이완의 공군력을 점진적으로 마모시키는 전략이다. 동시에 해군도 연안에 가까이 접근해도 위험이 크지 않고, 손실이 감당 가능한 범위라고 판단될 때까지 해협 주변의 포위망을 천천히 좁혀가며, 타이완의 지상 미사일 기지를 하나씩 타격한다.

그렇다면 타이완은 이 방공망에 부담이 증가하는 문제를 어떻게 해결해야 할까? 바로 타이완이 오랜 기간 발전시켜온 대함·대공 미사일 시스템이 해결책이다. 그 이유는 간단하다. 미사일의 사거리가 조금만 더 길어져도, 인민해방군의 해·공군이 실질적으로 작전할 수 있는 범위는 줄어들고, 공격 각도의 선택 또한 제한되기 때문이다. 미국 정보기관이 타이완에 하푼 대함 미사일 구매를 압박하는 배경도 사실상 최악의 상황에 대비하기 위한 것이다. 미국에서 정권이 교체되어 중국 항공모함의 통과를 묵인하는 사태가 벌어지더라도, 하푼 미사일을 보유하고 있으면 대부분의 문제를 해결할 수 있다. 인민해방군 입장에서 보면, 함대 방공 범위가 매우 제한적인 상황에서 방공망 밖에서 공격해오는 타이완의 대함 전투기들에 대응할 수 있는 수단은 함재기가 유일하다. 만약 함재기의 손실이 커지면, 항모 전단 전체가 궤멸할 수도 있다. 이런 이유로 60기의 함재기를 전부 출격시키는 모험은 절대 불가능하며, 최소 절반은 방어와 호위를 위한 전력으로 남겨둬야 한다. 그렇지 않으면 귀항 후 재정비하는 것조차 불가능해진다.

영화 속 상황을 현실로 착각하면 안 되고, 전쟁을 게임과 동일시하는 행동은 더더욱 해서는 안 된다. 현실에서는 공격하는 측이 수비하는 측보다 고려해야 할 문제가 더 많다. 특히나 중국은 국가 전체의 역량을 타이완에 모조리 쏟을 수 없다. 극단적인 예를 들어보자. 만약 중국이 전 병력을 동남 연해에 집중적으로 투입한 상황에서 인도가 중국의 전략적 공백을 노리고 대군을 티베트 방면으로 전개한다면, 베이징은 어떤 대응을 할 수 있을까? 이 틈을 노려 러시아가 국경을 압박하며 외교적 양보를 강요하지 않을 거라고 누가 장담할 수 있을까?

우리는 적의 능력은 최대한 과대평가해야 하고, 절대 다른 나라의 도움을 바라면 안 된다고 말한다. 하지만 우리는 또한 인민해방군이 자신의 공격력을 과신하거나 타이완군을 당나라 군대 정도로 하찮게 여기고 있다고 단정해서도 안 된다.

우리는 이런 음모론자들을 본 적이 있다. 타이완의 슝펑 미사일이나 하푼 미사일을 상대로 중국은 강력한 미사일 요격 능력을 갖췄다고 떠벌리면서, 타이완의 대함 미사일에 대한 조금이라도 긍정적인 언급은 '대함 미사일 만능론'이라고 조롱하는 부류다. 이들은 중국의 탄도미사일을 떠받드는 건 이치에 맞는 일이고, 타이완은 자신의 능력을 자랑할 수 없다고 여기며, 객관적인 사실 설명만 해도 '타이완 독립과 정권의 대외 선전'으로 치부해버린다. 그러면 사실은 무엇일까? 대함 미사일은 중소 국가들에 있어 비용 대비 효과가 매우 높은 무기 체계이며, 일정 수준의 함대 방어망을 갖추지 못했다면 전혀 대응할 수 없다. 그렇지 않다면 전 세계가 대함 미사일을 개발하고, 여기저기서 대함 미사일을 도입하는 게 부질없는 짓이란 말인가?

우리는 흔히 정치 토론 프로그램에서 전쟁 관련 이슈에 대한 다양한 분석을 접한다. 하지만 이런 프로그램들은 시청률을 의식해 자극적인 제목을 달기 일쑤이고, 출연하는 국제관계학 교수들은 대부분 무기 체계나 그 전략적 함의를 거의 이해하지 못한다. 군사 전문가라 해도 대부분 특정 분야에만 국한된 전문성을 갖고 있고, 소위 유명 논객이라는 이들도 지명도와 출연 횟수를 유지하기 위해서 방송이 원하는 대로 발언하곤 한다. 이념적 편향 때문에 중국의 대외 선전 역할을 자임하는 특정 방송사들의 발언은 더 말할 필요도 없다. 그리고 이에 대해 아무리 실제 상황을 들어 반론해도 '혐중'이나 '타이완 독립 찬성'이라는 낙인을 찍어버린다. 현실은 물리 법칙이 바뀌지 않는다는 데 있다. 시간과 공간은 현실 속에 고정되어 있으며, 이는 모두 객관적인 물리학 지식으로 검증할 수 있다.

15

상륙작전 돌입 단계

앞서 우리는 인민해방군이 승리를 원한다면, 완전한 제공권과 제해권을 확보할 때까지 기다리는 것은 불가능하다는 점을 확인했다. 여기에 더해 함정의 보급 능력과 일정 수준의 방공망 유지까지 고려한다면, 총력 출동은 절대 불가능하며, 반드시 로테이션을 위해 전력 일부는 남겨두어야 한다. 이는 공군 역시 마찬가지다.

인민해방군은 전쟁 초기 일부 시점에 한해서만 병력 손실을 감수한 강공을 통해 시간을 확보하려 할 것이다. 이렇게 하는 이유는 상륙부대가 상륙을 감행할 때 맞닥뜨릴 타이완 수비 병력의 수를 줄이기 위함이다. 하지만 이 시점에서 해군과 공군이 지속적으로 효과적인 제압 능력을 제공할 것이라는 기대는 하지 말아야 한다. 소수이지만 중장비로 무장한 타이완의 수비군을 상대로 상륙작전을 개시해야 한다. 이는 인민해방군의 해군과 공군 잔여 병력의 지속적인 투입이 없다면 상륙 자체가 불가능해질 수도 있다는 것을 의미한다. 또는 인민해방군이 수개월에 걸쳐 타이완에 대한 포위망을 서서히 좁혀가며, 타이완 육군의 중장비를 조금씩 파괴해서 상륙부대를 상대할 수비군의 화력을 약화시킬 수도 있다. 하지만 이는 타이완이 수십 개의 보병여단을 소집할 시간을 벌어줘서, 상륙부대는 화력은 약하더라도 도저히 뚫을 수 없을 만큼 압도적인 수를 자랑하는 수비병력을 상대해야 할 수도 있다.

해안 상륙과 항구 방어전

적을 최대한 과대평가해야 아군의 부족한 점을 찾아낼 수 있고, 관련 예산도 확보할 수 있는 국방부뿐만 아니라 다른 국가의 싱크탱크나 민간 단체의 워게임을 보면 하나같이 인민해방군에 보통 3개월에서 최대 6개월의 시간을 준다. 또한 상륙 가능한 총병력을 10만 명이 넘기 설정한 경우는 없다. 그 이유는 매우 간단하다. 인민해방군의 상륙함 손실을 최대한 낮게 잡아서 상륙 횟수당 80퍼센트가 생존한다 해도, 상륙함을 보낼수록 생존율은 급격히 줄어들어 3~5차례 상륙함을 보낸 이후에는 추가 병력 투입이 어려워지기 때문이다. 이러한 이유로 모든 시나리오가 공통으로 전제하는 것은 '항구 확보'다. '타이베이시를 급습해서 정치인들을 제거한다'와 같은 시나리오는 존재하지 않는다. 민주국가인 타이완은 전국적으로 민선 단체장이 포진해 있어서 국가 원수를 대체할 후보가 너무 많다.

항구를 점령한 후 재보급과 정비를 해야 하며, 주변 수십 킬로미터 범위의 방어선을 확보해야 한다. 현대 무기 체계에서 10여 킬로미터 밖 방어력이 취약한 수송선이나 개조된 상선을 격파하는 것은 어려운 일이 아니므로 충분한 방어선 확보는 필수다. 만약 파괴된 선박이 정박 중인 상태였다면, 항구를 완전히 막아 후속 병력 수송은 불가능해지고, 이미 상륙한 부대는 정말 난감해진다.

그리고 수년 전 타이완에는 14곳의 상륙 가능 해안이 있었으나, 현재는 5~8곳만 남아 있다. 해안의 콘크리트 구조물 설치 문제뿐만 아니라 해변 후방 도시 상황과 지상 진격 경로 등을 고려해서, 정규적인 상륙전을 하려면 사전에 타이완의 방어망을 충분히 처리해야 한다. 그러지 않으면 기습의 위험이 너무 크다. 타이완군의 방어망을 일정 수준으로 약화시킨 후 상륙작전을 시행할 수 있으며, 그래야만 지원부대가 상륙한 부대와 함께 항구를 공략할 수 있고, 이후 준비된 중장비도 상륙시킬 수 있다. 그러지 않으면 앞으로 도입될 M1 전차는 고사하고, 현재 보유 중인 M60 전차만으로도 경무장뿐인 인민해방군을 제압할 수 있다.

이는 또한 중국이 어떤 방식을 써서라도 수만 대군을 집결시키고 모든 해군력과 절반의 공군력을 동원해 타이완을 공격한다 해도, 타이완군이 불시에 기습당할 가능성은 없다는 것을 설명해준다. 중국이 움직이는 순간 이미 타이완군은 전군 비상경계 태세에 돌입할 것이고, 예비군도 소집 중이거나 일부는 소집이 끝난 상황일 것이다. 그래서 인민해방군이 기습이라는 방식으로 타이완군 전체를 압도하는 것은 불가능하다.

타이완 육군의 중장비에 대응할 수 있는 수단은 휴대용 대전차 로켓이나 미사일과 같은 개인 화기일 것이다. 중국 역시 이러한 무기가 없는 것은 아니다. 하지만 이러한 개인 화기로 전차를 파괴한다는 것은 쉬워 보여도 실전에서는 극도로 어렵다. 공격하는 측은 방어하는 측이 아니기 때문에, 그들이 맞닥뜨리는 것은 파괴된 건물 더미와 시멘트 구조물 사이에서 수시로 출현할 매복 병력과 주택이나 골목길에 몸을 숨긴 전차들이다. 이런 것들은 게임에서처럼 클릭 한 번으로 처리할 수 있는 게 아니다.

결국 최상의 대책은 헬기나 공군을 이용하는 것이다. 1차 상륙부대는 절대적으로 손실이 적어야 한다. 피해가 너무 크면 방어선을 구축할 수 없다. 그리고 하루도 안 돼 상륙 지점 부근의 타이완 육군이 반격을 시작할 것이다. 이렇게 되면 인민해방군의 2차 상륙은 불가능해진다. 타이완군을 우습게 봐서는 안 된다. 최소한 최근 10여 년간 양성된 신세대 장교들은 과거 황푸군관학교 세대의 보수적 장성들과는 완전히 다르며, 최일선에서 전술을 수행하는 이는 바로 이 신세대 장교들이다. 그리고 이 전쟁은 자신들의 집을 지키는 싸움이다. 인민해방군이 공격을 개시한 순간 이 장교들은 자신들의 집이 파괴되고, 친구들이 죽임을 당하는 광경을 보게 될 것이다. 이런 상황에서 장교들이 쉽게 항복할 거라는 생각은 엄청난 착각이다.

결론적으로 이런 상황에서의 정규적인 상륙작전은 시간을 다투는 일이며, 사전에 타이완군의 방어력을 충분히 약화시키는 작업이 필수다. 그러지 않으면 상륙함이 해안이나 항구에 근접하는 순간 장거리 포격을 받을 수밖에 없다. 타이완 서해안은 내륙 종심이 길지 않으며, 현대 무기 체계의 사거리는 짧지 않다. 가령 가오슝의 차이산柴山에 대기하고 있는 부대라도 언제든 항만에 상륙 중인 인민해방군에게 로켓을 퍼부을 수 있다. 평산鳳山 인근 구릉 지대에서 항구까지는 10킬로미터도 채 되지 않고, 이다義大에서도 20킬로미터밖에 안 된다. 이 범위 안에 있는 타이완군의 모든 유효 화기를 제거하는 것은 현실적으로 불가능하다.

즉 상륙부대가 안전하게 상륙한 뒤 항구를 점령하려면, 일정한 공격 거점을 확보한 다음 항구를 공략하는 전략 외에는 대안이 없고, 이러한 상황에서 기습은 불가능하다. 강공強攻을 하려면 반드시 수비 전력을 충분히 약화시키는 절차가 선행되어야 한다. 예를 들어 타이베이 항구를 목표로 삼는다면, 관두關渡의 기계화 보병여단을 가장 먼저 처리해야 한다. 전쟁이 시작되면 린커우林口 고지와 양밍산陽明山에 있는 포병부대는 병영에 머무르지 않고 진지에 들어가 있을 것이다. 이러한 진지를 효과적으로 타격하려면 상당한 시간이 필요하고, 탄도미사일은 원형공산오차CEP가 너무 낮아 사용할 수 없다(1부 1장 참조). 순항미사일 역시 산악 지형에 엄폐된 포병 진지를 정밀타격하기란 매우 어렵다. 가장 효과적인 수단은 여전히 공중에서의 정밀타격이다.

타이중과 가오슝도 마찬가지다. 이들 도시 인근에는 포병, 기계화 보병, 특임부대 등이 배치되어 있다. 이들 전력을 약화시키지 않은 채 무리하게 상륙작전을 감행하면 엄청난 피해를 볼 것이고, 이미 상륙한 부대는 실질적인 공격 능력을 상실할 가능성이 크다. 더군다나 타이완의 공중 강습 부대가 전멸하지 않은 상황이라면, 첫 상륙부대의 살아남은 몇 안 되는 전차마저 쉽게 무력화될 수 있다. 상륙부대가 공세 돌파구를 열지 못하면, 항구 인근에서 고립되고 말 것이다.

요점은 분명하다. 인민해방군이 타이완 육군의 방어 능력을 제거하거나 일정 수준 이하로 약화시키지 못한 상태에서, 해군과 공군의 화력만으로 안전한 상륙을 기대하는 것은 환상이나 다름없다. 진지 안에 있는 타이완 육군을 정밀하고 효과적으로 타격하려면 제공권이 확보되어야 하며, 안전하게 해협을 건널 수 있으려면 제해권도 반드시 확보되어야 한다.

당신이 수백 명의 병사와 소수의 전차를 보유한 인민해방군 상륙부대 소속의 소령이라고 가정해보자. 그런데 당신이 점령해야 할 목표 지점에는 당신의 부대보다 몇 배 더 많은 전차와 열 배가 넘는 방어 병력이 있고, 50킬로미터 떨어진 곳에서는 이쪽을 향해 수시로 포격하고 있는 포병과 수시로 출몰하는 공격 헬기도 있다. 게다가 도시 내 수많은 인구 중에 숨어 있을지 모를 군경 요원이나 전투 의지가 강해서 언제든 흉기를 들고 덤빌 수 있는 시민들까지 신경 써야 한다.

이런 상황에서 누가 과연 편안하고 여유롭게 작전을 수행할 수 있을까?

상륙작전의 몇 가지 선택지

이어서 우리는 왜 타이완군의 자체 워게임에서 이러한 상황을 전제로 우선 전력을 보존하면서 해군은 태평양에 진입하고, 공군은 동부로 진지를 옮기며, 서부 해안은 예비 여단이 1차 타격을 감당하는 역할을 하는지 설명하고자 한다. 이는 워게임의 목적이 최대 승률을 도출하는 것이기 때문이다. 모든 것을 숫자로 평가하는 상황에서, 중국의 탄도미사일과 공군 전력을 최대한 소모해야 하며, 그러기 위해서는 자연히 전력이 약한 부대를 우선 소진해야 한다. 그리고 타이완군이 이러한 워게임을 할 때, 대부분 전제를 서해안에서 제해권과 제공권을 상실한 상황으로 설정한다. 비록 이러한 설정은 현실적으로 거의 불가능하지만, 그렇다고 중국이 반드시 지는 시나리오의 워게임만 할 수는 없다.

다시 한번 강조하건대, 워게임은 학교 시험과 같다. 자신의 약점을 찾아내서 보완하고, 개념과 전술을 시험하는 것이지, 모의고사를 망쳤다고 대학 입시도 망했다는 의미는 아니다. 하지만 솔직히 말해서 이런 시나리오가 실전에서도 그대로 실현될 가능성은 적다. 방공 및 미사일 부대는 반드시 우선 타격 대상이며, 또한 현역 병력이 운용해야 하는 부대이지 복귀한 예비군에게 맡길 수 있는 게 아니다. 인민해방군도 바보가 아니다. 그들 역시 어디를 먼저 공격해야 하는지 알고 있다. 현실에서 후방 예비 병력이 반복적으로 타격을 입어 약화되는 상황은 대부분 진지를 전환하거나 부대를 재배치하는 중에 발생한다. 인민해방군이 해당 정보를 제대로 파악하지 못해 이들 병력을 제1선 부대로 오인해 공격하는 일은 없다.

이제 중국이 단약 상륙작전을 감행한다면 어느 해안에 상륙할 것인지 검토해보자-

1. 북부에서 가장 가능성 있는 지점은 북해안 지룽항이나 타이베이항이다.

이 지역의 지형을 고려하면, 기본적인 상륙정과 양륙함LPD, LST이 투입될 것이다. 완단萬里 일대로 상륙한 해병대는 경장갑차나 차륜형 장갑차를 활용하거나, 급하면 민간 차량까지 탈취해서라도 지룽 사이에 있는 구릉 지대를 돌파해 지룽항을 급습할 것이다. 항구 진입 장애물을 제거하기 위해 양륙함의 헬기에 특수부대를 태워서 항구나 도로상의 방어부대를 급습할 것이다.

타이베이항은 단수이淡水를 통해 상륙하거나 타오위안桃園의 루주蘆竹를 통해 상륙할 수 있다. 하지만 단수이는 강을 건너야 하고, 루주에서 린커우를 경유하는 길은 하나뿐이다. 따라서 헬기로 특수부대를 투입하는 전법을 제외하고 가능한 전법은 주브르급 공기부양정을 투입해 전차를 신속히 상륙시키거나 단수이강을 넘어 수비군의 방어 체계를 무너뜨리는 것으로, 항구를 탈취할 시간을 벌 수 있다.

2. 중부에서 가능성 있는 지점은 타이중항과 윈린雲林의 마이랴오麥寮 산업항이다.

인민해방군이 이곳을 선택할 가능성은 적다. 왜냐하면 해안 대부분이 테트라포드나 방파제로 구성되어 있고 넓은 여울이어서 진흙 때문에 상륙정 운용에 부적합하기 때문이다. 실제로 상륙이 가능한 해안은 규모가 작아서, 굳이 방법을 찾자면 헬기로 특수부대를 침투시킨 후 소규모 해병대 병력을 상륙시키는 것뿐이다.

3. 남부의 최우선 선택지는 타이난台南의 안핑항이다.

이곳은 타이완에서 드물게 대규모 상륙이 가능한 해안을 가지고 있다. 부다이布袋에서 안핑 북측 해안, 여기에 안핑항 남쪽의 황금 해안까지 복수의 상륙 지점이 있다. 이런 이유로 외국의 워게임 대부분은 이 지역을 상륙 지점으로 설정한다. 게다가 타이난은 지형이 평탄하고, 해안 부근에서 항구까지의 거리도 가깝기 때문에 전통적인 상륙 전술의 적용이 상대적으로 쉽다. 가오슝항은 전략적으로는 우수하지만, 최우선 선택지는 아니다. 그 이유는 지도를 보면 명확하게 알 수 있다. 강산岡山에서 난쯔楠梓까지의 해안은 거의 다 콘크리트 구조물로 채워져 있고, 구산鼓山은 고지대다. 가오슝항 남쪽에서 가오핑강 하구까지도 전부 콘크리트 구조물로 채워져 있다. 여기서 더 남쪽으로 가면 핑둥屛東이다. 핑둥은 상륙은 쉽지만, 주요 교량 몇 개만 파괴하면 상륙부대는 완전히 고립된다. 따라서 일반적인 작전 구상은 우선 타이난을 점령하고, 중부 제10군단과 남부 제8군단의 연계를 차단한 후 남하하면서 포위 공략하는 방식이 될 것이다.

어쨌든 항구를 점령하지 못하면 중장비를 상륙시킬 수 없고, 이는 전멸을 기다리는 것과 같다. 제2차 세계대전 당시 사용한 '멀베리 인공항Mulberry Harbour'* 같은 걸 기대하더라도, 우선 타이완 해역의 해상이 안정적이어야 하고, 타이완군의 포병 등 장거리 화력이 소멸해야 가능하다. 그렇지 않으면 포격 몇 발에 상륙 전력이 전멸하는 웃을 수 없는 상황이 벌어질 것이다.

그렇다면 왜 이란宜蘭을 상륙 지점으로 고려하지 않을까? 분명 란양蘭陽평원은 상륙에 적합하지만 그곳에서 타이베이를 위협하기는

---

* 연합군이 노르망디 상륙작전 시 신속한 보급을 위해 영국에서 제작해 상륙 해변에 설치한 조립식 이동형 항구다.

극히 어렵다. 우선 쉐산雪山 터널 파괴 같은 공병 작전은 차치하더라도, 이란에서 타이베이까지의 길은 매우 험난해서 부대의 빠른 이동이 어렵다. 무엇보다 이란에 상륙하는 인민해방군 부대는 해상과 공중의 지원이 완전히 차단될 위험이 있다. 타이완군이 공개적으로 밝히고 있지는 않지만, 워게임에서도 이런 전제를 직접적으로 설정하진 않는다. 하지만 인민해방군의 지휘관이라면 반드시 이러한 상황을 고려하지 않을 수 없다. 미군이 개입하기라도 한다면, 이란에 상륙한 부대는 구조될 기회조차 없이 괴멸당할 수 있다.

인민해방군은 타이완의 인민해방군 마니아나 통일 찬성파 군사 문외한들의 꿈같은 주장에는 전혀 신경 쓰지 않는다. 그들이 가장 신경 쓰는 것은 만에 하나 있을지 모를 미국과 일본의 개입이다. 그렇게 되면 미국이나 일본의 전투기 공습만으로도 상륙부대는 단절되어 궤멸할 것이다. 대형 항구를 손에 넣어야만 더 많은 방식으로 해상을 통한 중장비 수송을 할 수 있다. 이렇게 하지 않으면 상륙부대의 위기는 하늘을 찌를 정도로 고조될 것이다.

상륙 후의 전략

따라서 상륙부대가 전개된 이후의 작전 양상은 아래 그림에서 설명하는 두 가지 경로가 될 것이다.

만약 속도가 충분히 빠르고 공격력도 충분히 강력해서 타이완군이 대응하기 전에 항구를 탈취할 수 있다면, 항만 시설이 크게 파괴되지 않았다는 전제 아래 다음 단계는 즉시 방어 거점을 구축해서 타이완군의 역습을 저지하고, 다음 상륙부대가 항구에 도달할 때까지 항구를 사수하는 것이다.

만약 공략에 실패했다면, 항만 외곽에 공격 거점을 구축하고 항만을 향해 단계적으로 압박하며 진입하는 수밖에 없다. 이렇게 항구를 점령하면 항구는 상당한 손상을 입었을 것이고, 이에 대한 정비와 정리가 필요하다. 그리고 이와 동시에 방어 거점을 구축해서 후속 지원 병력을 수용할 준비를 해야 한다.

그렇다면 타이완 내에서 인민해방군이 노릴 수 있는 항구는 어디일까?

현재 기준으로 가장 가능성 있는 침략 경로는 크게 세 가지다.

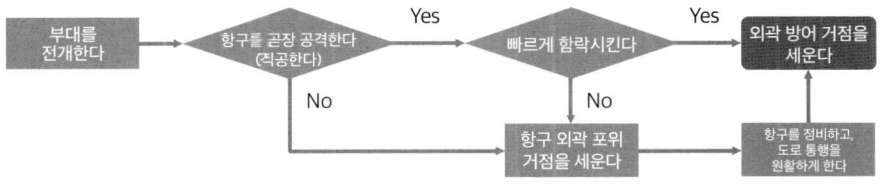

1. 전통적인 전술 '타이난 상륙'

타이난 안핑은 북측과 남측 모두 상륙에 적합해서, 대형 상륙함으로 전차를 투입하거나, 상륙정을 통해 대규모 해병대를 상륙시킬 수도 있다. 나아가 공기부양정을 이용한 기습적인 중장비 투입도 가능해서 전술적 선택지가 매우 다양하다. 그리고 상륙부대가 선택할 수 있는 진격 방식은 다음과 같다. 안핑 북쪽에 상륙해서 남쪽으로 진격해 항만을 포위하고, 남쪽에 상륙한 주력은 런더구仁德區 방면으로 직공해서 중부 제10군단과 남부 제8군단 간의 연락을 차단하는 것을 목표로 한다. 이와 동시에 얼런二仁천 상류를 넘어 아롄구阿蓮區로 진입한 후 가오슝항을 향해 우회 진격하는 전술을 시도할 수 있다. 만약 군단 간의 연락 차단 대신 곧바로 가오슝항으로 속공을 펼친다면, 주력 부대는 융안永安구 방향에서 남하해야 하는데, 이 지역은 지형이 평탄한 편이라서 소규모 전차부대가 상륙한다면 성공할 확률이 높다. 이 두 노선을 택하지 않고 가오슝시의 인구 밀집 지역을 직접 통과한다면, 속도가 느려지는 것은 둘째 치고, 방어군에게 발목이 잡히면 가오슝항은 장악 자체가 불가능해진다.

2. 차선책 '핑둥을 통한 가오슝 협공'

가오핑천 남쪽의 핑둥현屛東縣은 상륙에 적합한 해안이 다수 있어 대부대 전개와 병력 집결에 유리하다. 가오슝항과의 거리도 타이난에서보다 가깝다. 즉 둥강東港 방향으로 가는 가장 짧은 경로는 샤오강구小

港區를 가리킨다. 하지만 이 경로는 해군과 공군 모두 제해권과 제공권을 확보해야 하고, 진로 지연을 위한 타이완군의 다리 폭파를 저지해야 한다는 문제점을 가지고 있다. 상륙한 주력 정예부대가 펑둥에서 발이 묶이는 것은 공격의 창끝이 무뎌지는 것과 같아서, 비록 다른 지역에서도 상륙이 벌어진다 해도 타이완군에게는 해결하기 쉬운 목표일 뿐이다.

3. 허를 찌르는 '타이베이 직공'

타이베이를 직공하는 것은 앞서 설명했듯이, 타이베이항과 지룽항 두 곳만 선택할 수 있다. 지룽항은 지형이 험준하고 위치가 타이완 동부인데, 타이완 공군 전력이 가장 잘 보존된 곳이 또한 동부다. 즉 동쪽에서 폭격을 통해 지룽항과 그곳을 점령한 인민해방군을 공격하는 것은 상대적으로 매우 쉽다. 따라서 지룽항을 단독 선택하는 것은 위험하고, 반드시 타이베이항 공략을 동시에 진행해 타이완군 수비에 압박을 가해야 한다.

타이베이항을 공략하려면 주브르급 공기부양정을 전량 투입하지 않고는 성공할 수 없다. 타오위안의 루주를 통해 상륙하면 해안이 좁아 병력 전개가 어렵다. 따라서 소규모 부대만 투입해 린커우 해안을 따라 바리八里로 진격하는 것 말고 다른 방법이 없다. 그리고 단수이 지역의 사룬沙崙 해변으로 상륙하면 병력을 더 많이 투입할 수 있지만, 단수이강을 건너는 것은 관인산觀音山에 있는 수비군 때문에 매우 위험하다. 보병이 단순 상륙정만으로 도하작전을 수행하는 것은 불가능에 가깝다. 즉 공기부양정을 희생해서라도 대규모 병력이 한 번에 강을 건너는 것 말고는 다른 방법이 없다. 그러면 관두대교關渡大橋를 통해 병력을 이동하는 건 어떨까? 정말로 이 상황까지 왔다면, 차라리 타이베이 시내로 돌진하는 편이 더 나을 것이다. 관두대교를 통해서 바리에 있는 타이베이항까지 가는 건 너무 멀리 돌아가는 것이다. 이제까지 언급한 모든 경로에서는 부근의 포병 진지를 전혀 고려하지 않았다. 정상적인 상황이라면 이들 부대를 먼저 제압하지 않고서는 작전이 성공할 가능성은 거의 없다.

상륙작전에 투입될 병력은 얼마나 될까? 많아야 수천 명 수준이고, 1만 명은 넘지 않는다. 하지만 이 병력은 전원 인민해방군의 정예부대로 구성된다. 이 인원수는 중국이 현재 보유한 대형·소형 상륙함과 각종 상륙정, 그리고 병력 수송이 가능한 헬기 전력을 기반으로 산출한 최대치다. 게다가 상륙 지점 해변의 크기, 해안 외곽의 수심, 해류 등 수문 조건에 따라 실제 투입 가능한 병력에는 차이가 생겨난다. 예를 들어 핑둥의 해변은 매우 넓어서 한 시간에 수천 명 단위의 병력을 상륙시킬 수 있지만, 완리 해변과 같이 좁은 곳에서는 200명조차 상륙하기 어렵다.

상륙부대는 상륙 후 해변에 줄지어 늘어서 있으면 안 되고, 상륙 지점을 벗어나 즉시 주변에 방어 거점으로 삼을 만한 진지를 확보해야 한다. 만약 해변의 부대가 포위를 돌파하지 못하고 해변에 고립된다면, 그 뒤로 투입되는 병력은 고기 분쇄기 속으로 들어가는 고깃덩어리 신세가 될 것이다. 전선의 지휘관은 1차, 2차 상륙부대가 뚜렷한 전과를 내지 못하면 철수 여부를 스스로 판단해야 한다. 만약 전과도 없고 지원도 효과를 보지 못한다면, 3·4·5·6차 상륙도 똑같은 결과를 낼 것이기 때문이다. 제2차 세계대전 당시 노르망디 상륙작전의 오마하 해변이 대표적인 사례다. 그곳에서 독일군의 방어선이 조금만 더 견고했다면, 연합군은 해변에 발이 묶여 비참한 최후를 맞았을 것이다. 전체 노르망디 상륙이 순조로웠고, 다른 4개 해변에서 상륙에 성공했기 때문에 오마하 해변도 점령할 수 있었다. 만약 인민해방군이 핑둥 세 개 해변에서의 상륙작전이 모두 순조롭지 못하다고 판단한다면, 지속적인 병력 투입은 전혀 의미가 없다. 오직 일부 해변에서 타이완군의 상황이 불리한 경우여야만 지속적인 증원이 가능하다.

완티 지역의 상황을 가지고 이야기해보자. 만약 인민해방군이 해변 후방의 구릉 지대 수비군을 제압하지 못한다면, 1차로 상륙한 병력은 수백 명의 사상자를 낼 수 있고 그러면 기룽항 확보는 불가능해진다. 이 시점에서는 더 이상 불필요한 병력 손실이 없도록 해야 한다. 특히 정예 특수부대와 수송용 헬기 전력과 같은 귀중한 자산은 절대 잃어서는 안 된다. 결국 상륙 첫날 반드시 항구를 점령해야 한다. 그러지 않으면 타이완군은 전선 포위를 위해 후방 예비 병력을 도보 이동만으로도 지속적으로 투입할 수 있기 때문에 상륙부대의 상황은 급속도로 비참해질 것이다.

설령 중국이 다양한 외교 수단과 정보 차단 전략 등을 동원하더라도, 항구 확보에 필요한 상륙부대는 많아봤자 수천에서 1만 명 내외의 정예 병력이다. 이들 병력은 상륙 하루 만에 타이완의 1개 군단, 수만 명 규모의 포위 공격에 직면할 것이다. 상륙 후 3일이 지나면 근처 가장 가까운 예비 병력 중 수천 명의 병력이 도보 이동만으로 항구 주변에 도착해서 도로를 막아설 것이다. 7일이 지나면 경무장한 예비군을 수만 명 수준으로 증원할 수 있다. 1개월 이상 경과한다면 공식적으로는 아직 병역의 의무가 종료되지 않은 수십만 명까지 전원 무장이 완료될 수 있다.

보급의 어려움

앞서 말한 상황은 기습이 성공했을 경우를 전제로 한 것이다. 하지만 타이완군이 전력을 효과적으로 보존한 것을 전제로 한 정상적인 전술 시나리오를 상정하면 상황은 완전히 달라진다. 이때 인민해방군의 상륙부대가 맞닥뜨릴 일선 전력은 장갑부대나 기계화 보병 등이 될 것이다. 설령 항구에 진입한다 해도 항구 운용은 불가능할 것이다. 만약 타이완군의 중장비 부대가 엄청난 피해를 입어 전력 보존 전략이 실패한 상황이라면, 상륙부대가 상대할 전력은 피해가 적은 예비 부대로 편성된 경무장 병력이다. 상륙부대의 전력이 상대적으로 높다 해도, 항구 주변에서 병력이 계속해서 소모될 것이다.

현지에서 탄약을 조달하겠다는 환상은 갖지 말자. 인민해방군의 무기 체계는 타이완군의 것과 달라 호환되지 않는다. 기껏해야 전사한 타이완군 병사의 소총을 주워 쓰는 수준일 것이고, 그마저 맞는 총탄을 구하기는 어려울 것이다. 더군다나 수량 자체가 제한적인 개인 휴대용 대전차 무기는 한번 쓰면 재보급이 불가능하다.

이외에도 상륙 초기 며칠간 인민해방군은 또 하나의 치명적인 위험을 안고 작전에 임해야 한다. 바로 해상에 있는 상륙함이 즉시 퇴각하지 못하고, 계속해서 탄약과 식량 등 보급 물자를 수송해야 한다는 것이다. 물론 초반 작전이 매우 순조로워서 임시 보급 거점을 세우고 필요 물품을 모두 하역한 후, 선박을 돌려 2차 병력을 수송하는 것이 가능할 수도 있다. 하지만 이러한 전술은 속도를 우선하는 기습이 아니라, 점진적으로 압박을 가하는 전술이다. 기습이 목표인 부대는 병참 시설을 건설할 시간이 없다. 따라서 후방 보급품 조달은 헬기나 상륙 거점의 수송 차량으로 무한 왕복하는 수밖에 없다.

누군가는 의문을 가질 수 있다. "식량은 현지 조달하면 되는데, 왜 그걸 굳이 보급하지?"

전쟁이 시작되면 평소 경험으로는 전혀 예측할 수 없는 완전히 다른 환경이 된다. 아마도 타이완은 곳곳에 편의점과 마트가 있으니 얼마든지 먹을 것을 약탈할 수 있다고 생각하겠지만, 현실은 전혀 그렇지 않다. 마트의 재고 보유량은 일반적으로 7일분이며, 신선식품은 3일이 되지 않는다. 이조차 타이완의 피땀 어린 물류 시스템이 쉬지 않고 돌아가기 때문이다. 그리고 마트 하나의 재고로 그 많은 병사에게 며칠이나 음식을 제공할 수 있을까?

예를 들면 타이베이시 제야의 밤 행사 당일, 시청 근처의 마트에서는 한 시간에 수천 건의 거래가 발생한다. 이를 위해 엄청난 물량을 비축해놓는다. 하지만 이것이 평상시에도 가능할까? 하물며 전쟁이 발발한 상황에서는 마트의 물류도 정상적인 운용이 불가능해질 것이다. 예비 부대와 민방위가 일반 민중에게 배급 임무를 담당하고, 대부분의 마트는 주변 주민들의 배급 창구 역할을 맡을 것이다. 비축 물자 창고는 마트 옆에 설치되지 않을 것이다.

만약 인민해방군이 지룽항 같은 곳을 기습하는 상황이라면, 그들이 할 수 있는 일은 문이 열려 있는 상점을 약탈하거나, 마트의 문을 폭파하고 들어가 먹을 것을 몇 개 집어 나오는 것 정도다. 하지만 항구가 공격받는 순간 그 지역으로의 물류는 즉시 중단되므로 당시 남아 있는 물자만이 사용할 수 있는 것의 전부다. 인민해방군이 민간 거주 구역에 진입해 가구 단위로 약탈하는 행위는 점령이 끝난 후에야 가능하고, 치열한 전투 중에는 전혀 그럴 여유가 없다.

만약 우리가 방어 계획을 수립하는 입장이라면 마트도 전시 통제

대상에 포함해야 한다. 일단 전쟁이 시작되면 보유하고 있던 재고 물량은 정부가 주도하는 보급 체계로 이관해야 한다. 그런 다음 마트 직원들을 다음과 같이 훈련한다. 자신이 속한 도시나 항구가 공격 지역으로 지정되면, 즉시 매장 내 식량과 식수를 주변 주거 건물로 옮긴 후 주민에게 배급하도록 한다. 이렇게 하는 것이 물자를 현장 폐기하는 것보다 훨씬 더 빠르고 효과적인 대응이다.

지금까지 세상에 밝혀진 자료와 다년간의 훈련 기록 그리고 예비 계획 중 제한적으로 공개된 내용을 토대로 보면, 1만 명에도 못 미치는 경무장 인민해방군이 상륙을 강행할 수 있는 유일한 방법은 071형 대형 상륙함을 이용해 병력과 약간의 전차를 상륙시키고, 동시에 헬기를 운용할 수 있는 075형 상륙함을 동원하는 것이다. 하지만 아무리 건조 속도를 올린다고 하더라도, 향후 수년 내에 075형 상륙함의 보유량이 두 자릿수를 넘기기는 어렵다. 기존의 구형 상륙함까지 포함해서 병력을 수송해도, 상륙 가능한 총병력은 3000명에서 5000명 수준이고, 주력 전차는 많아야 20~40대, 헬기 전력은 100여 대가 전부다. 이러한 전략 구성은 중장비를 너무 많이 탑재하면 병력을 수송할 공간이 부족하고, 병력 수송 공간을 늘리면 돌파력 확보가 어렵기 때문이다. 여기에 탄약 보급까지 고려하면, 상륙이 끝나고 회항까지 최소 여덟 시간 이상이 소요된다.

따라서 타이완 북부 지역에서는 M1 전차로 전력을 교체할 예정이고, 공군도 항구와 인근 함정에 대한 공격 훈련을 진행한 적이 있으며, 공수부대는 단거리 기습작전에 대한 훈련을 마친 상황이다. 육군은 '스팅어' 미사일을 구매할 예정인데, 스팅어 한 발이면 헬기 한 대를 격추할 수 있다. 중부와 남부에는 방공망이나 공수부대 전력이 북부만큼 있진 않지만, 타이중, 타이난, 가오슝항 인근 고지대에는 포병이 배치되어 있다. 이외에도 일명 '모래 자갈 덤프트럭' 전술이 있는데, 이는 인민해방군의 항구 기습작전을 지연시키기 위한 전술로, 얼핏 우스워 보일 수 있지만 인민해방군 입장에서는 심각한 골칫거리다.

모든 전장을 내려다보는 전지적 시점이 아닌 일선의 병사나 지휘관의 시점에서 생각해보자. 상륙에 성공한 인민해방군의 최우선 목표는 20킬로미터 떨어진 지룽항이다. 탈취한 민간 차량으로 북해안을 질주해서 기룽 외곽에 도착했는데, 대형 모래 자갈 트럭들이 도로에 전복되어 도로가 온통 모래, 자갈, 시멘트 덩어리 천지라고 해보자. 이 광경을 마주한 인민해방군은 아연실색할 게 분명하다. 남은 10여 킬로미터를 병사들이 두 발로 뛰어가서 공격해야 하는 지룽항에서는 타이완군이 이미 기관총과 소형 화포로 방어선을 증강 중일 것이다. 이건 인민해방군에게 그야말로 악몽 그 자체다. 이에 더해 두 시간만 더 늦어지면, 후방 차단을 위한 공수부대가 도착할 것이다.

사실 타이완군의 현장 조직은 대다수 일반인보다 상상력이 뛰어나다. 실제로 많은 이가 이러한 전술에 관해 연구하고 테스트까지 진행했다. 예를 들어 소형 화물차에 중기관총이나 박격포를 장착하는 식의 게릴라 전술을 개발하기도 했다. 이러한 전술이 웃기고, 궁지에 몰린 군대의 최후 수단처럼 보일 수 있지만, 이는 주변 자원을 최대한 활용하는 기민한 전술이다. 대형 트럭 위에 철판 몇 장만 용접해 붙이기만 해도 이동형 기관총 차량이 될 수 있고, 그 자체로 시가지에 진입한 인민해방군에게 전멸에 가까운 타격을 줄 수 있다.

결론적으로 이 단계에서 인민해방군이 투입 가능한 병력은 전혀 많지 않으며, 대형 항구를 확보하지 못하면 작전은 완전히 실패한다.

16

최종 단계:
교두보 구축 후
정부·군 핵심 지역으로의 진격

이제 다음과 같이 가정해보자. 인민해방군이 드디어 항구 점령에 성공했고 이로써 육군을 수송할 체계를 구축했다고 해보자. 그러면 다음 단계에서는 무엇을 해야 하고, 어떤 전술을 사용해야 할까? 그리고 어떤 난관이 기다리고 있을까?

상륙작전 성공 후의 공격 방식

이제 앞서 다룬 여러 분석과 가정은 잠시 접어두도록 하자. 대신 워게임에서 자주 등장하는 상황을 가지고 인민해방군이 상륙에 성공했다면 양측의 전력이 대략 어떨 것인지 가늠해보려 한다. 왜 이런 방식으로 접근하는 것일까? 정상적인 상황에서는 대체로 상륙작전 초반에 가용할 수 있는 선박 대다수가 파괴되거나 손실되었을 가능성이 크기 때문에, 인민해방군이 항구를 점령하고 수천수만 명 규모의 병력을 후속 투입하는 단계에 도달하는 것 자체가 지극히 어렵다. 그래서 워게임에서는 외부 군사 개입 없이, 타이완이 독자적으로 중국과 1년간 대치한다는 전제하에 인민해방군이 선택할 수 있는 통상적인 전략으로 다음 두 가지를 꼽는다.

1. 속전속결을 목표로 한 '타이완 본섬 직공'
2. '선先평후, 후後타이완 본섬'

첫 번째 전략을 선택한다면 최우선 목표는 타이베이항이 된다. 이 전략의 핵심 논리는 희생을 감수한 강습을 통해 다수의 부대를 타이완 북부에 억지로 상륙시킨 뒤, 타이완군 포병과 장갑부대의 맹렬한 공격을 피하기 위해 최대한 빠르게 인구 밀집 지역에 진입하는 것에 있다. 바꿔 말해 조기에 시가전에 돌입해서 타이완의 중장비 운용 범위를 제한하고, 민간인 피해와 상륙전으로 인한 심리적 충격을 이용해 타이완 정부에 압력을 가하는 방식이다.

하지만 이 전략은 지나치게 무모하다. 강습을 통해 효과적인 부대 상륙은 가능하겠지만, 인민해방군의 정예 전투기 대부분은 소실되는 반면, 타이완 공군 전력은 최소한 절반 이상 살아남을 것이다. 해군 전력의 격차는 더 클 수 있다. 상륙 지원을 위해 해안에 가까이 접근한 인민해방군의 함대는 막대한 피해를 보겠지만, 타이완 해군은 전혀 피해를 보지 않은 상태에서 출격할 수 있다.

이러한 피해와 맞바꾼 상륙부대의 규모는 1만 명 내외의 병력과 소량의 전차가 전부다. 타이베이항을 점령한 후에는 운송선이나 징발된 민간 상선에 의지해 후속 병력을 투입해야 한다. 이때 타이밍 계산을 아주 정밀하게 해야 한다. 항구를 점령한 후에야 수송 선단이 출발해서는 안 되고, 반드시 정확한 시간 안배에 따라 해상에서 대기하고 있어야 한다. 그러지 않으면 속도가 느린 대형 선박이 중국 본토에서 출항해 도착할 때까지 1만 명도 안 되는 이 병력으로 꼬박 하루 동안 항구를 지켜내야 한다.

타이베이항의 지형을 감안할 때 1만의 정예 병력은 관인산 위에 있는 수비군을 상대하기 위해 산을 기어 올라가야 하며, 병력을 나눠서 린커우와 양밍산의 포병 진지도 공략해야 한다. 그렇게 하지 않으면 지형적 이점을 얻지 못해서 항구를 지킬 수 없고, 수송선은 더 손쉽게 격침당할 것이다. 지금 언급한 거점들을 확보하지 못하면 후속 병력 투입은 불가능하며, 작전은 실패할 것이다. 타이베이시로 인민해방군이 진입해서 타이완군 전력을 소모하는 전략 역시 불가능해진다.

차선의 목표는 타이난의 안핑항이다. 이때도 똑같이 희생을 감수한 강습으로 항구를 점령한 뒤, 대규모 병력을 투입해 타이완 남부를 압박하는 전략을 사용한다. 이곳 지형은 평지여서 병력 전개가 쉽다는 것이 장점이지만, 타이완군 역시 동일한 이점을 활용할 수 있다. 더욱이 타이베이와 가오슝이라는 정치경제 중심지가 건재한 상황에서, 이러한 남부 지역 공략이 만들어낼 정치적 압박은 상대적으로 낮다.

이러한 속전속결 전략은 인민해방군에게 엄청난 손실을 안겨줄 가능성이 크다. 예를 들어 한 척의 대형 선박에 1000명의 병력을 수송할 수 있다고 가정한다면, 중국이 이만한 수의 선박을 징발할 수 있을까? 게다가 타이완의 공군과 포병 전력이 건재한 상황에서 상륙 병력을 싣고 항구로 들어오는 비무장 수송 선박은 매번 일정 비율 이상 격침을 당할 것이다. 등비급수로 계산했을 때 중국 전역에서 병력, 전차, 탄약 등 보급 물자를 수송할 수 있는 선박을 총동원하면 매번 30~40퍼센트의 손실이 발생해 최종적으로 타이완에 도달할 수 있는 후속 병력은 2만 명을 넘기기가 어렵다.

결론적으로 이러한 강습을 통한 타이완 본섬 공략은 정치적 압력을 그 목표로 한다. 소규모 병력만으로 타이완 전역을 점령하는 것은 현실적으로 불가능하며, 타이완의 정치 지도층과 국민 여론이 극도로 전쟁을 두려워하는 상황이라야만 성공을 기대할 수 있다.

두 번째 전략은 먼저 펑후를 점령한 뒤 타이난 안핑항을 확보하고, 다시 남진해서 가오슝항을 점령한 후 이 두 항구를 통해 육군 병력이 상륙하는 것이다. 이 전략은 1년을 작전 기간으로 삼는데, 이는 여러 워게임에서 자주 볼 수 있다. 이유는 간단하다. 타이완해협에서 상륙작전을 펼칠 수 있는 기간은 두세 달에 불과하지만, 중간 기

착지가 있다면 해상 조건이 다소 불리하더라도 어느 정도 상륙은 가능하기 때문이다. 하지만 중간 기착지 없이 중국 본토에서 타이완으로 직공하는 것은 매우 어렵다. 이 전략의 장점은 선택할 수 있는 상륙 기간이 비교적 늘어나며, 펑후에서 출발하면 타이완 중남부 지역이 상륙의 위협을 받는다. 게다가 타이완의 남부와 북부를 절단할 수 있어서, 지역을 분할한 후 순차적으로 제압하는 전형적인 각개격파 전술을 사용할 수 있다.

하지만 이 전략 역시 치명적인 약점이 있다. 앞선 장들에서 언급했듯, 펑후를 점령하는 데만 최소 반년 이상이 소요될 것이고, 그러는 동안 타이완의 후방 예비 병력 동원은 끝날 것이다. 정상적인 상황에서라면 중남부 모든 도시에는 예비 여단이 주둔하고 있고, 의무 복무 병력으로 구성된 향토 방위대도 편성되어 있을 것이다. 물론 이 전략에 장점이 없는 것은 아니다. 펑후를 선제 점령한다면 인민해방군은 몇 개월에 걸쳐 각종 미사일 부대와 포병부대를 포함한 타이완 수비군의 전력을 천천히 소모할 수 있다. 해군 전력을 적절히 운용한다면, 타이완 해군은 심각한 손실을 입고 타이완 본토 방어 자체가 불가능한 상황에 놓일 수도 있다.

일반적인 평가는, 인민해방군이 이 전력을 채택한다면 전체 병력의 70퍼센트 정도를 보존할 수 있으며, 정예 전투기의 보유 대수 역시 타이완군 대비 2대 1의 우위를 지킬 수 있다는 것이다. 타이완 미사일 전력은 펑후 방어를 위해 상당량을 소모할 것이고, 포병부대 역시 상당한 손실을 볼 것이다. 그래서 인민해방군이 펑후의 방어선을 공고히 하고 타이완 본토 공격을 준비할 즈음이면, 타이완 본토의 중장비를 포함한 육군 주력 또한 60~70퍼센트만 남을 것이다.

그러나 펑후를 확보하려 한다면 지상 공격 능력은 분산되고, 안전을 위해서 타이완 본토의 원거리 공격부대를 우선 상대해야 한다. 이 과정에서 인민해방군의 소모는 더 커질 것이다. 따라서 펑후를 중간 거점으로 삼는 방식은 타이완 본토 공격까지의 시간을 크게 늘리게 된다. 1년의 기한을 두고 이 전략을 실시한다면, 타이완 본토 공격에 할당된 시간은 전체 작전 기간의 3분의 1 이하로 줄어들 것이 거의 확실하다.

타이완 공략의 시간제한

이상적인 상황에서는 타이완 본토의 전력을 절반 수준까지 약화시키는 것도 가능하다. 하지만 설령 그렇게 한다 해도, 타이난과 펑둥을 공격하며 가오슝을 협공하려는 인민해방군은 여전히 타이완 후방의 대규모 경무장 부대의 저지를 받을 것이다. 중장비 투입을 위해서는 항구를 신속히 확보해야 하며, 이를 위해 인민해방군은 보유하고 있는 잔여 해공군 전력을 항구 수비에 집중적으로 투입해야 한다. 항구가 타이완군에 탈환되거나 파괴되는 것을 막기 위한 작전을 지속할수록 인민해방군의 손실은 더 늘어날 것이다.

결국 인민해방군의 해공군 우세는 항구와 상륙부대를 보호할 수 있는 단 몇 개월 동안밖에 지속되지 않는다. 항구를 확보하고 상륙군을 투입하는 이 시나리오에서 인민해방군은 비교적 많은 지상군을 보유할 수 있다. 하지만 그만큼 각 지역을 점령하는 난도 역시 높아진다. 이미 모든 도시에 수비군이 편성된 상황에서 인민해방군이 도시 소탕 작전을 벌이는 것은 불가능하다. 이는 병력과 탄약 문제도 있지만, 작전이 장기화되면 사실상 실패나 마찬가지이기 때문이다. 또한 이 시나리오에서는 수송 선단의 손실률이 낮게 설정되어 있으나, 그렇다고 전혀 피해가 없다는 것은 아니다. 일반적으로 인민해방군이 최종적으로 투입할 수 있는 병력은 약 5만~10만 명, 전차는 100대 남짓으로 추정되며, 이 추정값이 사실상 달성 가능한 최대치다.

결론을 내보면, 이제까지 접해본 어떤 워게임에서도 인민해방군의 능력을 대폭 높이지 않은 상황에서 타이완 공략을 1년 안에 끝내는 사례는 본 적이 없다. 가장 많이 본 결과는 타이난과 가오슝 일부 지역을 점령한 뒤, 타이완 수비군과 교전을 벌이며 다른 지역에서 온 부대의 포위망에 갇히는 상황이었다.

"왜 1년으로 설정하는 거지?" 많은 사람이 이런 질문을 할 수 있다. 그 이유는, 모든 침공 계획은 타이완해협 일대를 사실상 다른 국가의 선박이 통행할 수 없는 구역으로 설정하는 것을 전제로 하기 때문이다. 이로써 발생하는 동남아 국가들의 경제적 압박은 각국 정부가 중국의 침공에 대해 반드시 입장 표명을 하게 하거나, 심하면 자국 군함을 파견해 타이완해협이나 타이완 동부를 지나가는 자국 상선을 호위하게 할 것이다. 어떤 경우든 막대한 비용을 소모해야 하는데, 보통의 국가라면 이를 감내하기 어렵다. 그리고 이 '1년'은 최대한 넉넉하게 설정한 것이고, 대부분의 워게임은 3개월 이내에 상황을 정리해야 한다고 설정하고 있다.

아마 다음과 같은 의문이 드는 독자도 있을 것이다. '왜 중국이 주변국을 신경 써야 하지? 주변 나라들은 신경 쓰지 말고 그냥 이렇게 끝까지 가면 안 되나? 중국도 외교적 압력을 신경 쓸 수는 있겠지만, 아예 다른 국가가 개입 못 하게 위협하면 안 되는 건가?'

분명 주변 국가가 100퍼센트 개입할 것이라고 단언할 수는 없지만, 다음과 같은 문제를 생각해봐야 한다. 한국과 일본의 해운이 심각한 타격을 받아서 1년 안에 모든 생필품 가격이 걷잡을 수 없이 폭등한다면, 이들 정부가 과연 그 상황을 견딜 수 있을까? 반드시 외교적 압박을 통해 중국이 조기에 손을 떼고 체면을 지키며 물러설 명분을 찾게 할 것이다. 그리고 타이완 주변 해역은 세계의 주요 해상 항로여서 미국조차 이로부터 직접적인 영향을 받는다. 이러한 상황에서 미국이 수수방관하며 끝까지 개입하지 않으리라는 가정은 더 설득력이 없다.

중국이 1년이 지나도록 타이완을 점령하지 못한다면, 사실상 전쟁 지속력을 상실했다고 봐야 한다. 중국이 끝까지 포기하지 않고 어선이나 삼판선舢舨*까지 이용해 병력을 수송해서 인해전술로 타이완군을 밀어붙일 수 있다고 생각하는 사람이 있을지 모르겠다. 하지만 이는 정말로 불가능하다. 만약 중국이 이토록 오랜 시간을 들였는데도 타이완을 점령하지 못했다면, 이미 대형 수송선과 해군 및 공군의 공격력이 대부분 소진되었고, 타이완군과 일부 방어선에서 교착 상태에 빠졌다는 것을 의미한다. 이 상황에서는 상륙군도 자신들의 거점을 굳게 지키는 것 외에 추가적인 공세는 불가능하다. 그저 타이완군과 지난한 소모전을 벌이면서 타이완 국민이 먼저 항복하길 바라는 수밖에 없다.

이 글에서 내가 독자들에게 전달하고 싶은 핵심은 다음과 같다. 전쟁은 감정적으로 벌이는 것이 아니다. 전쟁을 일으키려면 충분한 보급 물자와, 이를 운송할 수 있는 물류 시스템을 준비해야 해서 전체 작전에는 제한이 가해지기 마련이다. 더욱이 타이완 침공은 바다를 건너야 하는 작전이므로 항상 병력과 보급품을 수송할 방법을 강구해야 한다. 그런데 삼판선 같은 소형 선박은 기상이 안 좋을 때는 출항할 수 없다. 만약 이런 이유로 기존의 보급선이 아닌 다른 보급선을 통해 보급해야 하고, 인민해방군은 그때까지 죽기 살기로 버틸 수밖에 없다면 이런 전쟁을 어떻게 할 수 있을까?

* 타이완, 중국 남부, 베트남, 말레이시아 등지에서 현재까지 널리 사용하는 목선으로 선저가 평평한 구조이며, 노를 젓거나 작은 엔진을 달아 운항한다.

따라서 대부분의 군사 전략 분석에서 작전 가능 기간을 1년으로 설정한 이유는 전쟁이 가능한 한계가 바로 이 시점까지이기 때문이다. 이 시점을 넘어서도 국제사회의 중재를 받아들이지 않는다면, 중국이 치러야 할 대가는 훨씬 더 심각할 것이다.

타이완 점령의 난점

이제까지 기본적인 전략 구상에 대해 살펴봤다면, 이어서 인민해방군이 상륙 후 타이완을 점령하기 위해 어떠한 전술을 사용할지, 그리고 어디서부터 시작할 것인지에 대해 이야기해보자. 이 문제는 반대 방향에서 접근해야만 자주 눈에 띄는 논리적 오류들을 제대로 규명할 수 있다. 많은 이가 중국이 어찌어찌해서 상륙에 성공하고, 묻지도 따지지도 않고 즉시 도시 소탕 작전과 민간인 탄압을 벌일 거라고 걱정하는데, 과연 이게 가능한 일일까? 단도직입적으로 말하자면 불가능하다. 군사적으로 절대 그렇게 할 수 없기 때문이다.

우선 상륙이 성공했다고 가정하고, 이후 인민해방군이 해야 할 세 가지 행동을 순서대로 나열해보겠다.

상륙 → 부대 전개 → 거점 확보

상륙 후 부대를 전개하지 않으면 상륙부대 전원은 상륙 지점에서 오도 가도 못한 채 죽을 것이다. 우선 후속 부대가 상륙 못 하는 것은 둘째 치고, 수비군의 포격 한 발에 수십에서 수백 명의 병사가 폭사할 것이다. 어떤 군대도 적의 포격 속에서 질서정연하게 줄을 맞춰 상륙하지 않는다. 부대를 전개한 후에는 반드시 거점을 확보해야 한다. 이를 통해 부대는 재보급과 휴식을 취하고, 여기에 후속 부대가 합류할 수 있다. 또한 타이완 수비군의 역습도 이 거점을 통해 방어할 수 있다.

'인민해방군이 몰려오면 타이완군은 즉시 투항할 것이고, 이 기세로 총통부까지 밀고 들어가면 타이완은 곧 망할 것이다'라고 주장하는 사람들이 있다. 이런 주장은 인민해방군 무적론과 타이완군 무능론의 극치라고 할 수 있다. 이렇게 주장하는 근거가 무엇인지 따져보면, 뒷받침될 만한 근거는 하나도 없다.

'제5열'이 타이완 공략에 협조할 수 있을까? 결론은 '아니다'라고 말할 수 있다. 설령 '제5열'이 인민해방군의 특수부대를 도와 요인 암살 작전을 수행할 수 있다 해도, 중국이 그렇게 하지 않을 것이다. 왜냐하면 타이완의 민주주의 제도가 이 작전에 제약을 가하기 때문이다.

예를 들어 인민해방군의 기습부대가 타이베이에 침투해서 총통과 정부 고위 관료 전원을 제거했다고 해보자. 그러면 중국이 승리했다고 할 수 있을까? 전혀 그렇지 않다. 그런 사태가 벌어지면 즉시 가오슝 시장과 제8군단장이 성명을 발표할 것이고, 타오위안 시장은 룽탄龍潭에서 육군 총사령관과 함께 전국에 임시정부 성립을 공포할 것이다. 이 시점에 10군단 사령관은 타이중시의 방어 임무를 맡게 될 것이다. 그러면 타이중 시장도 감히 뭐라고 하진 못할 것이다. 이런 상황에서는 총을 가진 사람이 제일이기 때문이다.

설마라는 생각은 하지 말자. 정치인 입장에서는 이 상황이 수십 년간 자신을 가로막고 있던 정치적 장애물이 순식간에 사라지고 '황금의 기회'가 찾아온 것이나 다름없다. 이 기회를 놓치면 앞으로 두 번 다시 기회는 오지 않는다. 그렇기에 정치권은 위아래를 막론하고 정신을 바짝 차리며, 이 전쟁에서 승리하겠다는 일념에 활력과 열정이 넘칠 것이다. 전쟁에서 승리하면 영웅이 될 뿐 아니라, 향후 선거에서도 이겨 수십 년의 장기 집권도 가능해진다. 이러한 상황에서 누가 항복을 입에 올리겠는가?

요약하자면, 수도를 기습 점령한 후 타이완의 항복을 기대하는 것은 불가능하다. 인민해방군 입장에서 보면, 몇천 명의 부대로 타이베이를 급습해 모든 임무를 달성했다고 해서 타이완 사람들이 그 즉시 투항할까? 그렇지 않다면, 인민해방군은 봉쇄된 타이베이 시내에서 복수심에 불타는 군경과 민간인에게 둘러싸이게 된다. 거기에 수도 탈환을 목표로 하는 타이완군까지 고려하면 인민해방군 기습부대의 기분은 어떨까?

제5열이나 특수부대를 활용한 요인 암살 작전이 통하지 않는다면, 결국 정규 상륙전 말고는 다른 선택지가 없다. 앞서 언급했듯 상륙 지점은 선택 가능한 곳이 몇 군데로 한정되어 있는데, 그 이유는 항구를 확보해야 하기 때문이다. 그렇지 않고 경무장 부대만으로 상륙하면, 타이완군의 기갑부대나 공군의 공격에 가볍게 쓸려버릴 것이다. 설령 타이완의 장갑부대가 없다 하더라도, 모래와 자갈을 실은 트럭이나 유조차 같은 대형 차량만으로도 상륙부대에 엄청난 피해를 줄 수 있다. 또한 도시 진입에 성공하더라도, 타이완처럼 콘크리트 건물이 밀집된 곳에서는 곳곳에서 매복 공격을 받을 수 있기에 병사들의 심리적 부담은 상당할 것이다.

일반 시민들 역시 자발적으로 투항하거나 인민해방군의 길잡이 역할을 한다고 엄청난 보상을 받는 것은 아님을 확실히 인식해야 한다. 타이완이 이런 단계에 이른다면, 그 시점에는 이미 국가 총동원령이 내려져서 관련 부처나 조직이 모두 작동하고 있을 것이다. 인민해방군이 정말로 부대를 상륙시켰다면, 민간인 거주지역에는 이미 군병력 배치가 끝난 상황일 것이다. 이럴 때 무장한 병사들 앞에서 누군가가 안내자로 앞장서고 있다면, 그 사람이 제일 먼저 죽을 것이다.

여기까지 이야기해보면, 우리는 인민해방군이 선택할 전술을 가늠해볼 수 있다.

1. 전차 수가 많지 않아서 시가전에 시간을 소모할 수 없다

신속하게 집결해 타이완의 전차부대를 격파하든가, 기동성을 살려 항구 및 공항과 같은 주요 거점을 점령해야 한다. 그리고 인민해방군은 전차를 시가전에 투입하는 결정만큼은 피해야 한다. 전차는 겉보기에 매우 위협적이지만, 시가지에서는 이를 저지할 방법이 숱하다. 지금의 타이난에는 고층 건물이 매우 많다. 10층짜리 건물 아무거나 선택해서 옥상에 1개 분대만 숨겨놓고 전차를 사격하면, 그 자체로 엄청난 위협이 된다. 전차의 포격으로는 철근콘크리트 건물을 무너뜨릴 수 없다. 게다가 그 귀한 포탄을 그런 데다 낭비할 이유도 없다. 그런 건물을 무너뜨렸다가는 오히려 대형 장애물이 될지 모른다. 즉 어떤 식으로 계산하더라도, 상륙 초기에 속도전으로 점령지를 확대해야 하는 인민해방군 입장에서 시가지 진입은 절대 하지 않을 것이다. 오히려 건물 밀집도가 떨어지는 평야 지역을 선택해야 전차의 우세함을 발휘할 수 있다.

2. 꼭 필요한 상황이 아니라면, 육군 역시 작전 초기에 도시로 진입하지 않을 것이다

도시 내 적군을 제거하는 작전은 대단히 고통스럽고 복잡하다. 미군이 이라크 팔루자에서 포위전을 벌일 때에도 주택 하나하나를 모두 정리하느라 상당한 시간이 걸렸다. 그나마도 대부분이 5층 이하의 건물이었다. 하지만 타이완 남부 지역은 7~8층 이상 고층 건물이 즐비하며, 10여 동이 한 줄로 늘어서 있기도 하다. 이런 것을 인민해방군은 어떻

게 정리해야 할까? 사람이 보이면 무조건 죽이는 건 가장 어리석은 방법이다. 총알이 무한하지 않을뿐더러 도시는 은폐물이 많아 살상률이 매우 낮기 때문이다.

간단히 말해서 인민해방군이 선택할 수 있는 전략은 극히 적다. 상륙 즉시 항구를 점령하지 않으면 작전은 실패한다. 그리고 점령 과정에서도 시간을 지체하면 대량의 탈영병과 저격 피해가 발생할 것이다. 그래서 오직 항구를 점령하고, 매일 수천 명 단위로 증원 병력이 도착하는 상황이 되어야 비로소 본격적인 도시 점령을 시작할 수 있다.

하지만 점령 자체도 대단히 어려운 일이다. 타이완군의 후방 예비 여단과 예비군이 제대로 된 시가전 훈련을 할 수 있도록 계획하고 있어서, 그 난도는 기하급수적으로 높아질 것이다. 인민해방군 입장에서 볼 때, 가오슝 도심지 거주 인구 50만 명 중 징집 대상 남성만 대략 5만에서 10만 명에 달한다. 이들이 평상복을 입고 건물에 올라가 저격할지 어떻게 알겠는가? 타이완의 경병기와 탄약의 보유량은 엄청나다. 평시에는 쌓아만 두고 있으나, 전시가 되면 아낌없이 풀릴 것이다.

인민해방군은 과연 후방 보급을
제대로 할 수 있을까?

시가전은 차치하더라도, 인민해방군이 필요로 하는 가장 기본적인 물자만 가지고 논해도 중국이 상륙 후의 작전에서 승리할 가능성은 사실상 제로에 가깝다.

가장 먼저 직면할 문제는 바로 탄약이다. 인민해방군의 무기 체계는 타이완군과 달라서, 전사한 타이완군의 무기를 빼앗아 사용한다 해도 어디까지나 임시방편이고, 지속적인 보급책은 될 수 없다. 탄약고를 점령하지 않는 한 인민해방군이 초기에 사용할 탄약도 항구를 통해 수송해야 한다. 탄약이나 수류탄, 대전차 로켓 등은 간신히 공중 수송이 가능하겠지만, 수송할 수 있는 공간은 제한될 것이다. 그로 인해 수송 가능한 병력의 수도 영향을 받게 된다. 여기에는 부피가 크고 차지하는 공간도 많은 중장비와 포탄 등은 포함하지 않았다.

두 번째는 식량이다. 앞서 언급했듯이 가오슝이 포위되면 물류 시스템은 즉시 가동을 멈춘다. 타이완군의 민방위 시스템이 제대로 작동한다면 인민해방군은 동네 마트 하나조차 약탈할 수 없다. 모든 병력이 건조 식량을 직접 휴대하는 것도 골치 아픈 일이고, 병사들의 사기에도 상당한 영향을 미친다. 타이난의 양돈장을 점령하면 된다는 망상은 하지 말자. 인민해방군이 생각할 수 있는 건 타이완군도 생각할 수 있다. 전쟁이 발발하면 타이완 공장의 생산 시스템에는 변화가 생기고, 식육 제품은 군대에서 우선하여 징발한다. 바꿔 말하면, 인민해방군의 수송함에는 반드시 대량의 군용 건조 식량과 통조림이 자리를 차지할 것이다. 그리고 민간 물자를 징발할 수 있다는 발상은 전혀 현실에 들어맞지 않는다. 그 이유는 단순하다. 신속한 점령이 목표인 상태에서 일일이 민가를 뒤질 시간이 어디 있겠는가? 설령 가오슝항을 점령해 주변 민가에서 식량을 탈취할 수 있다 하더라도, 민가에 타이완군이 숨어 있지 않으리란 보장은 없다. 인민해방군이 신속하게 점령지를 확장해 포위에 빠지는 위험을 피해야 하는 상황에서, 식량 탈취를 위해 주택 하나하나 수색을 벌여 안전을 확보하는 건 막대한 시간이 소모되는 일이다.

세 번째는 많은 사람이 간과하고 있고, 매년 타이완에서 인민해방군의 침략에 대한 토론할 때도 언급된 적이 없는 '식수' 문제다. 현재 수도 체계가 지나치게 편리하다보니 전시에 어떤 상황이 펼쳐질지 상상하지 못하는 사람이 많다. 특히나 가오슝시 항구 지역이 점령될 것이 확실한 상황에서 타이완군이 인도주의적 이유로 상수도 밸브를 잠그지 않을까? 이것은 매우 심각한 문제다. 만약 점령 지역이 아주 넓어서 아이허愛河까지 포함된다면 그곳에서 물을 길어 끓여서 정수할 수도 있겠지만, 점령지가 작고 강을 따라 타이완군과 대치하고 있는 상황이라면 아무도 강가에서 물을 길을 엄두를 내지 못할 것이다. 아이허는 그렇다 치고, 가오핑천이나 얼런, 쩡원曾文천

같은 정도의 폭을 가진 하천에서 타이완군의 수비부대를 맞닥뜨린다면 인민해방군은 근처에서 물을 길을 수도 없다. 좀더 극단적으로 이야기한다면, 아이허 상류에 공장 폐수를 쏟아부으면, 정수장에서는 취수하지 않기 때문에 인민해방군이 아이허에서 식수를 보급하는 것을 차단할 수 있다.

후방 보급은 군사 작전에서 핵심 중의 핵심이다. 제1차 걸프전 당시 미군이 전선으로 엄청난 양의 보급 트럭을 보낼 때, 가장 많이 수송한 물자는 바로 '식수'였다. 물은 부피도 크고 무게도 무겁지만, 절대 생략할 수 없는 물자다. 사막 지역이니 그런 거라 생각하고, 타이완은 어디서든 물을 구할 수 있으니 그럴 필요가 없다고 여기는가? 그렇다면 타이완의 일부 가뭄 지역에 소방차로 매일 물을 공급해야 한다는 뉴스는 모두 조작이란 뜻이다.

많은 사람이 경상시의 생활을 전쟁 상황에 투영하는 경향이 있다. 이로 인해 군대 운영의 근본적인 요소를 간과해버린다. 반면 소위 '밀리터리 마니아'라는 이들은 무기, 탄약 그리고 유지 보수에만 주목하고, 식량과 식수 보급 같은 분야는 도외시하곤 한다. 수송 시 체적량과 물류 유통량까지 고려하는 경우는 더더욱 드물다. 사실상 보급의 어려움은 나폴레옹 시대의 부대 편제에서도 지적된 적이 있다. 그 시대의 전쟁에서 식량과 식수는 어떻게든 해결할 수 있었지만, 야전 제빵소를 어디에 설치할 것인가는 부대 보급 장교들의 골머리를 썩이게 만드는 문제였다. 탄약 수송의 경우는 오늘날 택배업체가 매일 타이완 전역에 수송하는 물류량과 비견될 수준이다.

왜 미국의 국가 안보 전문가나 예비역 장성들이 타이완해협에서의 전쟁을 주제로 토론할 때 인민해방군의 승리를 전혀 이야기하지 않는 걸까? 이는 보급 물자와 관련해서 계산해보면 이 작전이 애초에 실현 불가능하다는 결론에 이르기 때문이다. 설령 작전 초기와 중반까지 타이완이 해방군의 공세를 막아내지 못한다 하더라도, 지상전 단계에서는 타이완군이 승리할 수밖에 없다. 그 이유는 특별한 것이 없다.

그건 바로 후방 보급이 따라가지 못하기 때문이다.

타이완이 질 유일한 가능성

타이완이 질 가능성은 오직 하나뿐이다. 전쟁이 두려워 죽겠고 당장이라도 항복하고 싶은 사람들이 당장이라도 항복하고 싶어하는 총통을 뽑고, 항복하고 싶어하는 사람들로만 입법원을 구성해서, 인민해방군이 상륙하는 걸 보자마자 울면서 항복할 때뿐이다.

오직 이런 상황이어야만 인민해방군은 정말로 타이완을 공격하고 싶어질 것이다. 타이완 내부의 사기가 높고 저항 의지가 강한 상황이라면 타이완을 무력 통일하겠다는 생각은 못 할 것이다.

그런 이유로 단전, 단수 되면 모두 죽은 목숨이니 당장 항복하지 않으면 평생이 고생길이라는 식의 유언비어를 퍼뜨리는 것이다.

그런 이유로 인민해방군은 신속하게 행동하기에 순식간에 상륙할 수 있고, 타이완군은 줄행랑칠 거라는 유언비어를 퍼뜨리는 것이다.

그런 이유로 정보전을 통해 타이완 내부에서부터 저항에 대한 상상을 붕괴시키고, 탄도미사일 한 발이면 공항 하나가 파괴되며, 타이완 전투기는 뜨기만 하면 격추되고, 인민해방군은 타이완해협을 자유자재로 드나들 수 있다고 믿게 만드는 것이다.

그런 이유로 통일에 찬성하는 밀리터리 마니아들을 양성하는 것이다. 그래야만 그런 사람들이 중국의 탄도미사일은 무적이며, 타이완의 탄도미사일은 쓰레기라고 선전할 것이다.

진지하게 말해서, 타이완이 스스로 항복하는 상황을 고려하지 않는다면, 중국의 타이완을 상대로 한 작전이 성공할 가능성은 파도가 잠잠한 그 두세 달의 기간을 잘 골라내는 것 외에는 없다.

그때까지는 적군 동원 수준까지는 아니되 일정 수량의 병력을 준비해서 타이완이 일정한 수준의 경계만 유지하게 하고, 그런 뒤에 대량의 탄도미사일 공격과 타이완 내 제5열의 자폭 공격으로 타이완을 혼란에 빠드린다. 그와 동시에 이미 출항한 함대가 방향을 틀어 공격에 돌입해 아직 출항하지 않은 타이완 해군을 항구 안에서 격파한다.

공군도 이 상황에 맞춰서 대규모로 출격해 타이완이 활주로를 복구하지 못하고, 방공망도 혼란스러운 상황을 틈타 일시적 제공권을 확보한다. 이어서 다수의 공격기를 투입해 피해를 감수하면서 타이완의 중장비, 주요 교량과 군사 시설을 최대한 파괴한다. 공군의 출격과 동시에 출항한 상륙 함대는 반나절 안에 목표 지역에 신속히 도달해야 한다.

또한 충격에서 아직 회복하지 못한 상태인 타이완 육군의 최소한의 저항 속에서 항구를 확보하고, 후속 상륙함이 중장갑 병력을 신속히 하역할 수 있기를 기대한다. 이어 상륙 함대는 즉시 회항하고, 첫 번째 상륙부대는 상륙 후 열두 시간 이내에 항구 주변의 주요 방어 거점을 확보한 뒤, 타이완군의 반격을 성공적으로 저지하기를 바라야 한다. 그런 다음 이 반나절 동안 대규모 공군력을 투입해 상륙부대의 피해를 최소화해야 한다.

만약 이 모든 것이 순조롭게 진행되어 교두보를 확보하고 두 번째 부대도 상륙에 성공했다면, 상륙 함대는 즉시 복귀해 세 번째 부대의 상륙을 준비할 것이다. 이 과정에서 상륙 함대는 그다지 큰 피해를 입지 않기를 바라야 한다. 이와 동시에 병력수송선이나 여객선도 이용할 수 있게 항구를 정비하고, 속도가 느리며 방어력이 취약한 선박도 두려움 없이 항구를 드나들면서 병력을 수송할 수 있도록 한다. 그리고 이러한 선박을 격침할 수 있는 타이완군의 잔존 병력이 항구 주변 수십 킬로미터 내에 남아 있지 않기를 기도해야 한다.

위의 모든 것이 성공적으로 이뤄지는 상황에서 타이완의 후속 부대 소집을 막고 그들을 봉쇄한다. 그러면서 매일 5000명에서 1만 명 정도의 병력을 증원해 통제구역을 확대해가면서 타이완군의 봉쇄 방어선을 돌파하기를 희망한다. 이와 동시에 인민해방군의 공군도 손실을 고려하지 않는 공격을 지속해서 타이완 육군이 보유한 장갑 병력과 방공 차량을 소모하게 해야 한다. 이런 작전에서 손실을 고려하지 않는다고 말은 하지만, 그래도 너무 큰 손실은 치명적이다.

왜냐하면 상륙선의 손실이 50퍼센트 이상이고, 전투기의 손실이 30퍼센트를 넘는다면 후속 작전은 불가능해지기 때문이다. 타이완군이 이 시점까지 전멸하지 않아 타이완 공군은 상륙하는 인민해방군을 타격할 수 있고, 타이완 육군은 여전히 중장비를 보유 중인 상황에서 상륙함의 손실이 너무 커 전차를 상륙시킬 수 없다면 작전은 실패할 것이다.

이 모든 것이 동시에 일사불란하게 진행되는 초정밀한 계획과 미래 전황을 정확하게 예측하는 능력은 정말로 앞선 기술을 지닌 외계인이라면 모를까, 현실에서는 실현할 수 없다.

3부

지금도 진행 중인 전쟁

■

대다수의 군사 전략 연구자들에게 '평화는 일시적인 휴전 상태'일 뿐이다.

공산당에게 이 세상에는 오직 열전熱戰과 냉전冷戰만 존재할 뿐이다. 그리고 공산당은 일반인이 인식하는 평화 상태조차 적이 잠시 물러난 것으로 해석한다.

1부에서는 우리가 흔히 접하는 각종 루머가 왜 현실에서 실현 불가능한지를 다루었다. 이들이 그러한 루머를 퍼뜨리는 목적은 민주국가 국민의 심리적 방어선을 약화시키고, 궁극적으로는 그것을 무너뜨리는 데 있다. 독자들이 이 사실을 인식하게 하는 것이 바로 1부의 핵심 의도였다. 어쨌든 사람은 눈앞의 적이 '도저히 이길 수 없는 상대'라는 생각이 들면, 끝까지 맞서 싸울 용기를 잃기 마련이지 않은가.

2부에서는 실제 타이완해협에서 전쟁이 발발하면, 중국이 어떤 제한 조건에서 치를지, 그들이 부딪힐 난관으로 어떤 것들이 있을지에 대해 이야기했다. 이러한 시각은 현재 타이완의 공개적인 온라인 정보에서는 찾아보기 힘들고, 우리가 찾을 수 있는 자료 대부분은 중국에서 유포한 선전문뿐이다.

이 두 부분을 종합해보면, 대다수 사람은 어렴풋이 감을 잡았을 것이다. 그것은 바로 중국이 대외적으로 줄곧 심리전을 벌이고 있고, 그들은 애츠에 평화라는 개념 자체를 인정하지 않고 있다는 것이다. 중국 공산당에게 평화란 다음 전쟁을 준비하기 위한 휴지기에 불과하다. 이런 사람들의 심리 약화를 목적으로 하는 선전·선동은 국제 정세를 단순한 이분법으로 재단하고, 중국을 더 무게 있는 쪽에 놓는다. 그런 다음 그들은 이렇게 말한다. '저울은 이미 기울었다. 대세를 따르는 자가 인물이다.'

이처럼 과도하게 단순화된 것은 완전히 잘못된 개념이다. 국제관계는 거시적인 시야로 봐야 하고, 그 첫걸음으로 세계가 작동하는 방식은 복잡하지만 절대 지리적 요인에서 벗어날 수 없다는 점을 이해해야 한다.

그렇다면 왜 국제 전략을 논할 때는 더 거시적인 시야를 가져야 하는가? 이는 지도를 살펴보면 바로 알 수 있다. 일반적으로 전쟁은 지리적으로 인접한 두 국가 사이에서 벌어지거나, 두 국가의 세력권이 맞닿은 경계에서 벌어진다. 비록 국제적으로 영향력이 미미한 소국이라도 두 국가가 충돌하면 주변 국가들은 상황을 예의주시하게 된다. 소규모 충돌이 경제에 끼치는 영향은 일시적일 수 있지만, 대규모 전면전으로 확대되어 대량의 난민이 발생하면 이야기가 완전히 달라진다.

만약 두 강대국 사이에서 충돌이 일어나고, 그 국가들이 이웃하고 있다면, 그 전쟁은 결코 주변국과 무관할 수 없다. 강대국끼리의 충돌이 불러온 경제위기로 이웃 국가들은 전쟁 특수를 누릴 수도 있지만, 반대로 막대한 무역 손실을 입을 수도 있다. 결국 주변국들은 어느 한쪽을 선택할 수밖에 없는 상황에 놓인다. 미·소 냉전 시기, 두 국가 사이에 직접적인 충돌은 없었지만 세계 각지에서 크고 작은 '세력권 전쟁'이 빈번하게 일어났다. 때로는 강대국이 직접 참전하기도 했고, 세력권 경계에 있는 중소 국가들은 결코 여기서 벗어날 수 없었다.

이런 말을 하는 이유는 오직 하나의 기본 개념을 전달하기 위해서다. 그것은 국제사회에서 아무런 중요성이 없는 국가가 아닌 이상, 어떤 전쟁도 당사자끼리만 싸우고 끝나지 않는다는 것이다. 반드시 주변국과 다양한 이해 관계자들이 개입되고 얽힌다. 다음의 몇 가지 전쟁 사례를 살펴보자.

1. 전쟁이 한 지역에 국한되는 경우는 드물다. 지정학적인 충돌에는 언제나 다양한 세력이 얽힌다.

A. 한국전쟁: 미국 주도의 유엔군 vs 북한, 중국, 소련

베트남전에 앞서 미국이 본격 개입한 것이 한국전쟁이다. 북한이 남한을 침략하자 유엔은 파병을 결의한다. 미군이 주축이 되어 북한군을 38선 이북으로 몰아내자, 중국이 '항미원조抗美援朝' 명분의 지원군 수십만 명을 투입해 직접 전쟁에 뛰어들었다. 이 전쟁은 엄격한 의미에서 '대리전'이라 부르기 어렵다. 왜냐하면 중국이 직접 개입했으며, 소련은 공군을 파견했기 때문이다. 물론 그들은 표면적으로는 인정하지 않고 있다. 하지만 이 당시 북한군은 독자적인 작전 수행 능력이 거의 없었다는 점을 생각해야 한다.

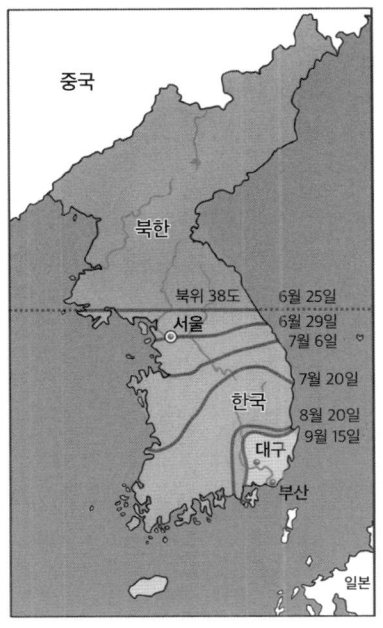

B. 베트남 전쟁: 미국이 지원한 남베트남이 북베트남에 저항하다

베트남전은 한국전과는 다른 양상이다. 표면상으로는 미국이 프랑스가 철수한 이후 북베트남의 침략으로부터 남베트남을 보호한다는 명목이었지만, 실제로 북베트남 뒤에는 중국과 소련이 있었다. 다만 이때 두 강대국은 직접적인 참전 대신, 군사 고문과 군수물자를 통해 북베트남을 지원하는 방식을 택했다. 이 점에서 '대리전'의 정의에 더 부합한다고 할 수 있다.

한국전쟁이 유엔 결의에 따라 침략자를 몰아내고 국가 경계를 회복하기 위해 군대를 동원한 것이라면, 베트남전은 똑같은 기준을 적용해 미군을 정의의 군대라고 하기엔 무리가 있다. 한국전쟁은 냉전 초기 공산 세력의 확산과 동아시아의 마지막 방어선인 일본이 공산화되는 것을 막기 위해 어쩔 수 없이 대규모로 개입한 것이라면, 베트남전은 그만한 이익이 전혀 없었다. 남베트남이 공산화된다 해도, 미국의 핵심 이익에는 전혀 피해가 없었기 때문이다. 미국이 전쟁에 참여한 유일한 이유는 '반공'뿐이었다.

결론적으로 승패와 상관없이 우리는 다음과 같은 사실을 확인할 수 있다. 강대국이 개입하는 대리전은 미국 입장에서 결코 단순한 경제적 이익이나 군수산업을 위한 것이 아니다. 오히려 손해를 감수하면서까지 개입하기도 하는데, 그 판단 기준은 강대국의 전략적 고려에 따른다. 미국은 해양 패권국으로서 언제나 해양 패권의 관점에서 전략을 세운다. 이는 무역로나 군사기지 건설에 집중될 수도 있다. 그 계산은 매우 장기적인 것으로, 결코 눈앞의 손익만 따져서 결정되지 않는다.

C. 아프가니스탄 전쟁: 소련의 아프가니스탄 침공과 미국 등 서방 동맹국의 반군 지원

만약 미국이 소련과 벌인 대리전들이 장부상으로는 적자투성이 사업이었다면, 소련이 아프가니스탄을 침공한 사례는 적자를 본 것만이 아니라 그야말로 밑천까지 다 날린 사례라고 할 수 있다. 소련이 아프가니스탄을 침공한 표면적인 이유는 친소련 정권 수립이었지만, 실제로는 강대국 간의 세력 다툼이었다. 그리고 그 기원은 러시아와 영국이 중앙아시아에서 패권을 다투던 시기까지 거슬러 올라간다. 지정학적인 관점에서 보면, 아프가니스탄을 장악하면 파키스탄을 직통해서 인도양으로 진출할 출구를 확보할 수 있고, 캅카스 지역과 연계한 압박은 이란의 숨통을 죄는 것이나 다름없다. 더 나아가 아프가니스탄 장악은 인도에도 경거망동하지 말라는 무언의 경고가 될 수 있다.

그러나 우리는 이미 침공의 결과를 알고 있다. 몇 달이면 끝내리라 예측한 전쟁은 미국을 비롯한 서방 동맹국이 정보기관을 통해 반군에 무기를 지원하면서 무려 9년에 걸쳐 진행되었다. 막대한 국력 소모와 국가 위신의 추락은 소련의 쇠퇴를 재촉한 분기점이 되었다. 그 결과가 어떠했든, 아프가니스탄 전쟁을 통해 얻을 수 있는 결론은 바로 강대국이 특정 지역을 장악하는 것은 전혀 쉬운 일이 아니며, 엄청난 자원을 쏟아붓고도 아무것도 얻지 못할 수 있다는 것이다. 타이완인들이

즐겨 이야기하는 "국제사회는 오직 이익만 따진다"는 말처럼, 소련은 전쟁 시작 6개월 만에 뭔가 잘못됐다는 것을 깨달았다면 곧장 철군해야 했다.

하지만 현실은 그렇지 않았다. 9·11 테러 이후 미국이 아프가니스탄을 침공한 사례만 봐도 알 수 있듯이, 아프가니스탄이라는 곳은 파키스탄뿐만 아니라 이란도 개입되어 있고, 심지어 중국의 그림자까지 드리워진 곳으로 어느 나라도 절대 개입하지 않을 거라고 장담할 수 없다.

그러니 명심해야 한다. 전쟁은 결코 두 국가만의 일로 치부할 만큼 단순하지 않고, 21세기에 들어서면서 그 양상은 더 복잡해지고 있다.

D. 아르메니아(러시아) vs 아제르바이잔(터키)

이 사례는 대리전의 전형을 보여준다. 두 약소국의 뒤를 봐주는 강대국은 사실 결코 충돌하고 싶지 않았지만, 두 약소국은 기어이 한바탕 붙으려 했다. 이렇게 되면 실패를 인정할 수는 없기에 강대국들은 끝까지 가는 수밖에 없었다. 두 약소국이 계속 싸움을 붙여도 강대국은 절대 전면전에 직접 나서지 않는다. 그러는 순간 더는 대리전이 아닌 게 된다. 두 강대국 간의 전쟁은 결코 불장난 따위로 비유될 수 있는 것이 아니다.

2. 두 번째 유형은 제2차 세계대전 후 국제사회에서 형성된 공감대라

고 할 수 있다. 즉 민간인 학살이 명백해지면, 누구를 지지하든 간에 반드시 대응해야 한다는 것이다.

대표적인 사례가 바로 나토의 세르비아 공습이다. 나토의 오랜 맞수였던 러시아는 세르비아를 지지했지만, 결코 인종청소를 지지하진 않았다. 하지만 대세르비아주의자들은 결국 그 일을 저질렀다. 나토 역시 러시아와의 정면충돌은 원하지 않았기에 개입하고 싶지 않았다. 하지만 대량학살이 드러나면서 더는 묵과할 수 없었다. 그래서 마련된 타협점이 바로 이도 저도 아닌 공습이었다.

사실 이치대로라면 이런 상황에서는 유엔군이 직접 개입해 세르비아를 격퇴해야 하지만, 안전보장이사회에서 러시아와 중국이 거부권을 행사하면서 차선책으로 나토의 명의를 빌려 개입할 수밖에 없었다. 하지만 공중폭격만으로 세르비아를 완전히 굴복시키기에는 한계가 있었다. 끝도 없는 소모전이 계속되면서, 결국 세르비아는 러시아의 압박과 나토의 공습 및 봉쇄로 항복할 수밖에 없었다.

이 사건은 오늘날 국제사회가 민간인 학살을 절대 좌시하지 않는다는 것을 상징적으로 보여준다. 다른 한편 언론의 개입 정도가 국제사회의 개입 수위를 결정한다는 사실도 드러났다. 예컨대 중국이 자국 내 민간인을 학살해도, 언론이 이를 보도하지 않으면 국제적으로 알려지지 않으며 누구도 개입하지 않는다. 이 점은 수많은 전쟁의 양상을 바꿨고, 새로운 국제질서를 정의했다. 이러한 관점에서 타이완이 얻어야 할 교훈은 바로 중국과의 통일을 맹종하는 열성분자들 앞에서는 굴복도 쓸모없다는 것이다. 설령 같은 국민이라 하더라도 언제든 '청소 대상'으로 돌변할 수 있다.

그리고 또 하나 기억해야 할 점이 있다. 그것은 선전전의 강도는 민주국가들이 전쟁에 개입할지 여부를 결정하는 데 큰 영향을 준다는 것이다. 타이완은 아프리카 어느 국가의 내전처럼 국제 미디어를 철저히 차단할 수 있는 나라가 아니다. 따라서 타이완에서 무차별적인 민간인 학살이 벌어진다 해도 국제사회가 그냥 두고 볼 거라는 환상은 중국이 오랜 기간 공들인 정보전의 결과일 뿐이다.

이것이 바로 우리가 이어서 이야기할 핵심 주제인 '총성 없는 전쟁', 즉 '정보전'이다.

17 정보전

타이완에 대한 중국의 정보전을 이해하려면, 2008년 이후 러시아가 미국 선거에 어떻게 개입해왔는지를 빼놓을 수 없다. 결론부터 이야기하면 공화당이든 민주당이든, 보수 진영이든 진보 진영이든 러시아의 침투로부터 자유로운 세력은 없었다는 사실을 우리는 이제 모두 알고 있다. 그들의 침투 방식은 양 진영 모두에 사람을 심어놓고 서로를 향해 비난과 비방을 부추겨 미국 사회 내부의 갈등과 분열을 극대화하는 것이었다.

그중에서도 보수와 우파 진영은 음모론과 고정관념에 쉽게 매혹되어 극단주의로 치닫는 경향을 보였다. 이 진영에 침투하려면 많은 시간이 들지만, 일단 성공하면 지극히 충성도가 높은 지지층을 얻을 수 있다. 진보와 좌파 진영은 이상주의적인 언설에 가장 쉽게 공감하며, 근거가 희박한 개인의 주장을 쉽게 신뢰하는 경향이 있어 침투 자체는 대단히 쉽다. 하지만 침투에 성공했더라도 강성 지지층은 적고 분산되어 있다.

 러시아는 이런 방식을 우크라이나와 발트 3국에 그대로 적용했으며, 상당한 효과를 거두었다. 현재 알려진 바에 따르면, 반전과 평화를 구호로 삼아 공산주의에 가까운 진보 세력에 침투해서 그들이 지속적인 저항 투쟁을 할 수 있게만 하면 손쉽게 민주국가를 분열시킬 수 있다.

 중국은 이와 같은 러시아의 사례를 완벽하게 흡수했을 뿐 아니라, 러시아보다 더 비원칙적인 수단을 더했다. 러시아의 매수, 도촬, 협박과 회유 같은 수법은 전통적인 정보전 범주에 머물러 있고, 그 목적 역시 자국의 지정학적 이익 증진에만 초점이 맞춰져 있었다. 하지만 중국은 무제한 파괴를 '지향'한다. 단기적 이익만 보장된다면 수단과 방법을 가리지 않고, 장기적인 국제질서의 안정도 깡그리 무시한다. 다시 말해 러시아는 미국의 민주주의에 균열을 내서 자국의 이익을 도모하는 데 그쳤다면, 중국은 미국 사회와 기존 질서를 해체해 스스로 패권을 차지하겠다는 야망을 품었다.

 이에 따라 중국은 타이완을 가장 적합한 실험장으로 삼았다. 미국이 2016년 대선 당시 겪었던 정보전 기법들을 타이완은 2018~2020년 선거에서 비슷하게 경험했다. 미국의 한 싱크탱크에서 이미 중국의 대미 침투 방안을 체계적으로 정리한 보고서를 내놓았지만, 타이완의 경우는 상대적으로 그리 복잡하지 않아서 다음 페이지의 도표만 봐도 대략의 흐름을 이해할 수 있다.

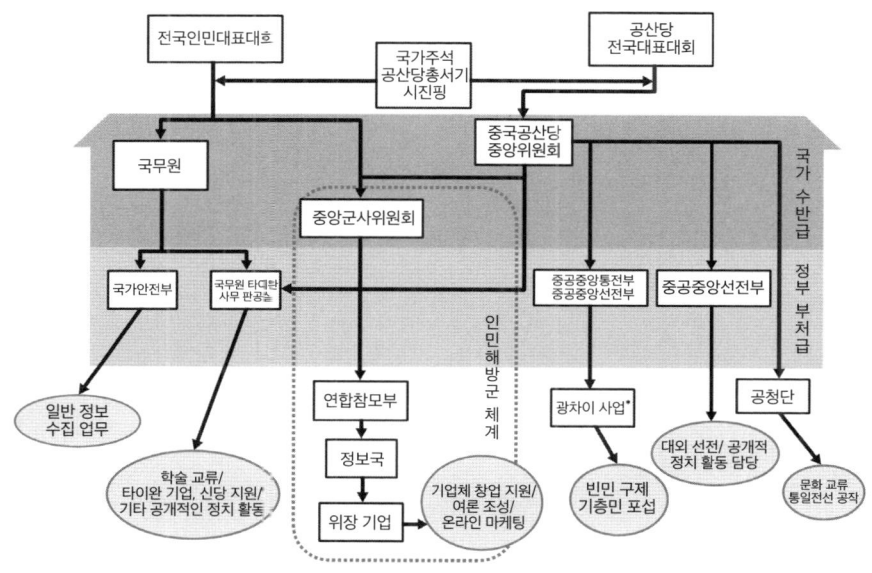

점선으로 표시된 부분은 인민해방군 체계에 속해 있으며,
명칭만으로는 인민해방군 소속인지 알기 어렵지만,
실제로 모두 인민해방군 체계에 소속된 조직들이다.

    타이완에 대한 중국의 정치공작은 크게 여섯 부서로 나눌 수 있다. 다만 이는 개략적인 구분에 불과하다는 것을 밝혀둔다. 실제 침투는 대부분 프로젝트 단위로 진행된다. 예를 들어 누군가 특정 계

*   통전부와 전국공상연합회가 주도하는 사회 공익사업. 구성 조직 중 광차이 투자 그룹이 있으며, 민간 기업의 국제 무대 진출을 돕고, 국내외 프로젝트 투자가 주요 업무다. 광차이 사업 조직은 '대만인 기업가' 또는 교포들과의 참여를 명시하고 있다.

획을 제안해 채택되면 관련 기관에서 이를 실행하며, 부처 간 공조까지로 확대되진 않는다.

1. 국가안전부國安部: 주로 일반 정보 수집을 담당한다. 타이완 군사 정보망에 침투하거나, 퇴역한 군 장교를 포섭하는 것이 대표적이다. 다만 정보전에 직접 개입하는 일은 드물고, 간혹 관련 예산 경쟁이 생기면 관여하기도 한다.

2. 국무원 타이완 사무 판공실國台辦: 학술 교류를 중심으로 타이완 관련 각종 활동을 지원하고 공개적인 경로를 제공한다. 타이완의 일부 학자가 방송이나 언론에 등장해 중국의 관점을 적극적으로 대변할 때가 있는데, 대체로 이 기관과 관련 있다고 여겨진다. 국대판國台辦은 다양한 루트로 '공식 창구' 역할을 하고 있는데, 이는 중앙 권력에서 아직 소외되지 않았을 때의 이야기다.

3. 인민해방군 체계: 대단히 복잡한 구조를 가진 영역이다. 군이 직접 정치 공작에 나서는 일은 거의 없고, 간접적인 방식으로 개입한다. 정보국이 대외적으로 유령 회사나 위장 기업을 설립해 군 자본을 투입하고, 이를 통해 각종 홍보 사업과 상업 마케팅을 벌인다. 원래는 군의 수익 창출 통로였지만, 2000년 이후 '상업을 통해 정치를 압박하고, 경제로 통일을 촉진한다'라는 방식을 고안해 타이완 대상 전략에 본격적으로 활용되기 시작했다.

4. 통전부統戰部: 타이완 기업인 포섭을 주요 임무로 한다. 이들이 타이

완으로 돌아가서 각종 빈민 구제 성격의 협회를 설립하게 하고, 이를 통해 적극적으로 기층민을 포섭한다. 그리고 그들이 통일의 좋은 점을 믿게 만드는 데 주력한다. 가장 대표적이고 공개적인 사례는 '광차이光彩 그룹'을 통한 활동이며, 이외에도 소규모 양안 경제·무역 교류단과 같은 형태로 여러 작은 프로젝트를 진행하고 있다.

5. 중앙선전부中宣部: 주로 공개적인 정치 활동을 담당하고 있다. 타이완 대상 업무는 규모가 비교적 작고, 상당 부분은 외주화되어 있다. 확인된 바로는 대부분 다른 기관의 프로젝트나 홍보 역할을 한다고 한다.

6. 공청단共青團: 후진타오의 퇴진과 함께 점점 힘이 약해졌다. 현재 예산과 침투 능력 모두 약해졌고, 문화 행사를 통한 타이완 통일 선전에 주력하고 있지만 파급력은 그다지 높지 않다. 하지만 단원 수가 매우 많아서 이를 각종 온라인 선전뿐 아니라 특정 대상에 대한 온라인 집단 공격에 활용하고 있다.

이들 단체의 구체적인 역할은 다음의 그림과 같다.

이들 단체의 이름과 관련 조직은 타이완인이라면 2020년 타이완 총통 선거 당시 한번쯤 들어봤거나 목격한 것들이다. 왕리창王立強* 이 호주로 망명한 이후 위에서 언급한 주요 부서 여섯 곳의 실체가

---

* 중국의 정보요원 출신으로, 2019년 호주로 망명해 중국의 타이완 및 홍콩 내 공작 활동을 폭로한 인물이다.

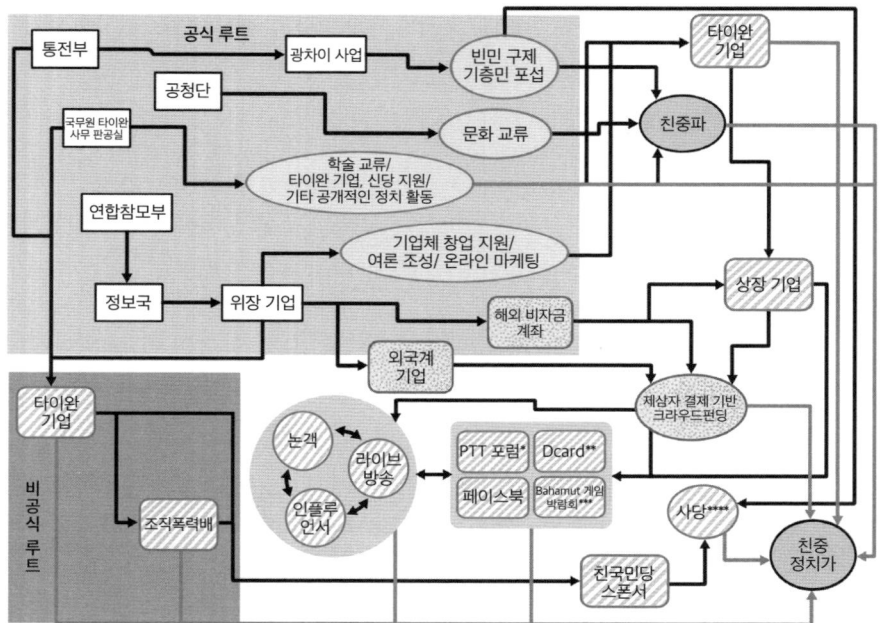

연한 색 화살표는 일반에 공개되어 있거나,
인터넷상에서 조금만 찾아보면 확인할 수 있는 단서를 의미한다.
진한 색 화살표는 자금의 흐름을 추적하기 어렵거나,
중국 내부의 행정 절차여서 확인이 어려운 경우,
또는 불법 여부를 판단하기 어려운 편법적인 수단을 의미하며,
오직 추측이나 과거 유사한 사례를 근거로 판단할 수밖에 없다.

* 타이완의 대표 온라인 커뮤니티. 한국의 디시인사이드, 아고라와 유사함.
** 타이완의 대표적인 대학생·청년층 중심의 SNS형 커뮤니티.
*** Bahamut은 타이완 최대의 게임·애니·서브컬처 포털 사이트이며, Bahamut 주최의 게임 박람회를 뜻함.
**** 도교와 민간 신앙을 기반으로 한 사당으로, 지역 공동체 신앙의 중심 역할을 한다. 선거철에는 정치인들이 궁묘를 참배하며 세력을 확장하기도 한다.

드러났다는 것을 우리는 굳이 숨기지 않는다. 인민해방군과 관련 있는 다수의 중국계 투자 기업들에서 2019년 이사회가 교체되거나 경영진이 사임하는 일이 벌어졌고, 반反침투법이 통과된 뒤인 2019년 말과 2020년 초에 적지 않은 협회가 바로 해산했다. 이걸 보고 있으면 뭔가 수상한 구석이 있다는 느낌을 지울 수 없다. 하지만 이는 관계 당국이 조사하면 될 일이니 더 이상의 언급은 하지 않겠다.

여기서 강조하고 싶은 것은 중국의 타이완 침투가 하루 이틀 사이에 벌어진 일이 아니라는 점이다. 분명한 것은 시진핑 집권 이후 '통일 추진'을 더 적극적으로 밀어붙이면서 이 활동들이 수면 위로 드러나기 시작했다는 것이다. 우리 같은 일반인이 이들의 공개적인 활동에서 그러한 행위를 적발해내기란 대단히 어렵다. 하지만 지난 몇 년간의 추조을 통해 우리는 중국의 타이완 내 정보전 양식을 파악하게 되었다.

그들의 정보전 양식은 대체로 다음 세 가지 유형으로 나눌 수 있다.

첫째, 전통조인 '팬덤 형성' 방식이다. 우선 핵심적인 연결 고리가 있어야 한다. 가짜뉴스를 포함해 중장년층이 사용하는 메신저 이미지나 정보 요약 영상 등을 전파하기 쉽게 제작하고, 이 연결 고리를 통해 배포한다. 이로써 수많은 팬덤을 형성한다. 우리는 이를 '정보 흐름'이라고 부른다. 중국은 정보의 방향성을 설정한 뒤, 좀비 네트워크나 댓글 부대를 통해 유포한다. 정보량은 중간급이지만 특정 목적을 달성하기가 쉽다.

둘째, 비공개 페이스북 페이지나 라인 단체방 등을 활용하는 것이다. 처음에는 건강, 교육 등과 같은 정보를 전달하면서 구성원들이 경계심을 풀게 하고, 이후에는 뉴스 기사를 통해 '약간 부정적'인 의견을 흘려보낸다. 이렇게 점진적으로 구성원들의 인식 체계를 바꿔가면서 특정 시각의 뉴스를 받아들이기 쉽게 만든다. 그런 정보들은 공식적으로 만들기 어려운 터라 대규모 외주를 통해 이루어지며, 음모론이나 스토리텔링 방식이 더해져서 전파된다. 심지어 현지 인플루언서와 협업하기도 한다. 우리는 이를 '자금 흐름'이라고 한다.

셋째, 특정 조직이 가짜뉴스를 만들어 자신의 조직원들을 세뇌해 철위대Garda de Fier* 같은 신념을 갖게 한다. 그런 뒤 이들이 '의용군'을 자처하며 자발적으로 온라인 선전과 사이버 공방을 벌이게 한다. 통일전선 시스템을 통해 특정 인물을 세뇌하는 일은 돈을 쓸 필요도 없다. 우리는 이를 '인력 흐름'이라고 부른다.

전파 방식이 이렇다면, 실제 침투 방식은 어떨까? 이는 러시아의 수법과 거의 같다. 친중 단체만 선별해 일방적으로 선전하는 데 그치지 않고, 실체가 없는 독립 성향의 가공 인물들을 만들어서 통일 지지층의 혐오감을 증폭시킨다. 이는 철저히 타이완의 현실을 겨냥해 작은 틈만 보여도 파고들어 분열을 꾀하며, 격한 대립을 통해 분

---

* 루마니아의 극우 파시스트 민병대이자 반유대주의 성향을 띤 정당으로, 1930년대~1940년대 초에 걸쳐 정치적 테러와 민족주의 운동을 주도했다.

쟁과 혼란을 초래하는 것이다. 이러한 시각을 통하지 않고 '중국이 특정한 사상을 주입하고자 한다'고 상정해버리면, 그들이 마치 궁극적으로 퍼뜨리고자 하는 목표가 있다는 것으로 오해할 수 있다. 하지만 실제로 이러한 특정 사상은 존재하지 않으며, 그렇기 때문에 사람들이 눈치채지 못하는 것이다.

다만 2018년 선거의 경험이 독립 성향 진영에 준 충격이 컸던 탓에 2019년 이후 타이완의 온라인 여론 생태계는 큰 폭으로 재편되었다. 이제는 의심스러운 독립 성향의 의견은 빠르게 걸러지기 때문에, 실체가 없는 독립 성향의 가공 인물 전술은 거의 실패한 상황이다. 하지만 이는 불안한 사실 또한 드러냈다. 공산당의 분열과 침투 전략에 맞서, 민주주의 국가가 매카시즘에 가까운 극단적 편집증으로 대응하지 않는 이상, 철통같은 방어는 불가능하다는 점이다.

그러나 그러한 대응이 과연 민주주의 국가가 원하는 모습일까? 우리는 다시 생각해봐야 한다. 언론의 자유는 민주주의 국가의 기본 가치 중 하나이며, 자유의 대가는 영원한 경계다(미국 대통령 토머스 제퍼슨의 'The price of freedom is eternal vigilance'). 우리는 과연 공산주의에 대한 경계와 두려움을 수십 년간 유지할 정신적 소양을 갖추었는가? 그렇지 않다면, 공산주의는 언론의 자유라는 통로를 통해 민주주의 제도에 대한 침투와 분열 책동을 계속할 것이다.

이론적인 설명은 여기서 마치고, 중국의 정보전을 저지할 수 있는 구체적 방법에는 어떤 것들이 있는지 살펴보자.

무엇보다 민주주의 국가는 임의로 국민을 감시할 수 없으므로 법 제정이 필요하다. '외국 대리인 등록법'*은 반드시 제정해야 할 법률이다. 현재의 반침투법**은 디테일이 없어 명확한 악의적인 공격에만 대응할 수 있을 뿐, 장기적으로 잠복하며 침투하는 대상에 대해서는 정밀한 자금 추적과 정보 공개 없이는 전혀 손쓸 방법이 없다.

 다음으로 정부가 투자하는 정보전은 방어에만 국한되어선 안 되고, 공격도 포함되어야 한다. 전통적인 정치 선전과 심리전 시스템을 정보통신 전력과 결합해 새로운 공격형 사이버 부대를 조직할 필요가 있다. 중국이 가장 두려워하는 것은 '정보의 투명성'이다. '금순 공정'(중국의 전국 공안 업무 정보화 공정을 금순 공정이라고 하며, 감청, 차단, 복구, 검열 등의 방식을 통해 자국민의 온라인 활동을 감시한다)을 역이용해 중국 내부로 역침투하고 금순 공정을 파괴함으로써, 중국이 타이완 대상 정보전에 쓸 자원을 자국의 내부 방어로 돌릴 수밖에 없도록 만드는 것이다. 즉 공격을 통해 우리에게 가해지는 압박을 덜어내는 방식이다.

 하지만 여기에 도덕적인 문제는 없으니 걱정할 필요가 없다. 타이완이 중국의 사이버 부대와 맞서 싸우는 데 필요한 것은 단지 그들의 정보가 투명해지도록 돕는 일뿐이고, 이는 모두 합리적이고 합

---

* 2025년 3월 현재 타이완의 일부 정당이 입법 초안을 제출한 상태다.
** 이 법은 '선거 기간 내 외국의 정치적 침투'에만 적용되며, 포괄적인 '등록 제도'를 제공하지는 않는다.

법적이다. 이렇게 하면 중국 정부에 막대한 타격을 줄 수 있다.

방어와 공격 외에도 우리에게 여전히 부족한 부분이 있다면 바로 '민간의 참여'다. 비록 최근 몇 년간 가짜뉴스 감시단, MyGoPen麥擱騙*과 같은 단체와 팩트체크 소프트웨어의 지원 덕분에 가짜뉴스의 상당수가 초기 근계에서 걸러졌지만, 이미 침투되어 세뇌된 나머지, 타이완은 중국에 저항할 힘이 전혀 없다고 믿는 이들에게는 언론과 교육을 통해 중기적인 노력을 기울여야 한다. 이는 마치 일본이 과거 옴진리교라는 사이비 종교에 빠진 신도들을 다시 정상 사회로 나오게 하려고 노력했던 것처럼 오랜 시간과 고통이 뒤따르는 과정이다.

언론의 자율성에 대한 기대는 신뢰하기 어렵다. 정보가 넘쳐나는 현대사회에서 민중의 감시 감독 역시 필수다. 장기적인 언론관을 구축하는 가장 좋은 방식은 정보전의 작동 논리에서 찾을 수 있다. 중국은 정보전을 통해 타이완 내부의 가치관 균열을 찾아내고, 이를 집중적으로 자극해 사회를 분열시키는 방법을 택해왔다. 그렇다면 타이완 역시 그에 맞게 행동해야 한다. 다양한 시각을 가진 소규모 매체들을 만들어 그들이 다양한 사상과 여러 계파의 목소리를 다루게 해야 한다. 최근 몇 년간 진보 진영은 툭하면 정치적 올바름을 내세우며 반대 의견을 봉쇄해왔는데, 이는 사실 대단히 위험한 일이

---

*   2015년 창립된 T-이완의 사실 확인Fact-Checking 플랫폼. 麥擱騙은 타이완어로 '다시는 속지 말자'라는 의미이며 MyGoPen는 해당 단어의 타이완어 발음에서 유래함.

다. 이는 보수 진영의 관점이 표출될 창구를 막아서 음모론 따위로 변질되게 할 수 있다. 보수적 관점을 가진 사람들은 절대 사라지지 않았다. 그들은 오히려 마음속으로 증오를 키워가고 있을 뿐이다.

학교 교육이든 사회 교육이든, 교육은 더 장기적인 노력을 요한다. 정보전의 핵심 특징 중 하나는 적국 내부의 '가치관 차이'를 더 확대·부각시켜 상호 타협이 불가능한 상황까지 분열시키는 데 있다. 러시아가 미국 사회에 침투했던 사례는 이상주의적 청년층일수록 국가 이익을 부정하는 데 거부감이 없고, 글로벌 이념에 쉽게 매료될 수 있음을 보여준다.

이런 침투와 분열의 전형적인 수법은 사람들이 당면한 현실 문제는 외면하고, 실현 불가능한 목표만을 우선하도록 만드는 것이다. 그런 다음 그 목표를 신성시하고 상징성을 부여해 일종의 '성역'으로 만든다. 그렇게 만들어진 목표는 겉으로는 해결책 같지만, 사실은 궤변에 지나지 않는다.

이 문제는 군사 영역에서 더 심각하게 드러난다. 예컨대 '중국의 탄도미사일은 무적이지만, 미국의 탄도미사일은 결함투성이라서 타이완이 그것을 보유해도 아무런 쓸모가 없다'는 식의 주장은 관련 군사 분야를 오래 연구했다는 이들에게서도 나오고 있다. 이는 이미 이념으로 해석할 수 있는 차원을 넘어섰다. 정보전의 본질은 정보의 비대칭이며, 중국은 우리가 잘 모르는 부분을 통해 우리를 속이고 있다.

예를 들어 상대가 제조업에 대한 이해가 부족하다면, 중국은 자신들의 제조업 능력이 막강하다는 식으로 주장하며 상대가 믿게 만든다. 하지만 실제로 중국의 공장은 관리에서 제조까지 일류라고 부를 만한 것이 없다.

그렇지만 어찌 됐든 상관없이 중국은 할 수 있다고 주장하며, 이를 믿지 않는 이를 향해서는 이데올로기에 매몰되어 있고, 골수 독립론자라고 매드한다. 이쪽에서 그런 주장은 골수 통일론자나 할 소리라고 반격한다면, 그들은 '어차피 양쪽 다 도긴개긴이다'라는 논리로 반박하며 실질적인 문제는 토론할 필요가 없다고 말한다. 하지만 실질적인 문제에 다가서지 못하면, 정보전 속에서 난립하는 루머는 해결할 수 없다.

18

전쟁이 곧바로 폐허로 만드는 것은 아니다

일반 사람들이 가장 걱정하는 것은 '만약 정말로 전쟁이 난다면 어떻게 될까?'일 것이다.

식수와 전력이 끊길지, 공습경보가 울리면 어떻게 대처해야 할지, 먹을 것을 구하지 못하면 어떻게 할지 등등 당장 생활하는 데 영향을 받을 것은 자명하다. 이러한 민생 문제 외에도 포화가 몰고 올 피해에 대한 두려움도 있을 것이다.

여기서 우리는 몇 가지 포인트를 분리해서 봐야 한다. '도시와 농촌' '개전 이전과 이후' '생필품 구매와 배급' 등을 하나로 묶어서 생각하면 토론이 불가능하다.

전쟁을 일으키려 한다면, 특히나 타이완과 같은 요새형 섬을 대상으로 한다면 성공하는 방법은 오직 하나뿐이다. 그 순서는 다음 도식을 참조하자.

이와 관련된 내용은 2부에서 다룬 바 있지만 여기서 다시 한번

정리해보겠다. 진정한 타이완 침공의 방법은 오직 위의 도식대로 하는 것뿐이며, 이대로 해내지 못하면 타이완 침공은 실패한다. 이러한 단계들을 생략하고 곧장 타이완 전역을 점령할 전략이 있다고 한다면, 그건 궤변일 뿐이다.

타이완의 정치권이나 국민 심리적 측면에서나 항전을 포기하고 무조건 항복하지 않는 이상, 중국은 함부로 이런 대규모 해상 침공 작전을 감행할 수 없다. 물론 중국이 내부 사정으로 정치적 모험을 감행해야 한다거나, 권력 투쟁으로 인해 승패에 상관없이 무조건 전쟁을 벌여야 하는 처지라면 이야기는 달라진다.

따라서 중국의 공격을 시작한 바로 다음 날 집 앞 거리에 인민해방군이 다닌다거나, 도시 전역이 폐허가 되는 식의 걱정은 할 필요가 없다. 이는 제2차 세계대전 때 대규모 융단 폭격에서나 가능한 시나리오로, 현재 중국은 그렇게 할 능력도 의지도 없다.

개전 초기의 상황

　기본적으로 중국이 실제 무력 침공을 위해 병력을 결집한다면, 타이완 국민이 가장 먼저 체감하게 될 것은 언론을 통해 발표되는 예비군 소집 통지와 각종 차량의 집결지 안내일 것이다. 정부의 통제 조치는 강화될 것이고, 출국 자격도 제한되며, 입국 심사 역시 더 엄격해질 것이다. 이어서 매일 각종 군사 훈련이 벌어질 것이다. 여기에는 공습경보뿐 아니라 빈번한 도로 통제도 포함된다. 교통경찰이 도로에서 군대 이동과 부대 출입을 지원할 것이다. 이 시기 군의 작전은 다른 모든 것에 우선한다.

　그렇지만 일상생활에는 그리 큰 영향을 주지 않을 것이다. 일반적인 구매과 소비, 학생들의 등교 같은 것은 평소와 다름없을 것이다. 정부는 커다란 변동으로 불필요한 공포와 혼란을 일으키려 하지 않을 것이다. 하지만 '그리 큰 영향을 주지 않는다'는 말이 영향이 전혀 없다는 것을 뜻하지는 않는다. 마트나 매장에서는 '생필품 사재기'와 같은 현상이 일어날 것이고, 정부는 이를 방지하기 위해 구매 상한선을 설정할 것이다. 정부가 디지털 신분증을 발급하고, 물자 현황을 집계한 뒤, 신분증에 연동해 구매량을 관리할 수도 있다.

　이런 수동적인 대응 외에, 현행 계획에 따라 예비군은 예비 여단으로 편성되어 현역 부대와 협조해서 제1선 방어를 담당한다. 4개월 군사 훈련병*은 작전 훈련만 하는 것이 아니고, 도시 방어를 담당하게 된다. 군사 훈련병 출신 예비군은 관련 기관 또는 경찰·소방관과 협조해서 미사일 공격 이후 화재 진압, 파편 제거 등 복구 작업에 동원된다. 장기적으로는 배급 체계와 연계될 가능성도 있다. 예를 들어 소규모 읍 면 단위의 행정구역에 주민이 1000명이라면, 남녀·아동·영유아 인구에 따라 매일 필요한 쌀·밀가루·육류·채소·과일과 같은 기본 식료품 및 위생용품 등을 매주 몇 번씩 운송할지 결정하고, 전국적으로 신선식품과 비축용 식품을 운송하며 각 지역으로 분산 배급하는 식이다.

이 과정에서 일반 대중이 숙지해야 할 점은, 공습 대피 외에 임의로 거주지를 이동하면 안 된다는 것이다. 주민은 자신의 실제 거주지가 주민등록상 주소와 다르면 반드시 담당 행정 기관이나 이장·통장을 통해 사전 신고를 해야 한다. 이는 유사시 물자 배급을 원활히 하기 위함이다. 즉 담당 기관과 담당 경찰이 근무표와 정해진 순서에 따라 운행할 트럭의 크기를 결정하고, 어떤 주택단지에 배달할지, 그 주택단지는 어느 정도 규모이며, 생필품 배급에 협조할 관리위원회는 있는지 등을 점검하고 연습하는 데 도움이 될 것이다.

이론적으로 식수 공급에 대한 시뮬레이션과 실습도 필요하다. 상수도가 정상적으로 가동된다면 최대한 물을 아낄 것을 권하고, 대형

---

* 2024년부터 복무 기간이 4개월에서 1년으로 변경되었다. 현재 타이완의 군인 구분 체계는 1년 군사 훈련병(의무병) 외에 지원병(타이완군의 핵심 전력)이 있다. 지원병은 병·부사관·장교 모두 해당 가능하며, 병사는 최소 4년의 복무 기간이 있고, 장기 복무 시 연금 수령도 가능하다.

식수통을 준비해 비상시에 대비하게 해야 한다. 필요하다면 정부가 예산을 투입해서라도 대량생산하게 하거나, 개인 주택이나 관리사무소가 있는 공동주택 단지에 간이 빗물 집수 및 여과 장치를 설치하도록 지원할 수도 있다. 만약 상수도가 끊긴다면, 주민들이 소방대의 급수 지원을 어떻게 받을지, 급수 차량은 몇 대나 필요할지, 어떻게 배치하고 운용할지 연습해보지 않으면 알 수 없다. 그리고 가장 최악의 상황으로 정수장 가동이 적의 공격으로 중단되어 정수하지 않은 물을 사용할 수밖에 없다고 한다면, 최소한의 음용수를 공급할 수 있게 각 지역에 간이 정수 설비를 미리 배치해야 할 것이다. 에너지원 확보도 고민해야 할 문제다. 전쟁이 격화되면 전력 공급이 중단될 수 있다. 그러면 음식 조리를 위한 가스는 어떻게 공급하고, 가스통 수송은 어떻게 유지할지, 아니면 식사 대용 빵을 일괄 생산해서 배급할지 등등 모든 항목을 구체적으로 계획하고 실제 훈련을 통해 수정해야 한다.

이러한 훈련은 평시에는 시행하기 어렵지만, 중국이 무력 침공 의도를 노골적으로 드러내는 시점이라면 한두 달쯤 시행한다 해도 사회적 저항은 없을 것이다.

바꿔 말해 전쟁 대비 태세가 가동되더라도 출근할 사람들은 출근하고, 등교할 사람들은 등교하는 등 일반 시민의 일상에 큰 변화는 없을 것이다. 변화가 있는 사람은 소집 대상이 되는 이들일 것이다. 소집 대상이라면 지정된 장소로 가서 소집에 응하고, 군의 지휘를 따르면 된다. 소집 대상이 아니라면 민방위 훈련과 대비 계획에 참여하면 된다. 그리고 이런 준비는 대부분 퇴근 이후에 진행될 것이다.

이외에 쇼핑이나 영화 관람 같은 기본적인 일상 활동은 대체로 금지되지 않을 것이다.

다만 중국의 공격 예상 시점이 가까워질수록 달라진 상황에 직면할 것이다. 예를 들어 수업 도중 갑작스러운 휴교령이 내려져 부모들은 급히 퇴근해서 아이들을 데리러 가야 할지도 모른다. 부득이하게 늦어지면 경찰이나 민방위 조직의 안내에 따라 인근 대피소에서 공습을 피해야 하는 일이 생길지도 모른다. 이 시기에는 이와 비슷한 훈련이 자주 벌어질 수 있고, 전쟁의 위협을 피하는 게 불가능해지는 상황이 뚜렷해지면 위에서 이야기한 조치들은 더 강화되고, 정부의 통제는 더 엄격해질 것이다. 이때는 출입국이 거의 불가능해질 것이고, 도로의 통제는 강화되어 고속도로 상하행선의 통제가 이뤄져 자유로운 이동이 더는 어려워진다. 제5열의 침투와 교란 시도를 막기 위해 군사본부와 같은 핵심 시설 인근에 거주하는 주민들에 대한 통제 역시 더 엄격해질 것이다.

이러한 통제가 해제되어 일상생활로의 복귀가 가능해지는 때는 개전 상황이 완화되어, 중국의 침공 위기가 사라졌다고 판단된 이후가 될 것이다.

개전 후의 예상 가능한 상황

중국이 정말로 침략을 감행한다면, 우선 육군이나 특수부대를 동원해 타이완 본토를 기습할 가능성은 극히 낮다. 상식적으로 생각해보면 약 일주일간 탄도미사일 공습을 감행하고, 단계적으로 공군력을 증강하면서 제공권을 장악하는 시나리오가 비교적 현실적이라고 할 수 있다.

탄도미사일 공습과 같은 상황에 맞닥뜨려도, 민간 거주지역을 겨냥하지는 않을 것이므로, 안심하고 자택에 머물며 민방위 요원의 지시에 따라 생활하면 된다. 첫 일주일 동안의 미사일 공습은 대부분 군사 시설을 겨냥한 것이지만, 그래도 안심이 안 되는 사람은 미리 거처를 옮기거나 친척 집으로 피신해도 된다. 정부 역시 인근 주민들을 위한 대피처를 우선적으로 제공할 것이다.

인민해방군이 미사일 공습을 하면서 제공권 쟁탈을 벌이는 단계는 통상 2주 이상, 일부 워게임에서는 최대 한 달가량 이어질 것으로 예상한다. 이때 가장 큰 문제는 미사일 공습으로 인한 민간 피해라기보다 사실상 집 안에 갇혀 있어야 한다는 것이며, 수시로 끊기는 인터넷 신호로 인한 무료함이 가장 큰 적이 될 것이다.

장담할 수 있는 것은 전쟁 초기 미사일 공습과 제공권 쟁탈전으로 일반인이 느낄 수 있는 공포는 그리 크지 않으리라는 것이다. 이미 신종 코로나바이러스 사태를 겪으면서 우리 모두는 일정 수준의 봉쇄와 제한에 익숙해졌다. 전쟁으로 인한 봉쇄 역시 크게 다르지 않을 것이다. 인민해방군은 무차별적으로 민간인을 학살할 능력이 없으며, 미사일로 민가를 공격하는 것은 미치지 않고서야 할 수 있는 일이 아니다. 사람들이 견디기 어려워할 만한 것은 다른 게 아니라, 저공에서 전투기가 고속으로 지나갈 때 발생하는 충격파와 폭음일 것이다. 인민해방군의 야간 공중전 수행 능력은 타이완군에 비해 크게 떨어지므로, 야간에 소모전을 벌이는 일은 없을 것이다. 다만 충격파로 인해 주택의 유리창이 깨지는 피해는 발생할 수 있으니, 동네마다 비상용 합판을 준비해두고 급한 대로 임시 조치를 하도록 대비하는 것이 바람직하다.

만일 인민해방군이 통신 시설이나 수도 시설, 발전소 등을 파괴해서 민간인의 결투 의지를 약화시키려 한다면, 한편으로는 오히려 다행스러운 일이다. 미사일의 수량은 한정되어 있고, 전투기가 제공권 장악이 아닌 폭격기 호위에 투입된다면, 중국이 타이완을 점령할 가능성은 사라진 것이나 다름없기 때문이다. 전쟁이 타이완의 승리로 끝난 뒤, 일반인의 생활 수준은 수개월에서 반년 정도 저하될 것이다. 전력은 지역별로 순환 공급되고, 소방차에 의한 급수가 이뤄질 것이다. 이러한 일 외에 영화에서 봤던 것처럼 도시가 불바다가 되며, 사방이 폐허가 되어 사람들이 극심한 고통에 빠지는 일은 벌어지지 않을 것이다.

만약 불편함을 느낀다면, 그 수준은 오후에 카페에서 차를 마실

수 없다는 것과 집에 갇혀 지내는 상황에서 인터넷이 안 돼 드라마 시청이 어렵다는 정도가 될 텐데…… 음, 인터넷이 끊기는 것은 정말 끔찍한 일일 것 같긴 하다.

이러한 상황은 약 2주에서 1개월쯤 지속될 텐데, 그사이에 중국이 다시 상륙전을 추진하려 한다면, 제공권 장악이 어느 정도까지 이루어졌든 간에 반드시 지상공격용 전투기와 폭격기를 동원해 타이완 육군의 전력을 약화시키려들 것이다. 이때부터는 저공에서의 전투가 격렬해져서 미사일 오폭 외에 추락한 전투기에 의한 민간인 피해가 발생할 수도 있다.

비록 폭탄에는 눈이 없다고 하지만, 중국은 제2차 세계대전 당시 영미 연합군이 독일의 도시에 무차별 폭격을 퍼부었던 것과 같은 능력을 갖추고 있지 않다. 그래서 타이베이를 예로 들자면, 비록 관인산이나 다둔산 일대에서 공습으로 인한 엄청난 폭발음이 들리고 그 공습이 타이베이 시내까지 이어진다 해도, 주요 정부 기관만 공습의 목표물이 될 것이다.

물론 전력소, 수도 시설, 변전소 등 주요 인프라 인근에 거주하고 있는 주민이라면 되도록 거처를 옮기거나, 친척 집으로 잠시 피해 있는 것이 바람직하다. 원칙적으로 민가에 대한 대규모 공습은 불가능하지만, 전시에는 늘 만일의 사태에 대비해야 한다.

인민해방군의 상륙 후 예상 가능한 상황

솔직히 말해 전쟁이 인민해방군의 상륙 이후의 단계로까지 진행될 가능성은 그리 크지 않다. 그렇지만 분명 이런 문제까지 걱정하는 사람이 있을 것이기에, 어느 정도 감이라도 잡자는 차원에서 간단히 설명하겠다. 인민해방군은 상륙 후 거점을 따라 순차적으로 초토화하는 전략을 택하지 않을 것이다. 이런 전술은 필패할 수밖에 없다. 인민해방근에게 그나마 승산이 있는 전략은 항구를 신속하게 점거하는 것뿐이다. 그래서 전쟁이 임박한 상황에서는 자신이 거주하는 지역이 인민해방군의 상륙 예상 지점 근처인지, 혹은 상륙 후 항구로 진격하는 경로에 있는지 주민 스스로가 알고 있어야 한다.

이 단계가 되견, 상륙이 벌어지기 며칠 전에 이미 해당 거주지가 전투에 휘말릴 가능성이 있는지 통보가 이루어질 것이다. 그렇게 되면 주민들은 귀중품만 챙겨서 민방위 부대의 지시에 따라 안전한 지역으로 이동해 대기해야 한다. 만약 떠나길 거부했다가 정말 전투에 휘말리면 어떻게 될까?

거주지가 방어에 적합한 곳이라면 군대가 징발할 것이고, 거주민은 퇴거해야 한다. 그렇지 않은 곳이라면, 민간인 피해를 최소화하기 위해 역시 거주민을 강제로 이동시킬 것이다. 인민해방군이 눈앞까지 다다른 상황에서도 버티며 남아 있겠다는 사람이 있다면, 정말 대단한 배짱이라고 할 수밖에 없다. 대피하기 전에 인민해방군이 밀어닥쳤다면, 지진을 피할 때처럼 집 안에서 최대한 안전한 공간에 몸을 숨기고 조용히 전투가 끝나기를 기다리는 수밖에 없다.

만약 인민해방군이 실제로 주택 안으로 들이닥친다면, 그때 남아 있던 사람들은 죽었다고 봐야 한다. 인민해방군이 집을 점거하는 이유는 이를 방어 거점으로 쓰기 위해서이며, 절대 포로를 남겨두려 하지 않을 것이다. 속전속결해야 하는 상황에서는 포로를 남겨두기보다 총알 한 발로 처리하는 편이 훨씬 더 효율적이다. 오성홍기를 높이 들고 투항하면 자신을 귀순자로 대우해줄 거라는 환상은 갖지 말자. 한시가 급한 상황에서 투항한 사람이 첩자인지 아닌지 일일이 확인할 수 없기 때문에 의심스러우면 일단 제거할 수밖에 없다.

서설이 길어졌지만, 결국 하고 싶은 말은 정부의 지시를 따라 안전지대로 철수하라는 것이다. 철수하지 않고 버티면서 인민해방군의 길잡이를 자처하면 무사하리라고 머릿속으로 드라마를 쓰는 일은 하지 않는 편이 낫다.

좀더 현실적인 상황은 인민해방군이 정말 해안 방어선을 돌파하고, 해안을 벗어나 항구로 진격할 때 자신의 집이 인민해방군의 행군 경로에 위치한 경우다. 만약 이런 상황에서도 여전히 남아 있었다면 주의가 필요하다. 거주지가 농지에 있는 농가 형태라면 인민해방군 입장에서는 굳이 농가에 들어가 쉴 이유가 없다.

응당 주의해야 할 것은 다음과 같은 경우다. 인민해방군이 이 주택이 부대 이동에 걸림돌이 된다고 여기거나 매복 위험이 있다고 여긴다면, 전차포로 쏴버리거나 전투기의 지원을 받아 주택을 폭격해 버릴 것이다. 타이완군 입장에서도 이동 중인 인민해방군을 공격하기 위해 포격을 감행하려는 상황에서 그 범위 안에 주택이 포함된다면, 주택 안에 사람이 있는지는 전혀 고려 대상이 아니다. 그러니 대피해야 한다면 최대한 서두르자.

인민해방군이 예상을 깨고 도시로 진입한다면, 이는 대체로 타이완군이 자국 도시에 대규모 화력 사용을 꺼릴 것이라 보고, 그렇다면 경무장한 수비 병력만 있으리라 판단하기 때문일 것이다. 이런 상황이라면 주민들이 제대로 대피하지 못한 채 인민해방군과 마주칠 가능성이 생긴다. 그렇다고 너무 걱정할 필요도 없는 것이, 타이완군은 사전에 충분한 시뮬레이션과 훈련을 통해 도시 방어에 적합한 지점을 정하고, 해당 주택의 소유자와 전시 징발과 관련된 협의를 충분히 해둘 것이다. 타이완군이 방어에 들어간다면, 공격이 예상되는 지역의 주민들은 빠짐없이 철수시킬 것이다. 오히려 걱정되는 상황은 만약 인민해방군이 제멋대로 민간 거주지로 진입해 시가전을 벌이는 것이다. 이렇게 된다면 문제는 훨씬 더 커진다.

인민해방군이 이런 식의 도시 난입을 벌일 확률은 희박하지만, 시간 부족으로 당장 보급과 정비가 필요한 상황이거나, 항구 공략에 실패해서 부대 증원이 있을 때까지의 거점 확보가 시급한 상황이라면 문제는 달라진다. 이러한 상황에서 도시에 남아 있는 사람들은 상당히 곤란해질 수 있다. 인민해방군은 분명 주민들을 인질로 삼아 식량과 물을 모조리 약탈할 테고, 더 나아가 그들을 '인간 방패'*로 내세워 타이완군의 포위·공격을 저지하려 할 가능성도 있다.

정말 염려해야 할 상황은 인민해방군이 주거지나 인근 지역에 주둔하는 것이다. 이런 상황은 가오슝항이 점령당하면 벌어질 수 있다. 인민해방군은 거점 방어를 위해 전력이 소모된 병력의 휴식 공간이 필요하므로 인근 주거지를 징발할 것이다. 하지만 이러한 상황에서도 피비린내 나는 통치를 감행하지는 못할 것이다. 그들에게는 안전하게 휴식을 취할 환경이 너무나 절실하기 때문이다. 가오슝항 일대만 해도 10만 명이 넘는 주민이 있고, 이는 상륙부대 병력의 수십 배에 달한다. 만약 주민들이 자신들을 향한 무차별 학살이 임박했다고 느낀다면, 어느 누가 순순히 협조하겠는가.

오늘날처럼 고층 건물이 즐비한 환경에서 강제로 문을 부수고 들어가 약탈하는 것이 쉬울 거라는 생각은 하지 말자. 대부분의 대문은 방범용 강철 문이라서 부수려면 소중한 탄약을 소모해야 한다. 게다가 들어갔다가 만에 하나 매복한 민방위 대원들과 교전이라도 벌어지면, 엄청난 상호 피해가 발생할 것이다. 이러한 병력 손실은 인민해방군에게 매우 공포스러운 일이므로 그들 입장에서도 어떻

---

* 저자의 이 같은 주장은 러·우 전쟁에서도 확인된다. BBC에 따르면 개전 초기 러시아군이 우크라이나 키이우 북쪽 오부호비치 마을을 주요 거점으로 삼으면서, 주민들이 집 밖에 '사람'이라고 표시해 민간인임을 알렸는데도, 노인과 어린이 등 약 150명을 학교로 끌고 가 '인간 방패'로 사용했다는 주장이 나왔다. 두가온, 「공격 피하려 민간인 표시했는데…러軍 찾아가 인간방패로」, 『동아일보』, 2022년 4월 8일자.

게든 회유책을 쓸 수밖에 없다. 따라서 순순히 물과 식량을 제공하고, 인민해방군에 최대한 협조한다면 불미스러운 일은 일어나지 않을 것이다.

민방위 부대가 아닌 평범한 민간인이라면, 최대한 말을 잘 듣고 협조하면 생존율이 높다는 건 우리도 알고 있다. 재물과 여성에 대한 약탈은 전투가 끝나기 전까지는 일어나지 않을 것이다. 주민들이 인민해방군의 배후에서 일으킬 봉기가 걱정돼서라도, 인민해방군은 전쟁이 끝나기 전까지는 최대한 웃는 얼굴로 주민들을 대할 수밖에 없다.

이러나저러나 굳이 이런 최악의 상황까지 걱정할 필요는 없다. 왜냐하면 중국은 애초에 타이완을 끝까지 삼켜낼 만한 능력을 갖추고 있지 않기 때문이다.

타이완의 준비는 충분한가?

지금까지 꽤 많은 실전 상황을 가정해 이야기해왔지만, 이는 어디까지나 하나의 가능성일 뿐이다. 이런 가능성에 대해 의무 복무를 마친 예비역들다 저 의문을 품을 수 있다.

여기서 좀더 설명을 추가하자면, 이제까지 말한 내용은 정상적인 절차에 부합하며, 이론적으로는 군대 역시 그렇게 할 것이다. 하지만 실전에서는 차이가 생길 수 있다. 그러면 그 차이는 어디에서 오는가? 그것은 계획이 미진해서가 아니라 실전 훈련이 부족하기 때문이다. 이는 지진이나 화재 대피 훈련과 같다. 일선 학교에서는 해마다 한 번씩 반드시 이들 훈련을 시행한다. 학생들은 아무리 지루해도 최소 한 번은 직접 겪어봤기 때문에, 실제로 재난이 발생하면 교직원과 학생 모두 어떻게 행동해야 하는지 어느 정도 감이 잡힌다.

하지만 군사 훈련, 특히나 민방위 훈련은 타이완에서 지난 수십 년간 시행해본 적이 없다. 아무도 필요성을 몰랐다거나, 제안이 없었던 게 아니다. 단지 정치적인 상황에 발목이 잡혀왔을 뿐이다. 대규모 군민 합동 방어 훈련은 엄청난 시간과 비용을 요구한다. 경제 활동에도 상당한 영향을 미치기 때문에 선거로 뽑힌 정치인으로서는 이런 훈련으로 유권자들에게 불만을 사는 일은 원하지 않는다.

최근 몇 년간 중국의 군사적 위협이 커지면서 타이완 내부 여론은 더 양극화되었지만, 끝까지 중국에 대항하길 원하는 측에서도 이러한 대규모 훈련이 오히려 준비 부족을 드러내 국민 사기에 악영향을 줄 거라 우려하고 있고, 친중 성향의 반대파는 당연히 집권 세력이 전쟁을 도발하려는 의도가 아니라면 이런 훈련을 할 이유가 없다고 생각한다. 여기에 생활에 미칠 영향을 우려하는 일반 국민의 여론까지 더해져서, 개개인이 반드시 참여해야 할 기초적인 국가 방어 훈련임에도 서류상의 시뮬레이션조차 제대로 이뤄지지 않는 상황을 초래했다.

그렇지만 정상적인 상황에서 전쟁이 이뤄진다면, 분명 앞서 말한 대로 진행될 것이다. 군사 기술이 시대를 초월하는 발전을 하지 않는 한 상황은 크게 달라지지 않을 것이기 때문이다. 차이가 있다면, 우리가 점점 전쟁의 위협에 직면하면서 허둥지둥 준비에 나서게 되고, 시행과 수정을 동시에 할 수밖에 없어 그만큼 조정과 훈련에 쓸 여유가 줄어들 것이라는 점이다.

이 책 전반에 걸친 기본적인 관점은 올바른 인식과 견해를 세우자는 것이다. 만약 모든 국민이 국방을 자기 일로 받아들이고, 요행을 바라기보다는 민방위 계획을 꼼꼼히 점검하며, 실제 훈련을 통해 미흡한 점을 보완한다면, 국방부도 예비 병력 및 민간 역량에 대한 동원과 관련된 계획들을 마지막 순간에야 급조하지 않고 미리 세울 수 있을 것이다.

좀더 적극적으로 생각해보면, 민간 차원의 자발적인 군사 훈련이 활성화되면 퇴역 군인들에게도 새로운 일자리 기회가 주어질 수 있다. 사격장을 비롯한 사설 훈련장과 전투 교관 등의 역할은 새로운 경제 형태를 형성할 수도 있고, 이는 결코 부정적인 일이 아니다.

타이완인들도 마음속으로 반드시 새겨야 할 것이 있다. 우리가 직면한 전쟁 위협은 결코 공허한 이야기가 아니라는 것이다. 그들이 지금 당장 타이완을 삼킬 수 없다는 것이 포기를 의미하는 것은 결코 아니다. 전쟁을 피하고자 한다면, 반드시 미리 대비해야 한다는 말은 예나 지금이나 변함없는 진리다.

> **친중 통일파가 주장하는 전쟁 발발 시
> 타이완이 직면할 위기**
>
> 첫째, 통일파는 전쟁 발발 시 타이완 본섬이 전면적인 전장이 될 것이라고 주장한다. 이들은 특히 서부 해안과 주요 도시 지역이 지리적·전략적 이유로 초기 교전의 중심이 될 수 있다고 본다. 타이베이, 가오슝 등 인구 밀집 지역에서의 충돌은 민간인 피해를 수반할 가능성이 크고, 병원, 학교, 주거지 등 비군사적 인프라가 손상을 입을 것을 우려한다. 그리고 이들은 전후 복구에는 상당한 시간이 소요될 것이며, 복원이 어려운 수준의 파괴도 발생할 수 있다고 주장한다.
>
> 둘째, 타이완의 수출 의존적 경제는 전시 상황에서 구조적 제약으로 작용할 수 있다고 주장한다. 통일파는 항공·해상 물류망의 중단, 핵심 산업 시설의 피해, 자본 유출 등이 복합적으로 작용한다면 타이완 경제 전반에 심각한 타격이 불가피하다고 주장한다. 특히 식량 및 에너지의 안정적 확보가 어려워진다면, 민간의 생존 기반에도 직접적인 영향을 미칠 수 있다고 본다.
>
> 셋째, 이들은 전쟁 이후의 사회 내부 혼란과 분열 가능성도 중요한

변수로 본다. 대규모 인구 이동, 보건·공공 서비스의 마비, 전후 트라우마에 따른 심리적 불안정성 등이 장기적으로 사회 통합에 악영향을 미칠 수 있다는 주장이다. 민주주의 제도와 생활 방식에 대한 신뢰도 역시 저하될 수 있으며, 그 영향은 단기적 위기를 넘어 장기적 구조 불안정으로 이어질 수 있다고 분석한다.

이러한 일련의 주장은 무력 충돌이 야기할 비용과 불확실성을 강조하며, 대중국 정책에서 좀더 온건하고 협상 중심적인 접근이 필요하다는 입장으로 연결된다. 통일파는 이러한 논리를 바탕으로, 타이완의 안보 전략이 저항보다는 관리와 조율에 초점을 맞춰야 한다는 관점을 제시하고 있다.―옮긴이

19

정규 상륙작전 외에 중국이 선택할 수 있는 전쟁 수단들

우리가 걱정해야 할 것은 전쟁이 우리의 생활 방식을 변화시키면 개인은 어떻게 대응해야 하는가다.

가장 먼저 생각해야 할 것은 사실 정치적 문제다. 어떤 식의 공격을 받더라도 타이완이 국제정치적으로 해야 할 것은 속칭 '법리적인 독립'이다. 입법원과 총통은 헌법과 법령을 명확하게 개정해서 중국과 깨끗이 갈라서야 한다. 법률로써 이를 명확히 하고 전쟁에서도 승리할 수 있어야만, 전 세계는 '하나의 중국' 정책을 지지하지 않을 것이다.

그렇다면 중국의 정규 상륙전과 타이완의 정치적 대응 외에 출현 가능한 전쟁 시나리오에는 어떠한 것들이 있을까?

1. 진먼·마주다오 주변 도서 공격

중국이 정치적 성과를 노리면서 타이완을 공격하는 것이 불가능한 일은 아니다. 다만 문제는 일단 공격한 뒤 어떻게 수습할 것인가에 있다. 보통 가장 합리적이며 가장 자주 쓰이는 위협 카드는 바로 외곽 도서島嶼를 점령하는 것이다. 여기서 말하는 외곽 도서는 진먼다오나 마주다오와 같이 거주민이 많은 섬이 아니고 다단大膽, 얼단二膽, 둥인東引, 우치우烏坵, 둥사東沙, 타이핑다오太平島 등 거주민과 주둔군이 극히 적은 작은 섬들을 가리킨다.

그러면 왜 이런 선택이 거론되는 것일까? 그 이유는 이렇게 하는 것이 정치적 파장이 가장 적으면서 군사적 준비도 최소한으로 할 수 있고, 얼마간 통제도 가능한 지역이기 때문이다.

간단히 말해서 이런 작은 섬을 점령하는 것은 인민해방군에게 전혀 어렵지 않은 일이다. 소규모 부대를 편성하고 약간의 지원 사격 후 상륙해 점령을 선언하는 것은 현실적으로 전혀 문제가 되지 않는다. 진짜 문제가 되는 것은 점령한 섬에서 주둔군이나 주민이 모두 철수한 상황이다. 그렇다고 하면, 진먼다오의 수비군은 민간인 피해를 걱정할 필요가 없기 때문에 곧장 무차별적인 대응 포격을 실시할 수 있다. 이때 인민해방군이 그곳을 점령했다고 선언하는 것이 무슨 효과가 있겠는가? 결국 철수해야 할 텐데, 그렇게 된다면 체면이 말이 아닐 것이다. 그렇다고 철수하지 않고 버틴다 한들 보급만 더 골치 아파질 것이다.

주둔군은 없고 주민만 있다면 이건 사실상 민간인 인질극이나 다름없다. 왜냐하면 인민해방군은 어찌 됐든 보급을 해야 하기 때문이다. 만약 타이완이 중국의 증원과 보급을 차단하고 사태를 더 확산시킨다면, 중국이 과연 준비 없는 전면전을 치르려 할까? 바로 철수하는 것은 체면 깎이는 일이니 민간인을 인질 삼아 타이완에 식량 보급을 압박할 텐데, 이는 사람을 납치해서 몸값을 요구하는 것이나 다름없다.

따라서 이런 시나리오의 출현은 친중파 총통과 반중파 입법원의 조합에서만 가능하다. 즉 외곽 도서 점령을 통해 정치적 압박을 가하고, 친중파 총통이 '어쩔 수 없다'는 식으로 양보를 가장해서 점령 도서를 내주거나 방어선을 뒤로 물리는 것이다. 이는 실질적으로 타이완의 방어 태세를 약화시키는 효과로 이어진다. 그러나 이러한 정치적 상황이 아니라면, 외곽의 작은 섬들을 점령하는 것은 아무런 실익이 없는 행위다.

2. 진먼·마주다오 공격

현재 외곽 도서의 방어 병력은 수천 명 수준으로 축소된 상황이다. 이 때문에 진먼·마주다오에 대한 방어력 문제와 철군론이 다시 거론되고 있다. 철군론의 타당성은 차치하더라도, 방어력 약화는 사실이다. 그렇다면 인민해방군이 이들 섬을 점령하는 것은 그리 어려운 일이 아니지 않을까? 이 문제를 논하려면 인민해방군이 이들 섬을 점령하는 데 어느 정도 규모의 병력이 필요할지 냉정하게 따져봐야 한다.

진먼다오에 배치된 기갑전력은 분명 충분하다고 할 순 없다. 보병을 상대하는 데에는 전혀 문제 되지 않는 수준이지만, 인민해방군이 대형 상륙함으로 전차를 상륙시킨다면 문제는 달라진다. 그렇지만 이러한 대형 장비의 준비는 노출될 수밖에 없으므로 기습은 불가능하다. 그리고 현재 진먼다오와 마주다오의 방어 수준이 과거보다 많이 약화됐지만, 타이우산太武山을 근거지로 해서 일정 기간 버텨낼 능력은 충분하다. 2주 정도의 시간이면 섬 전체를 소탕하고 진먼·마주다오 점령을 대외에 선포할 수는 있겠지만, 이러한 대외 과시의 목적은 무엇일까?

여기서 우리는 인민해방군의 전략 구상을 되짚어봐야 한다. 왜 타이완 본토로 직공하지 않고 굳이 진먼·마주다오를 점령하려 할까? 이렇게 하는 것은 분명 정치적 목적이 있기 때문이다. 그렇다면 그 정치적 목적은 무엇일까? 이는 무인도를 공략하는 것과는 차원이 다르다. 진먼·마주다오에 대한 공격은 필연적으로 대규모 사상자를 발생시킨다. 기습을 통해 단기간에 끝내려 한다면 민간인 피해는 더 커질 수밖에 없다. 현재 외곽 도서와의 연락은 과거와 달라서 인터넷을 통해 대규모 참상 사진이 곧장 세계로 퍼질 것이다. 그런데도 중국이 이러한 리스크를 감수할 이유는 무엇일까?

솔직히 말해 가능성은 두 가지뿐이다. 하나는 타이완이 친중·반미 성향의 총통을 선출했을 경우다. 진먼·마주다오가 공격을 받은 후 총통은 영토를 내주는 쪽을 택할 것이고, 국제무대에서 타이완 독립을 선언하는 행위를 하지 않을 것이다. 심지어 타이완의 대중국 대항을 인정하는 모든 도움을 거부하며 중국으로의 흡수통일을 명확히 할 것이다. 그러나 냉정하게 생각해보면, 타이완에 영토를 넘기는 친중 총통이 선출될 경우 중국은 곧바로 진먼·마주다오 반환 협상을 진행할 수 있을 텐데 굳이 전쟁을 일으킬 필요가 있을까?

다른 하나는 중국 내부의 권력 투쟁* 때문이다. 전쟁을 통해 내부 갈등을 해결하려는 것으로, 승리하면 정치적 입지를 강화할 수 있고, 나중에 일이 잘못되어 타이완이 이른바 '법리적 독립'을 선언한다면 중국 내 비둘기파에게 '너희 때문에 무력 통일의 적기를 놓쳤다'는 식으로 그 책임을 떠넘기면 된다. 사실 이런 식으로 내부 갈등을 외부로 돌리기 위해 국지적 충돌을 야기한 사례는 중국 역사상 한두 번 벌어진 게 아니다. 어쨌든 타이완을 통일하지 못한다는 것에 대한 변명거리는 얼마든지 만들어낼 수 있다.

* 국내외 전문가들은 시진핑의 정치적 위기 가능성을 타이완해협 사태 발발 원인 중 하나로 꼽는다. 자신의 정치적 입지가 위협받는다고 판단할 경우, 이를 만회하고 지위를 공고히 하기 위해 타이완해협에서 군사적 충돌을 일으킬 수 있다는 분석이다.

다만 어떤 시나리오가 펼쳐지든 간에 중국은 반드시 피할 수 없는 위험에 직면할 것이다. 그것은 바로 어떤 상황이든 타이완만 반발하는 것이 아니라 주변국들도 반발할 수 있다는 것이다. 그렇게 되면 사태를 수습하는 것은 훨씬 더 어려워진다.

3. 둥사다오와 타이핑다오 공격

이 두 곳과 관련된 문제는 어떻게 점령하느냐가 아니라, 점령했을 때 지정학적 정세에 영향을 준다는 것이다. 둥사는 지리적으로 홍콩 앞바다를 틈어막고 있는 형상이다. 오늘날 중국이 광둥에서 상륙부대를 파견하거나, 남해 함대가 항구를 빠져나오려 할 때나 모두 목에 걸린 가시와 같은 둥사를 만나게 된다. 이것이 바로 타이완이 수많은 남중국해의 작은 도서를 포기하고, 외곽 핵심 도서 주변의 소도小島들에는 군대를 주둔시키지 않으면서도 둥사만은 반드시 지키는 이유다.

다시 말해 중국이 정말로 타이완을 공격할 의지가 없다면, 둥사를 공격하는 것은 중국에 아무런 의미가 없다. 둥사가 타이완에서 아주 멀리 떨어져 있는 곳도 아니라서 타이완 본섬의 해군과 공군이 충분히 지원할 수 있다.

특히나 상륙작전을 위해 둥사를 포위한다면 타이완 해군은 원거리에서 대함 미사일로 큰 전과를 올릴 수 있다. 그 소중한 상륙함을 둥사에서 소모하는 것이 과연 득이 될까? 실제로 인민해방군이 남부 전구에서 둥사를 공략하는 계획을 시도하려고만 해도, 타이완군은 곧장 증원 부대를 파견할 것이고, 미군 역시 전투기를 보내 위력 시위를 할 것이다. 이렇게 하는 이유는 명백하다. 인민해방군이 함부로 둥사를 점령하려는 생각은 접는 게 낫다는 것을 보여주기 위해서다.

타이핑다오*는 또 다른 차원의 문제다. 타이완이 현재 남중국해에 타이핑다오를 꽂은 것은 분명 계륵과 같은 느낌이 있다. 하지만 이는 타이완에 남중국해 분쟁에 개입할 구실을 만들어준다. 관점을 바꿔보자. 만약 필리핀이나 베트남이 남중국해에서 중국과 충돌한다면, 타이완은 이 판에 개입할 근거를 갖게 된다. 또한 이들 국가도 필요하다면 타이완을 끌어들일 수 있게 된다. 어쨌든 중국을 제외하면, 동남아에서 타이완의 해군력이 1위이기 때문이다.

그리고 남중국해의 해상로를 생각하면, 중국이 타이핑다오를 점령하게 미국이 놔둘 리 없다. 결국 이는 단순한 군사 문제가 아니다. 오늘날 중국이 항공모함을 동원해서 타이핑다오를 점령하는 것은 전혀 어려운 일이 아니다. 하지만 그곳을 점령하고 지키는 것은 꽤 골치 아프다. 주변 국가가 본격적으로 그 섬을 빼앗으려 한다면, 중

---

* 영유권 다툼이 치열한 남중국해 난사군도에서 타이완의 남중국해 영유권 주장의 핵심 거점.

국 함대는 장기간 병력을 순환 배치하며 주둔해야 한다. 이를 위해 중국은 남해 함대 전력의 절반을 이곳에 묶어놔야 하는데, 이게 과연 실익이 있는 일인가? 인민해방군이 타이핑다오를 공격한다면, 타이완이 전선을 확대해서 타이완 주변의 인민해방군 함선들을 격침하거나, 중국 연해에 대한 반격을 감행하지 않으리라는 보장을 할 수 있을까?

누가 전쟁은 한쪽만 일방적으로 얻어맞고, 맞은 쪽은 반격조차 못 한다고 정했는가?

20

무력을 통한 공략이 아닌 봉쇄나 경제전을 택한다면?

이 주제는 이미 루머 부분에서 언급했듯이, 타이완을 봉쇄하는 것은 하면 안 되는 게 아니라 할 수가 없는 일이다. 국제관계 측면에서도 불가능하고, 중국 스스로의 능력이 부족하기도 하다. 봉쇄가 효과를 보려면, 타이완에 대한 공격을 시작하면서 '검사로' 봉쇄를 병행해야 한다. 하지만 이는 정말 어리석은 짓이다. 전쟁이 발발하면 어떤 상선도 타이완 주변을 지나려 하지 않을 것이고, 이는 중국도 마찬가지다.

봉쇄는 양날의 검이며, 쉽게 무력 충돌로 비화할 수 있다

타이완 봉쇄설은 예전부터 있었다. 1980년대부터 2000년대 초까지만 해도 그럴듯한 이야기였다. 당시만 해도 타이완의 레이더와 대함 미사일의 효력이 검증되지 않았기 때문이다. 그때라면 동해에서는 타이완과 거리가 비교적 떨어져 있는 곳과 남해에서는 바시해협 근방에서 봉쇄 작전을 펼친다는 시나리오는 어느 정도 설득력이 있었다.

하지만 타이완이 F-16 같은 최신예 전투기와 키드급 구축함 같은 대형 수상 전투함을 보유하면서, 중국이 타이완을 실효성 있게 봉쇄하려면 남해, 즉 바시해협 일대를 봉쇄하는 방법밖에 남지 않았다. 타이완의 무역과 에너지 수송을 끊을 수 있는 해역은 이곳뿐이고, 다른 곳들은 전혀 통하지 않는다. 그 원인은 매우 간단한데, 도대체 어떻게 봉쇄를 해야 하는 걸까?

상황 가정 1: 인민해방군 함정이 지룽항 앞바다 50킬로미터 해상에서 지룽항으로 입항하려는 상선을 위협해 돌려보낸다.

이러한 상황이라면, 타이완은 곧바로 해양경비대나 해군을 출동시켜서 일대일 대치를 벌일 것이다. 그러면서 상선에는 신경 쓰지 말고 입항하라고 할 것이다. 그러면 인민해방군이 어떻게 할 수 있을까? 직접 사격이라도 할 것인가? 만약 그렇게 한다면 즉각 전쟁이 벌어진다. 정말 전쟁을 벌일 생각이라면, 이러한 봉쇄로 인한 충돌은 아무리 봐도 중국의 책임이다. 그런데 나중에 가서는 전면전은 또 벌이지 않는다? 그러면 이러한 빌미는 남겨서 무엇하겠는가?

상황 가정 2: 인민해방군의 봉쇄 함대가 바시해협 서남쪽 해역

100킬로미터 지점에서 유조선의 타이완 진입을 막고 즉시 방향을 돌리라고 위협한다.

마찬가지로 타이완이 함대를 보내 대치한다고 하면 인민해방군은 공격해야 할까, 말아야 할까? 가정 1과 마찬가지로 이때 인민해방군으로서는 절대 피할 수 없는 문제에 봉착한다. 그것은 바로 두 가정 모두 타이완 공군의 세력권 안에서 벌어지는 일이며, 이는 또한 타이완 육군의 레이더와 대함 미사일의 사정권 안에 있다는 점이다. 중국의 봉쇄 함대가 기습을 통해 타이완 함대를 한두 척 정도는 격침할 수 있겠지만, 그다음은? 봉쇄 함대 전체가 반격을 받아 궤멸할 것이 거의 확실하다.

간단히 말해, 타이완 해·공군이 활동하는 범위와 육상 대함 미사일 사거리 안에서 봉쇄를 시도한다는 것은 애초에 허황된 얘기다. 이런 봉쇄는 해군력이 중국보다 훨씬 더 뒤처지는 약소국을 상대할 때나 가능하다. 타이완처럼 중국과 맞붙을 능력이 있으면서도 전면전은 원치 않는 상대에게 봉쇄를 감행하는 것은 국제법 위반일 뿐 아니라, 다른 국가에 개입할 구실만 제공하는 셈이다.

게다가 누가 중국만 타이완을 봉쇄할 수 있다고 정했는가? 타이완도 함대를 끌고 나가 똑같이 맞대응할 수 있다.

중국이 일방적으로 타이완을 봉쇄할 수 있다고 믿는 사람들의 사고방식은 중국은 어떤 행동이든 마음대로 할 수 있고 상대는 그저 대가를 치러야 한다는 식의 깡패 논리에 기반한 것이다. 그렇다면 미국이 남중국해를 돌아다니는 것에 대해서는 왜 아무 말 못 하는가? 남중국해는 중국의 영해라고 선전했으니, 하다못해 보호비라도 받아야 하는 것 아닌가? 주먹이 곧 정의라고 생각한다면, 중국의 봉쇄를 주장하기이 앞서 우선 타이완이 너무 약하다는 것부터 인정해야 한다.

하지만 그렇다고 하기에 타이완은 전혀 약하지 않다.

경제 봉쇄는 중국에 오히려 더 치명적이다

양안의 삼각무역은 이미 다년간 이어져왔다. 수치만 보면 타이완이 중국에 의존하는 것 같지만, 사실 중국은 그저 중간 경유지 역할일 뿐이다. 타이완에서 생산된 상품 대부분은 결국 유럽과 미국으로 수출된다. 쉽게 말해 전쟁이 발발하면 타이완은 값싼 생산 기지를 잃겠지만, 중국도 상황은 마찬가지다. 양안 간의 경제 의존은 1990년대부터 시작해 후진타오의 적극적인 개방을 거쳐 시진핑의 착취 정책에 이르기까지 20년 넘게 이어져왔다. 이는 누가 누구에게 더 의존한다기보다, 일종의 공생관계라고 보는 편이 더 정확하다.

바로 이런 이유로, 중국이 경제전을 벌인다는 것은 결국 자기 발등을 찍는 꼴이다. 만약 중국이 자급자족하겠다며 타이완 기업을 모두 쫓아내고, 타이완에 대규모 실업과 경제 불황을 일으키겠다면 그게 가능할까?

가능하긴 하다. 이렇게 되면 타이완과는 경쟁관계로 변할 것이다. 과도한 가격 경쟁으로 타이완이 쓰러진다면 중국은 전혀 피해가 없을까? 잊지 말아야 할 건, 세계 시장에서 타이완과 같은 수준에 있는 경쟁 상대로 한국도 있다는 점이다. 중국이 레드오션으로 뛰어든다면 이득을 보는 쪽은 누구일까? 게다가 타이완 입장에선 오히려 이 기회에 OEM 공급망의 뒷단을 다시 구축해야 한다. 비용은 상승하겠지만 못 할 일은 아니다. 외국인 노동자를 더 받아들이고, 사회복지와 실업 보조로 충격을 흡수하면 된다. 중국은 OEM 공급망의 원재료 생산부터 완제품 생산까지 전체 과정을 처음부터 다시 구축해야 한다. 공장을 새로 짓거나 기존 타이완 기업을 강제 몰수하고, 막대한 자금을 들여 마구 지을 수 있다. 하지만 기술 인력과 경영 노하우는 돈으로 살 수 있는 것이 아니다.

많은 사람이 겉모습만 본다. 마치 중국의 공식 발표 수치만 보고 중국이라는 대국이 급부상하고 있다고 여기는 것과 같다. 하지만 그 뒤에 있는 경영에 대한 경험이나 기술, 산업 클러스터와 생산망의 균형 등은 실제로 접해보지 않고는 모르는 것이다. 중국은 이 부분에서 타이완의 기술 이전에 극도로 의존해왔다. 지금은 많은 것을 베껴갔다고 하지만, 그 역시 표면적이다. 지난 20년간 타이완을 떠나지 않은 기업들은 저마다 자체적인 관리 노하우를 쌓아왔고, 이는 아무리 못 해도 중국에 있던 타이완 기업보다 10년 이상 앞서 있다.

단순히 생산액과 주가지수만 보고 그 나라의 산업을 논할 수 있을까? 이것이 바로 중국은 분명한 대국이라고 맹신하는 타이완 학자들의 맹점이다. 물론 수치만 보면 중국은 돈도 많고 경제 지표도 화려하다. 하지만 기술은 단번에 성공할 수 있는 것이 아니다. 업계에 있어보면 산업 구조는 하루아침에 바뀌지 않는다는 것을 알 수 있다. 선진국의 최신 설비를 들여오고 더 선진적인 방식으로 생산한다 해도, 엔지니어들이 숙련되는 데에는 시간이 필요하다. 새로운 설비가 전체 공장 생산에 미치는 영향도 조정해야 하고, 모든 것이 균형을 맞춰야 한다.

그런데 어떻게 중국이 돈만 쏟아부으면 바로 해결된다고 믿을 수 있나?

4부

타이완과 주변 각국의 실제 전략 구상

■

정규 전략 연구자에게 있어 '전략적 삼각관계'*는 아무런 의미가 없는 구상이다. 그저 논문을 쓰거나 사람들을 속이는 데 쓸 수 있지 현실과는 무관하다. 관료 체계나 개인 경험을 근거로, 국가 정책은 총통이 누가 되든 단기간에 바뀌지 않을 거라고 단정하는 것은 전략 정세가 정적으로 발전한다고 여기는 편견에 불과하다.

전략을 연구하는 것은 반드시 무기에서 출발해야 한다. 무기를 기반으로 전술을 구성하고, 전술들이 전략을 형성하며, 그 전략을 통해 국가의 방향을 결정한다. 하지만 이는 무기 마니아들이 그리는 상상과는 다르다. 무기 마니아들이 자주 빠지는 오류는 어떤 특정한 무기만 있다면 지정학적인 전략 구도가 바뀔 수 있다는 것이다. 예

---

* 타이완, 미국, 중국, 이 세 국가 간에 얽혀 있는 외교·군사·경제·정치적 관계의 균형을 뜻한다.

를 들어 중국 광신도들이 공기부양정으로 대규모 병력을 태워 타이완해협을 횡단할 수 있다고 믿거나, 타이완의 군사 마니아들이 대함미사일만 있으면 모든 공세를 무력화할 수 있다고 믿는 것이다.

사실 무기가 전술을 결정한다는 말은 틀리지 않았다. 그러나 그 무기가 전략 무기로 발전할 수 있는지는 전적으로 시대 배경과 쌍방의 전력 구도에 달려 있다. 이 세상에서 핵무기를 제외하고 확고한 전략 무기의 지위를 가질 수 있는 것은 아무것도 없다.

예를 들어보면, 4000년 전 중동에서 복합궁을 처음 개발한 이집트 군대는 전략 무기를 보유한 셈이었다. 당시 그들의 활은 다른 나라보다 수십 걸음 더 먼 사거리를 자랑했기 때문인데, 냉병기 시대에 적절한 방어 수단 없이 평원이나 사막 지역에서 이집트군과 전투를 벌이는 것은 자살 행위나 다름없었다. 하지만 중세 시대 유럽만 되어도, 사거리가 좀더 긴 활을 가졌다는 이유만으로 전략 무기를 보유했다고 여길 사람은 없을 것이다.

같은 이치로, 타이완에 있어 미사일 보유 여부는 핵심이 아니다. 사거리 100킬로미터가 넘는 미사일을 보유해야 비로소 전략 무기를 보유했다고 할 수 있다. 이는 지도를 보면 명확해진다. 바시해협은 폭이 300킬로미터 정도인데, 타이완이 겨우 사거리 100킬로미터의 미사일만 보유하고 있다면, 해협 봉쇄는 전투기와 군함에만 의존해야 한다. 하지만 사거리 300킬로미터의 미사일을 보유하고 있다면 육지에서 곧바로 상대를 위협하고 봉쇄할 수 있다. 바로 이 시점에 그러한 사거리의 미사일은 전략 무기의 지위를 갖게 된다.

중국도 마찬가지다. 사거리 3000킬로미터의 중거리 탄도미사일과 1만2000킬로미터의 장거리 탄도미사일이 미국에 주는 의미는 완전히 다르다. 중거리 탄도미사일이 미국의 지정학적 이해관계에 영향을 미치는 수준이라면, 장거리 탄도미사일은 미국 본토에 직접적인 위협을 가하는 수준이다. 미국 입장에서 어떤 무기가 전략적 위협이 될지는 말하지 않아도 알 수 있다.

따라서 이러한 무기의 성능과 운용 방식을 통해야만 각국의 전략 의도와 전략 구도를 역추론할 수 있다.

21

미국의 전략 구상

의심할 여지 없이, 미국은 타이완 주변에서 가장 강력한 영향력을 지닌 국가다. 따라서 미국을 먼저 논하지 않고 다른 국가를 논하는 것은 큰 의미가 없다.

미국의 서태평양 전략은 전 세계 전략 구도 속에 놓고 봐야 제대로 이해할 수 있다. 그동안 타이완의 중국 광신도들은 중국이 제1도련島鏈*을 돌파할 수 있는 무기를 가지고 있기 때문에 중국과 미국이 태평양을 양분한다거나 중국이 동아시아 패권을 잡는다는 식의 환상을 품어왔다.** 이는 전혀 현실적이지 않으며, 미국의 전략적 사고를 완전히 오판한 망상에 불과하다.

---

* 일본 오키나와부터 타이완, 필리핀을 잇는 해상 방어선.

** 2025년 6월 6일 산둥함(2번 함)이 제1도련을 통과해 일본 오키노토리 암초와 이오섬 인근 서태평양 해역에 진출했다. 신경진, 「中항모 3척 시대 임박…제1도련선 돌파 9년만에 제2도련 선도」, 『중앙일보』 2025년 6월 16일자 기사 발췌, https://www.joongang.co.kr/article/25344112.

항로의 원활한 유지

　미국에 있어 해양 국가로서의 최대 전략적 이익은 '항로의 원활한 유지'와 이를 위해 세계 각지에 배치한 군사기지에 있다. 이를 바탕으로 해적을 소탕하고 상선을 보호할 수 있을 뿐 아니라, 약소국이 통행료를 받아내려는 잔꾀를 부리지 못하게 억제할 수 있다. 또한 적극적으로 대양 주변 국가들을 같은 해양 무역 질서 속으로 편입시킬 수도 있다. 이것이 바로 점(중요 거점), 선(해상 교통로), 면(전 세계 해양 질서)으로 이루어진 해양 패권 구도다. 따라서 중국이 단지 특정 지점을 돌파할 능력이 있다고 해서 미국이 전체 해양 무역 질서를 유지하는 전략을 포기하리라고 추론하는 것은 불가능하다. 더구나 그런 능력이 있다고 해서 국제 패권이 평화롭게 중국에 넘어가리라 믿는 것은 전혀 현실적이지 않다.

　미국의 시각에서 보면 태평양 서부의 핵심은 호주와의 연결에 있다. 일본이 제2차 세계대전에서 진정으로 자신의 패배를 직감한 시점은 유명한 솔로몬 해전이었다. 육상으로는 뉴기니에서 호주로 이어지는 육군의 진격로가 차단되고, 해상에서는 해군이 제해권과 제공권을 장악하지 못하면서 일본 육·해군의 공세가 실패로 굳어졌다. 이때 일본군 내부에서 상황을 제대로 파악한 일부 장교들은 미국과 호주를 연결하는 선을 끊어내지 못한다면, 미국의 남북 양면 협공은 막을 수 없고 전쟁에서의 패배는 시간문제임을 깨달았다.

현재 서태평양에서 가장 중요한 전략 목표는 일본을 중심으로 한 방어선을 유지하여 러시아와 중국이 태평양에 진출하는 것을 차단하는 일이다. 일본은 가장 중요한 전략 기지이며, 일본 스스로도 해상 운송에 전적으로 의존해 생존해야 하므로 해상자위대의 증강은 미·일 양국 공동의 이익이 된다. 미국이 서태평양의 핵심 방어선인 속칭 '제1도련'을 유지하는 것은 사실 진정한 관건이 아니다. 제1도련이 중요한 방어선인 것은 맞지만, 그렇다고 해서 그 자체가 다른 전략적 선택지들보다 더 큰 의미를 지니진 않는다.

타이완 내에서 '도련'은 무의미하다고 주장하는 사람 대다수는 선후를 혼동하고 있다. 먼저 미국의 해양 패권이 존재하고, 그런 다음 서태평양 전략이 구축되며, 이를 유지하기 위해서 '제1도련'이 중요한 의미가 있게 되는 것이다. '제1도련'이 그 자체로 가장 큰 전략적 의미를 갖는 것은 아니다보니, 사람들은 도련이 돌파되면 전략적 가치를 잃는다고 오해한다. 미국 입장에서 보면, 제2도련*으로 후퇴하는 것은 일종의 예비안이며, 극히 불가피할 때 취하는 방안이다. 그렇기에 도련의 취약점을 보완하는 것이 가장 비용이 적게 드는 방법이다.

제1도련이 갖는 전략적 의의가 과거에는 서태평양에 국한되었다면, 지금은 소위 '인도-태평양 전략'으로 확장되었다. 이는 미국에

---

* 일본 본토부터 괌, 인도네시아 동부를 잇는 해상 방어선.

있어 태평양과 대서양, 두 대양의 항로를 원활하게 유지하는 것이 최우선의 가치임을 뜻한다. 태평양에서 서쪽으로 뻗어나가면 인도양과 연결된다. 인도가 중국과 대립하는 상황이 분명한 만큼, 남은 관건은 인도양과 서태평양을 잇는 남중국해 해역이다.

남중국해 끝자락에는 플라카해협이 있고, 싱가포르는 자신의 처지를 누구보다 잘 알고 있기 때문에 중국 편에 서는 어리석은 선택을 할 가능성은 전혀 없다. 그리고 남중국해 주변 국가들의 해군력은 매우 약해서, 인민해방군에게 위협이 되지 않는다. 일본 자위대는 너무 멀리 떨어져 있고, 일본 헌법상의 제약으로 능동적인 출격이 어렵다는 한계가 있다.

그렇기 때문에 타이완은 남중국해에서 지정학적 우위를 유지하는 데 있어 가장 중요한 국가가 된다. 타이완이 남중국해의 입구인 타이완해협과 바시해협을 장악하면 일본과 한국 등 동북아 국가들의 생명선을 틀어쥐는 셈이 된다. 이는 단순히 한국과 일본만의 문제가 아니다. 중국 입장에서 타이완해협 이북의 주요 항구들 역시 동일한 상황에 놓인다. 미·중 전면 충돌 상황이 벌어지면 타이완과 일본이라는 두 개의 칼날이 곧장 중국 중부 지역 이북의 대외 수송로를 끊어버릴 것이다.

또한 남중국해 자체도 중국에는 상당히 위험한 지역이다. 특히 남중국해는 공격하기는 쉽지만 방어하기는 어려운 해역으로, 평시에는 점령한 섬들이 가치 있지만, 전쟁이 발발하면 우세한 해군력

없이는 보급이 차단되어 결국 모두 잃을 것이다. 중국이 남중국해의 암초와 섬들을 점령하고 있는 이유는 미국의 해양 전략을 차단하기 위해서가 아니라, 미국·일본·타이완 중 어느 한 나라와 충돌할 경우 남중국해가 남쪽 지역이 해상 물류를 받을 수 있는 유일한 경로이기 때문이다. 그래서 이곳을 지키지 않으면 안 된다. 이 지역에서 중국의 통제구역을 확대해야 하지만, 해군력이 충분하지 않기에 중국은 섬과 암초 지형을 점령함으로써 육군과 해군이 연계된 방어 체계를 형성하는 전략을 취한 것이다.

미국과 타이완의 준군사 동맹

중국이 암초를 점거해서 인공 섬으로 만드는 방식은 미국의 글로벌 해양 패권에 직접적인 충격을 줄 수 있다. 게다가 타이완은 남중국해의 입구에 자리 잡고 있을 뿐 아니라 남중국해 주변국들보다 월등히 우위에 있는 해군 전력을 갖추고 있어서, 타이완이 갖는 도련 중앙에서의 전략적 지위는 자연히 더 높아질 것이다. 따라서 타이완이 미국에 주는 가치는 '자유민주주의의 등대'와 같은 문화적 상징성을 넘어 군사적인 측면에서도 핵심적인 지위를 갖는다. 곧잘 오해받는 사실 하나만 봐도 알 수 있다. 왜 미국이 타이완에 판매하는 무기는 하나같이 재고 무기 일색일까? 이를 두고 많은 타이완인은 미국이 타이완을 재고 떨이 대상으로만 생각할 뿐 결코 타이완을 지켜주려는 의도가 없다고 여긴다.

하지만 재고 무기를 넘겨준다는 것의 감춰진 의미는 미국과 타이완이 준準군사 동맹이라는 것이다. 즉 타이완에서 긴급 상황이 발생해 무기가 시급해지면, 미국은 새로 주문을 넣을 필요 없이 창고에 있는 물자를 바로 포장해서 보내면 끝이다. 이렇게 하면 타이완군도 이미 익숙하게 운용하던 것이라 새롭게 적응할 필요가 없다. 만약 미국이 뒤로 몰래 도와주고 모르는 척해야 하는 상황이라면, 이 미사일이 누가 쏜 것인지 중국은 전혀 구분할 방법이 없다.

미국이 제공한 해군과 공군의 각종 미사일과, '중과원中科院*이 무기 개발에 성공할 듯하면 미국이 곧바로 무기를 판다'는 이야기도 미국이 타이완을 실질적인 군사 동맹으로 간주하고 있다는 의미다. 미국이 가장 우려하는 것은 정말로 타이완을 지원해야 하는 상황이 벌어졌을 때 마땅한 수단이 없는 경우다. 직접적인 군사 개입은 별개의 문제다. 만약 대통령이 머뭇거리거나 의회가 시간을 끈다면, 가장 신속한 방식은 보관 중인 무기를 넘겨주는 것이다. 이는 선조치 후보고가 가능한 방식이다.

또한 타이완이 일정 수준까지 자체 무기 개발에 성공하면, 미국은 전자 부품 등 핵심 부품을 제공하는 식으로 개입한다. 이는 타이

---

* 국가중산과학연구원國家中山科學研究院. 타이완의 군사 무기 개발 및 국방 과학기술 연구를 담당하는 국방부 산하 국책 기관이다.

완이 자발적으로 중국을 공격하지 못하게 억제하려는 의도뿐만 아니라, 원활한 근수 보급이 유지되게 하려는 의도이기도 하다. 동일한 형식의 부품을 사용한 교체와 수리가 그렇지 않은 경우보다 훨씬 더 쉽기 때문이다. 하지만 안타까운 것은, 이러한 현실을 국방부가 공개적으로 설명할 수는 없고, 민간에서도 공개적으로 명확히 설명하지 못한다는 것이다. 충분히 이해는 하지만, 그래도 말할 것은 말해야 한다.

미국 입장에서 타이완을 포기한다는 것은 상상도 할 수 없는 일이다. 다만 타이완이 어느 정도까지 자력 방어가 가능하냐에 따라 미국의 개입 정도가 결정될 것이다. 설령 친중 총통이 중국에 타이완을 넘기려 한다 해도, 군과 재계에서 동의하지 않을 것이다. 간단히 말해 타이완이 엄청난 타격을 입고 그것으로 중국에 엄청난 손실을 안기는 것이 가능할까? 가능하다. 미국 역시 그러한 결과를 선택할 수 있다.

하지만 이 예측이 반드시 실현된다는 것은 아니다. 타이완이 미국에 자신을 도와주지 않으면 곧바로 중국에 항복하겠다는 꼴불견을 보이지 않는 이상은 말이다.

여기까지 보면 알 수 있듯이 미국의 해양 전략은 본질적으로 공세적이다. 전 세계 해양 교통로를 위협하는 대상이라면 누구에게든 압박식 방어를 취할 것이다. 오바마 정권 8년간 미국이 중국의 태평양 진출을 용인하는 듯한 착시가 있었지만, 이는 미국의 전체 전략으로 보면 완전히 불가능한 선택이다.

평시에 도련의 틈을 뚫고 나갈 수 있는 것과 전쟁이 벌어졌을 때 뚫고 나갈 수 있는 것은 전혀 다른 의미이다. 바로 이런 식의 의미 혼란이 중국이 타이완을 상대로 정보전을 벌이는 핵심 의도다.

"미국은 타이완을 정말로 지켜주진 않는다"

타이완의 미국에 대한 신뢰 붕괴를 꾀하는 타이완 내 일부 친중 성향 언론인, 명문대 교수, 유튜버들은 미국의 전략적 모호성을 근거로 마치 '정론'처럼 '미국은 타이완을 정말로 지켜주진 않는다'라는 주장을 반복해왔다. 이들은 "전쟁이 나면 미국은 무기만 팔고 타이완 병사들만 희생될 것"이라는 프레임을 퍼뜨리며, '친미파=호구'라는 인식을 확산시키고 있다. 이들은 특히 미국과의 안보 협력이 실질적인 군사 보호로 이어지지 않을 거라고 주장하는데, 이러한 담론은 우크라이나 전쟁 이후 더 자주 등장하고 있다. '미국 때문에 우크라이나가 망했다'라는 식의 프레임이 반복적으로 인용되며, 같은 비극이 타이완에도 재현될 것이라는 공포심을 조장했다.

여기에 더해 이들은 '미국 우선 전략denial strategy'이라는 틀 속에서 미국이 타이완해협에서 제한적인 개입에 그칠 뿐, 대규모 병력 투입은 사실상 어렵다고 주장하며, 미국이 끝까지 도와주지 않을 것이라는 인식을 브각시키고 있다. 이러한 주장들은 결국 "괜히 저항해 봤자 손해만 본다" "차라리 중국과 잘 지내자"라는 식의 안보 염세주의 여론이 타이완 사회에 점차 확산되는 데 일조하고 있다.—옮긴이

22

일본의 전략 구상

제2차 세계대전이 끝난 지 꽤 오래되었지만, 일본의 생존을 결정 짓는 요소는 전혀 달라지지 않았다. 그것은 바로 대외 무역과 에너지 수송로이며, 이는 도서 국가가 공통되게 직면한 문제이기도 하다. 일본 에너지 수송로의 3분의 2가 타이완해협을 지나며, 무역망의 60퍼센트 이상이 이 해역을 통과한다. 이를 통해 본다면, 일본은 타이완이 적대 진영의 손에 들어가는 것을 절대 용인하지 않을 것이다.

평화헌법에 묶여 있는 일본은 미·일 안보 조약의 확대 해석을 통해서만 해외에 자위대를 파견할 수 있다. 즉 일본은 능동적으로 나서긴 어렵지만, 수동적으로 나서는 것은 가능하다. 중국이 타이완을 상대로 외곽 도서를 공격하거나 해상 봉쇄 혹은 직접적인 침공에 나선다면, 일본은 자국 상선 보호를 명분으로 삼아 해상자위대를 타이완 주변 해역으로 파견할 수 있다.

개입의 꼬투리를 잡으려고 하는 일본 자위대를 어떻게 처리해야 할지는 논외로 하더라도, 일단 중국이 타이완 북부 방면으로 공격을 전개한다면 일본의 방공식별구역과 겹친다. 함대가 태평양에 진출하려 해도 일본이 해역을 개방하지 않는다면, 중국의 유일한 선택지는 미야코해협뿐이다. 이는 인민해방군의 전술적 선택에 제한이 있다는 것을 의미한다. 이것이 바로 현재 일본이 서태평양에서 추구하는 전략 목적, 즉 수동적인 방어 전략이다. 그리고 이는 미국의 인도·태평양 전략 운용과도 긴밀히 연동되어 있다.

일본이 평화헌법을 개정하지 않는 이상 공세 전략을 취하는 것은 불가능하다. 하지만 해상자위대의 실력을 보면, 법적으로 합법성이 결여되어 있고 군사적으로는 해외 기지만 없다 뿐이지, 함대 자체의 능력은 이미 자위의 범위를 뛰어넘은 지 오래다. 일본 입장에서 보면, 평화헌법이 개정되기만 한다면 일본해에서 남중국해에 이르는 항로의 안전 확보에 더 속도를 낼 것이고, 중국이 해상 우세를 장악하는 것은 불가능해질 것이다.

만일 타이완과 남중국해가 중국의 손에 넘어간다면, 일본은 그야말로 밤잠을 설치는 처지가 될 것이다. 그때는 공세 전략으로 전환해서 해상 우세를 확보하지 않는 한, 일본은 중국에 머리를 숙일 수밖에 없다. 이는 일본이 과거 청나라와 청일전쟁을 촉발했던 진정한 이유와도 맞닿아 있다. 결국 이 동아시아 두 해상 강국은 해상 패권을 놓고 결전을 치를 수밖에 없다.

현재 일본은 방어 태세이지만 언제든 공세로 전환할 수 있는 준비가 되어 있다.

23

남중국해 주변 국가의
전략 구상

 남중국해 주변 국가들은 해군과 공군 전력이 모두 높지 않아서 중국과 승부를 낼 수 없다. 특히 중국이 항공모함 전단을 창설한 이후로 남중국해 주변국들은 더 감당하기 어려워졌다. 게다가 이 국가들은 원양 해군 전력이 사실상 전무하다보니, 더 강력한 국가와의 동맹을 통해 자국의 안전을 도모할 수밖에 없다.

 이 이치는 매우 간단하다. 남중국해 주변국들의 경제발전은 해상 무역을 떠나서는 생각할 수 없다. 필리핀, 말레이시아, 인도네시아, 베트남 등지의 발전된 도시는 모두 바다와 가까운 곳에 자리 잡고 있으며, 어업 수요든 무역 수출이든 해상 안전을 확보해야 한다는 점은 변함없다. 그러나 구단선九段線이라는 지워지지 않는 그림자 때문에 남중국해 주변국들은 자국의 정당한 해상 권익을 마음 놓고 주장할 수 없고, 튿리 떨어져 있는 중국을 항상 의식하고 있어야 한다.

 타이완에는 남중국해 주변국 간의 갈등을 과도하게 확대하는 사람들이 있다. 이들은 매번 남중국해 주권을 논할 때마다 거리낌 없이 타이완이 주장하는 '십일단선十一段線'*과 중국의 구단선을 동일한 선으로 겹쳐놓고, 남중국해 주변국끼리도 서로 섬을 빼앗으려든다는 점을 의도적으로 부풀린다.

하지만 이 국가들 사이의 분쟁은 기껏해야 산발적인 소규모 충돌에 불과하며, 대부분 구두 혹은 서면 항의 수준을 벗어나지 않고, 타협할 수 없는 지경에 이르지도 않는다. 다툼의 대상이 되는 섬도 소규모이며, 대체로 먼 해역에 자리 잡고 있어 언제든 협상 가능한 대상이다. 이들이 결코 수용할 수 없는 것은 중국이 암초를 인공 섬으로 만들고, 이를 바탕으로 영해를 확장하는 방식이다.

만약 중국이 남중국해 전략을 포기한다면, 주변국들로서는 미국에 중재를 요청할 이유가 사라진다. 왜냐하면 설령 미국이 영토에 대한 야심 없이 항로 안전에만 관심을 둘 뿐이라 해도, 자국 해역 주변에 다른 나라 군함이 수시로 드나들며 무력시위를 벌이는 것을 달가워할 국가는 없기 때문이다.

그러나 중국이 남중국해 전략을 포기할 가능성은 없다. 그 이유는 추후 '중국의 전략 구상' 부분에서 다시 설명하겠다. 이로 인해 남중국해 주변국들은 계속해서 미국을 통해 중국을 압박하는 전략을

---

* 1947년 당시 중화민국이 영유권 주장을 위해 만든 열한 개의 남중국해 해양 경계선이다. 중화인민공화국 수립 후, 베트남 통킹만 지역의 두 선을 제외하고 나머지 아홉 개 선만 표시해서 구단선이라고 불렀다.

택할 수밖에 없다. 이는 중국이 후진타오 시기의 '경제 협력을 통해 군사적 충돌을 대체하는' 암묵적 합의로 돌아가지 않는 이상 바뀌지 않을 것이다.

그러나 예전 방식으로 돌아간다는 것은 중국이 인공 섬을 철거하고 군사 배치도 취소한다는 것을 의미한다. 현재 상황을 보면 이것이 실행되기란 불가능하다. 이런 점에 비춰보면, 남중국해 국가들의 기본 전략은 수세적이다. 하지만 중국의 세력이 약해지면 즉각 공세로 전환해 주변 도서를 되찾으려 할 것이다.

이를 두고 남중국해 주변국들이 앞으로도 영원히 지금 같은 태세를 유지하리라고 단정할 수도 없다. 인도네시아는 2억7000만 명에 달하는 인구를 보유하고 있고, 필리핀도 1억 명에 육박한다. 비록 말레이시아는 인구가 3200만 명밖에 안 되지만, 국제 무역과 경제발전에 따라 국력은 안정적으로 높아지고 있다. 게다가 인도네시아는 이미 자국 해군을 현대화하는 작업에 돌입했다. 비록 중국과 비교하면 여전히 상당한 격차를 보이고, 타이완과 비교해도 차이가 크지만, 최소한 남중국해 국가들이 여력이 있는 한 자국 주변 해역에 대한 영향력을 결코 쉽게 포기하는 일은 없을 것이다.

24

인도의 전략 구상

인도는 전통적으로 비동맹 노선을 견지해왔다. 강대국들과 일정한 거리를 유지하며 그 틈새에서 최대한의 실리를 추구해온 것이다. 이는 개념상 대단히 현실주의적인 태도로, 원칙적으로 인도가 강대국과 충돌할 가능성은 크지 않다. 그 이유는 인도 자체의 군사력 구조에 있다. 해군력과 관련해서 발전 속도가 전혀 빠르지 않아, 21세기 들어서야 비로소 그럴듯한 전략을 구사할 수 있는 수준이 되었다. 최근 인도가 추진하고 있는 '동진정책東進政策'도 인도양에 대한 인도의 자신감이 외부로 표출될 만큼 높아진 것에 기인한다.

역사적으로 보면, 인도는 결코 해양에서 미국의 해양 패권에 도전하려 한 적이 없고, 지역적 안전 보장만을 추구했다. 이는 이해하기 어렵지 않다. 인도는 건국 당시부터 지금까지 세계 패권을 지향한 적이 없다. 기존 국제질서에 정면으로 도전할 계획이 없으니, 굳이 불필요한 충돌을 자초할 이유가 없었다. 게다가 현재 인도의 해군력으로는 대양을 누빌 만한 해군을 건설할 수 없다. 역량이 받쳐주질 못하니 주관적 의지도 크지 않다. 따라서 이런 계획을 실행할 필요도 못 느끼는 것이다. 이는 중국의 사례와 비교하면 더 명확해진다. 중국은 해군을 건설한 이후 국력이 향상됨에 따라 끊임없이 세력을 남중국해, 인도양, 태평양으로 넓혀왔다.

그렇다면 인도 전략의 청사진은 뭘까? 인도의 전략은 다분히 지역적 특색을 띠며, 엄격히 말해서 방어에 편중된 수비형 전략에 속한다고 할 수 있다. 인도의 동진정책은 미국에 동조하는 정책이라기보다 해군력의 성장으로 인한 자연스러운 결과물이라고 할 수 있다. 이 점을 근거로 보면 인도의 전체적인 계획은 인도양 안에서의 확장일 뿐, 결코 미국에 대한 도전이 아니다. 최소한 우리가 생각할 수 있는 가까운 미래까지는 인도가 미국에 도전할 실력을 갖출 수 없기 때문에 자연스럽게 미국과의 불필요한 충돌은 피하면서 인도양이라는 지역 안에서의 패자를 꿈꾸는 것이 현재 인도의 전략이라고 할 수 있다.

미국의 인도-태평양 전략이 발표되자 왜 중국은 가시방석에 앉은 처지가 되었을까? 그 이유는 사실 중국의 '일대일로一帶一路' 전략의 해상 노선이 인도가 전통적으로 자신의 영향권이라고 여겨온 지역을 거의 다 포괄하기 때문이다. 게다가 인도와의 국경 분쟁이 수십 년째 해결되지 못한 것도 한몫했다.

즉 인도의 전체 전략에서 중국이 표적인 것은 현재 진행형이다.

우선 제1의 가상 적국인 파키스탄은 중국과의 관계가 극도로 밀접하다. 중국의 지원이 없다면, 오늘날 인도에 대한 파키스탄의 위협은 크게 줄어들 것이다. 제2의 가상 적국이라 할 수 있는 곳으로는 전통적으로 인도와 해양 분쟁 중인 국가들이 있다. 미얀마 태국이 군사적으로 큰 위협이 되진 않지만, 중국은 인도-태평양 전략을 봉쇄하기 위해서 미얀마 등과 협력하는 상황이다.

인도의 관점에서 보면 중국은 국경에서 전쟁까지 치른 상대이고, 파키스탄을 위주로 한 인도의 동서 두 지역에 있는 국가들에 장기적인 지원을 하고 있다. 중국의 굴기 이후 중국이 적극적으로 인도양에 진출하면서 인도가 기존에 세워온 세력 구도에 심각한 간섭을 하고 있다. 만약 중국의 확장이 단순한 경제적 이익을 위한 것이라면 문제는 그리 크지 않다. 하지만 중국이 미얀마에서 항구와 섬을 장기 임대하면서 야욕을 드러내는 것을 인도 입장에서 마냥 두고만 볼 수는 없다.

그렇기 때문에 인도의 동진정책은 미국에 동조하는 정책이라기보다 중국을 견제하기 위한 것, 가장 직접적으로는 중국의 함대를 봉쇄하는 것이라고 할 수 있다. 어쨌든 중국이 육상을 통해 인도를 위협하려면 티베트 고원을 넘어야 하는데, 이는 물리적으로도 쉽지 않다. 그렇다고 동남아 국가들을 통해서 가는 것은 정치·군사·외교적으로 너무나 복잡하다. 이러한 이유로 인도 입장에서 동남아 국가들과 우호 관계를 맺고 동맹을 결성한다면, 인민해방군을 남중국해에서 억제할 수 있다. 이렇게 하는 것이 인도양에서 인민해방군과 대치하는 것보다 훨씬 더 효율적이다.

물론 타이완에서는 줄곧 이런 질문을 하는 사람들이 있었다. "왜 미국만 패권 국가로 인정해야 하는가? 중국은 여기에 도전하면 안 되고, 인도는 필연적으로 중국의 도전에 저항해야 하는가? 두 나라가 연합해서 미국을 견제할 가능성은 전혀 없는가?"

인도가 중국을 견제하려는 것은 인도 건국 초기부터 이미 영국과 미국이 해상을 장악하고 있었고, 지금에 이르기까지 인도의 해상 교역망이 이 덕을 톡톡히 보고 있기 때문이다. 만약 중국이 기존 질서를 허물어버린다면 인도가 얻을 실익은 무엇인가? 중국이 새로운 질서를 제시하면서 인도에 지금보다 더 큰 이익을 얻을 조건을 내놓을 수 있을까?

그렇지 못하다면 인도가 왜 인도양에서 중국의 간섭을 받아야 하는가?

25

호주의 전략 구상

호주에 대해 우리가 가진 대략적인 이미지는 '동물에 친화적인 나라'다. 구형인 지구를 평면인 지도에 투영할 때 생기는 왜곡 때문에 일반인들은 호주의 면적과 거리에 대해 정확히 알지 못한다. 호주의 인구는 비록 타이완과 비슷하지만, 영토 면적은 세계 6위에 해당되며 풍부한 농산물과 광물 자원을 보유한, 세계 주요 국가 중 하나다.

호주의 전략 기조는 일관되게 국제 무역에 맞춰져 있고, 자국의 원활한 무역을 유지·보호하는 데 있다. 호주는 남태평양에 있다보니 지리상 외부로부터의 위협에서 자유로웠다. 가장 최근의 위협이 제2차 세계대전 당시 일본의 침략이었는데, 일본군은 호주의 코앞인 뉴기니까지 진출했지만 결국 저지당했다. 제2차 세계대전 이후로 호주는 어떠한 위협도 받지 않았다. 이 같은 이유로 비슷한 국력을 가진 국가와 비교해 호주의 군사력은 상대적으로 낮은 편이다. 하지만 이것이 호주가 대외적 군사 행동을 전혀 하지 않았다는 것을 뜻하진 않는다 두 차례의 세계대전 외에도 한국전쟁, 베트남전쟁, 걸프전쟁 등 주요 전쟁에 모두 참여한 기록을 가지고 있다.

호주의 군대는 규모가 작지만 매우 정예인 군대로, 특히 공군의 자질은 뛰어나다. 하지만 호주군은 전형적인 수비형 전략을 취하고 있고, 해외 파병도 동맹국의 의무를 이행하는 성격에 가깝다. 이는 또한 호주가 자국의 지위와 영·미 동맹국과의 연계를 명확히 하는 것이라고도 볼 수 있다.

호주의 수비형 전략은 최근 미국의 인도-태평양 전략에 따라 조금씩 변하고 있다. 이는 의심할 여지 없이 중국의 급부상에 따른 것이다. 호주는 본래 미국의 해양 세력권 안에 있는 국가이며, 경제와 무역 구조도 기존의 해상무역 질서에 크게 의존해왔다. 그런 만큼 기존 질서에 도전하는 중국의 출현은 호주가 경계할 수밖에 없게 만들었다.

호주는 최근 적극적으로 잠수함을 확보하고 있는데, 프랑스와의 거래가 파국을 맞은 후 영국과 미국으로부터 핵잠수함을 확보하기로 했다. 이는 많은 타이완인의 관심을 끌었다. 하지만 그보다 더 많은 사람이 이해하지 못하는 점이 있는데, 그것은 바로 왜 지역적으로 멀리 떨어져 있는 호주가 인도-태평양 전략에 뛰어드는가이다. 이는 앞에서도 언급한 평면적인 지도에서 오는 착각이다. 실제 호주와 동아시아의 거리나 인도양과의 거리나 크게 차이 나지 않는다. 잠수함의 항행 거리로 봤을 때, 남중국해까지의 거리는 약 2000킬로미터 남짓(타이완 남부까지는 약 3000킬로미터)이다. 바꿔 말해, 호주 입장에서 남중국해로부터 인도양까지의 항로에 대한 안전 보장은 분명히 자국이 영향력을 행사할 수 있는 범위 내에 있다.

따라서 넓은 의미에서 호주가 미국의 해양질서에 속해 있다고 하는 것은 틀린 말이 아니다. 하지만 나의 장기간 관찰에 따르면, 호주는 자국의 이해관계를 우선으로 한다. 호주 입장에서는 기존 질서가 위협받지 않는다면 해군력을 굳이 강화할 필요가 없다. 어쨌든 태평양은 미국의 세력 범위에 들어가기 때문이다. 이를 반대로 생각해보면 상황은 매우 명확하다. 만약 중국의 급부상이 단순히 지역 패권 수준으로 기존 질서를 바꾸려는 것이 아니라면, 호주는 기존 전략을 공격형 전략으로 바꾸거나 더 적극적인 수비 형태로 바꿀 필요가 없다.

그러나 호주에 대한 중국의 간여는 조금도 줄어들지 않았다. 이는 중국의 사유를 여실히 드러내는 것이다. 호주의 농산물과 광물 수출은 중국에 매우 중요한 만큼, 중국은 다양한 방법을 동원해 호주를 자국의 영향권에 두려 하고 이를 통해 자국의 안전을 확보하려 한다. 중국의 이러한 생각은 틀리지 않지만, 방법이 틀렸다. 중국은 호주를 자국의 영향권에 두려고 호주의 내정에 노골적인 간여를 해왔고, 이는 오히려 역효과를 낳아 호주 국민의 대중對中 감정은 급속히 나빠졌다.

만약 중국이 남중국해를 완전히 통제한다면, 호주에는 대외 무역의 중요 경로가 완전히 목줄을 잡히는 것이나 다름없다. 대외 무역이 국가 발전의 주축이 되는 호주에는 사활이 걸린 문제다. 그렇기 때문에 호주의 전략 변화는 완전히 예측 가능한 일이다. 이것이 실제로 벌어진다면, 그것은 전적으로 중국이 자처한 결과다.

26

중국의 전략 구상

중국의 수세 전략

먼저 핵심부터 밝히자면, 중국의 전략 방침이 무엇인지 알려주겠다. 대양 해군을 건설해 미국과 해상 패권을 다투는 것이라고 여기는 사람도 있고, 타이완을 점령해서 대륙의 안전권을 확보하려는 것이라고 여기는 사람도 있다. 또 어떤 이는 중국의 항공모함이나 탄도미사일과 같은 무기는 의심할 여지 없이 공격용이어서, 현재 중국이 취하고 있는 전략은 공격적 전략이라고 주장하기도 한다.

그러나 모두 틀렸다. 중국의 전략 방침은 마오쩌둥 시대부터 현재까지 일관되게 전략적 수세守勢였다.

어떻게 그럴 수 있냐고 생각하겠지만, 중국 공산당 체제는 이제까지 사실을 제대로 말하지 않았으며, 만약 상대를 속여 이득을 취할 수 있다면 끝까지 속이는 것이 그들의 습성이다. 중국의 건군 체제는 기본적으로 공격보다는 방어에 중점을 두고 있다.

이는 역사를 통해 확인할 수 있다. 마오쩌둥이 베이징에서 중화인민공화국 수립을 선포한 때부터 중국은 줄곧 소련의 통제에서 벗어나려 했지만 뜻대로 되지 않았다. 그러다 어느 정도 자신감을 얻으려던 무렵 한국전쟁으로 철저하게 좌절하고 말았다. 이는 펑더화이, 저우언라이, 린뱌오 그리고 마오쩌둥의 당시 담화를 통해 그 실마리를 찾을 수 있다.

린뱌오는 대놓고 항미원조를 반대했으며, 저우언라이는 스탈린에게 소련군 파병을 적극적으로 요청했으나 실패했다. 펑더화이는 미군과 직접 마주한 후, 현대 전쟁이 자신의 예상을 훨씬 더 뛰어넘는 것에 경악했다. 산업 강국이 주도하는 전쟁을 당시 낙후한 중국이 따라잡는 것은 불가능했다. 게다가 마오쩌둥은 타이완의 지속적인 도발과 미국의 계속되는 핵무기 위협을 받는 상황이었다. 이는 중국이 핵무기 개발에 집착하게 된 직접적인 원인이 되었고, 그 배경에는 극도의 불안감에서 비롯된 두려움이 있었다.

나중에 중국은 베트남전에서 어느 정도 자신감을 회복했고, 전술 여건만 맞으면 미국을 이기는 게 불가능한 것도 아니라고 생각하게 된다. 이후 대베트남 징벌전과 전바오다오珍寶島 충돌*은 인민해방군에게 더 자신감을 심어주었고, 조건만 맞으면 미국과 소련 양 강대

---

* 1969년 전바오다오 충돌은 중국과 소련이 우수리강 인근 영유권을 두고 벌인 무력 충돌이다.

국과 충돌하는 것도 가능하다고 생각하게 되었다. 이러한 생각은 소련이 아프가니스탄에서 철수할 때까지 변하지 않았다. 건군 원칙 또한 대군단 편제를 중심으로 했으며, 진지나 참호와 같은 지형지물을 이용해서 적을 유인해 깊숙이 끌어들이는 작전을 중시했다. 다시 말해 당시까지만 해도 중국은 미소 양국이 언제든 명분을 만들어 중국을 공격할 수 있다는 불안감을 떨쳐내지 못하고 있었다. 당시 무장 편제를 보면 소련 육군의 남침과 미군의 해상 침략에 대한 방비가 철저했다는 것을 알 수 있고, 이 불안감은 지금까지 사라지지 않고 있다.

소련 해체 이후 동유럽 공산권이 무너져내린 것은 중국 공산당에 커다란 충격이었다. 이것이 정신적인 면에서의 충격이었다면, 중국이 진정한 실체적 공포를 느낀 것은 제1차 걸프전을 통해서였다. 당시 중국의 모든 군사 전문가는 아무도 정확한 예측을 하지 못했다. 그들은 모두 미군이 이라크의 게릴라 전술에 당해서 승리하더라도 신승할 것이고, 50만 연합군에서 최소한 10만 명 이상의 사상자가 발생할 것으로 예측했다.

하지만 결과가 나왔을 때 인민해방군이 받은 충격은 천지가 진동하는 것보다 더 컸다. 류야저우劉亞洲 장군은 즉시 전군 개혁을 건의했지만, 너무 급진적이었던 터라 철저히 외면되었다. 그렇다고 인민해방군이 겁에 질린 타조처럼 현실을 외면한 것은 아니었다. 그들은 그 후로 군사 개혁과 더불어 현대식 무기의 연구개발과 생산, 해외 구매에 엄청난 자원을 투입했다. 인민해방군은 걸프전을 진지하게 받아들였다. 왜냐하면 그들은 자신들이 수십 년간 준비해온 역량이 미래의 충돌에서 미국에 의해 가볍게 전멸당할 수 있다는 사실을 깨달았기 때문이다.

이로 인해 중국의 군제 개혁은 두 갈래로 나뉘어 추진되었다. 하나는 군구軍區 개혁으로, 전통적인 방식으로 만들어진 대군단 체계보다 소수정예의 기계화 부대가 더 쓸모 있다고 보았다. 이는 지방 군벌화를 방지하기 위해 지방 세력을 제거하는 목적도 있었다. 다른 하나는 해양 전력의 조정이었다. 중국은 소련의 전례를 따라 대규모 미사일 순양함을 건조하고 항공모함을 도입했다.

비대칭 위협의 발전

이러니저러니 해도 중국이 가장 두려워하는 것은 역시 미국의 침략이다. 타이완이 대륙을 역공할 가능성이 없어진 후 더 이상 수십만 대군이 침략할 것이라는 걱정은 할 필요가 없어졌지만, 바다와 하늘은 미국이 장악하고 있어서 불안의 근원은 여전히 남아 있다. 여기서 중국이 최근 적극적으로 해군을 발전시키고 있지만, 왜 미국의 편제를 따르지 않고 미사일 구축함을 주축으로 해서 방공 능력과 대잠 능력을 강화하는지 그 이유를 이해할 수 있다.

하지만 중국이 이런 식으로 발전한다고 해도 결코 미국을 따라잡을 수는 없다. 무분별하게 군사력만 키워서는 소용없는데, 도대체 무슨 생각으로 이러는 것일까? 이 점은 다수의 타이완인이 쉽게 이해하지 못하는 부분이기도 하다.

기본적으로 중국의 미·소(현재는 미·러) 견제 전략의 근간은 로프노르羅布泊* 핵실험에서 비롯되었다. 비대칭 전략은 결코 챠오량이 『초한전』을 쓰면서 생겨난 개념이 아니다. 그는 단지 소설을 쓰려 했을 뿐 이렇게 대박이 날 거라고는 생각하지 못했다. 중국은 전통적인 전력으로는 미·소 두 강대국과 맞설 수 없고, 핵무기 개발을 통한 비대칭 위협만이 유일한 해결책임을 일찍부터 분명히 인식하고 있었다. 우리가 망국 수준의 타격을 받는다고 하더라도, 상대 역시 뼈가 부러지고 살점을 도려내는 고통을 받게 하겠다는 의지의 표현이기도 하다.

이러한 이유로 중국의 모든 사일로 발사형 장거리 핵탄두 탄도미사일은 미국과 러시아의 주요 대도시를 목표로 할 뿐, 군사기지를 겨냥한 적은 없다. 또한 고정식 장거리 탄도미사일의 생존 가능성을 높이고, 적의 선제공격이 있고 난 뒤에도 반격이 가능하게 수천 킬로미터 길이의 지하 터널망을 건설한 것도 방어 지향의 개념에 입각한 것이라 할 수 있다.

---

* 1964년 중국이 첫 핵실험을 실시한 장소로, 이후 지상과 지하에서 수십 차례의 핵실험이 진행된 중국 핵 개발의 핵심 기지다.

미국이 자국의 장거리 핵탄두 미사일이 적의 선제공격에 소멸하는 것을 막기 위해서 고안한 해결책이 바로 탄도미사일 핵잠수함과 전략 폭격기다. 구소련 시절 러시아 역시 비슷한 형태의 대비책을 마련했지만, 그 규모는 미국보다 훨씬 더 작았다. 중국은 여전히 이와 같은 전면적인 반격이 불가능하기 때문에 어쩔 수 없이 비대칭 전력을 최대한 보존하는 수밖에 없다.

　러시아를 상대로 한다면, 고정식 장거리 탄도미사일과 이동형 발사 차량으로 충분히 모스크바를 타격할 수 있다. 설령 첫 번째 공격이 실패하더라도, 충분한 수의 중거리 탄도미사일을 보유하고 있어서 러시아의 주요 대도시들은 초토화할 수 있다. 하지만 미국을 상대로 하는 것은 전혀 다른 문제다. 미국 본토를 사정거리로 하는 발사 기지는 전부 미국의 위성이 24시간 감시하고 있어서, 연료 주입 단계부터 발각될 수 있다. 이러한 기지들이 미국의 선제 핵 공격에 초토화되는 것은 말할 것도 없고, 스텔스 폭격기만으로도 충분히 중국의 방공망을 뚫고 기습할 수 있으며, 이를 통해 중국은 핵 반격 능력을 완전히 상실하고, 미국을 상대로 한 전략적 위협 수단도 순식간에 사라질 것이다.

　그래서 중국이 미국의 대도시를 위협할 수 있는 유일한 수단이 바로 '핵잠수함이 탑재한 잠수함 발사 탄도미사일SLBM'이다.

　여기까지 보면 비로소 중국 해군 편제가 왜 이렇게 특이한지 이해할 수 있을 것이다.

우선 동해 함대는 사실상 잠수함이 배치되어 있지 않다. 동해 함대는 출항하는 즉시 대륙붕을 만나기 때문에 잠수함이 은폐할 만한 공간이 없다. 타이완과 일본의 강력한 대잠 능력 아래서는 감시를 피해 태평양으로 진출해 제1도련을 뚫고 태평양 중부로 진입해 미국 전역에 핵미사일을 발사하는 것은 리스크가 지나치게 높다. 북해 함대 또한 잠수함 전력이 미미하다. 이러한 이유로 모든 잠수함 전력이 사실상 남해 함대에 집중된 것이다.

남해 기지에서 출항해도 대륙붕을 만나지만, 출항로 선택지가 훨씬 더 다양하다. 북해 함대가 출항 후 항로가 제한되는 것과 다르게, 남해 함대는 바시해협을 통과하거나, 필리핀 남쪽 해역을 통하는 등 뚫고 나갈 수 있는 다양한 경로가 있다. 하지만 이 역시 골치 아픈 문제와 직면하는데, 그것은 바로 미국이 과거 소련을 상대로 만든 대잠수함 전략인 '일대일 잠수함 감시' 전략이다. 중국이 잠수함을 한 척 내보내면 미국은 곧장 공격 잠수함으로 추적에 나선다. 특히나 중국의 잠수함은 소음이 심해서 대륙붕 해역에서 은폐하기가 어렵다. 따라서 타이완의 대잠 초계기에 발각되는 것과 별개로, 미국 잠수함의 추격을 피하는 것은 사실상 거의 불가능하다.

그렇다면 왜 중국은 북해나 남해 항모 전단이 출항할 때 대규모 잠수함이 호위하게 한 걸까? 이는 잠수함이 항공모함을 호위하는 것이 아니라 오히려 정반대라는 것을 알 수 있다. 항공모함이 대공 방어망을 형성해서 대잠 초계기를 막고, 미사일 구축함은 항공모함이 너무 빨리 격침되지 않게 보호하며, 구축함은 항로 전방에서 적 잠수함의 매복을 우선 탐지한다.

이러한 배치의 목적은 오직 하나다. 미야코해협이나 바시해협을 돌파해 핵탄두를 탑재한 핵잠수함이 태평양에 진출할 수 있게 하는 것이다. 이렇게 해야만 중국은 미국을 위협할 능력을 갖추고 미국과 치킨게임을 벌일 수 있게 된다.

미국의 공격에 대한 방어

이전에 타이완 서남부 해역인 타이완탄臺灣灘 일대에 중국이 끊임없이 대잠 초계기를 파견했다는 것을 두고, 타이완의 일부 인사는 해당 지역의 수문水文이 잠수함 은폐에 적합한지를 파악하기 위한 것이라고 분석하기도 했다. 그러나 이제는 분명히 말할 수 있다. 당시 그곳에는 중국이나 미국 어느 한쪽의 잠수함만 있었던 게 아니다. 그 시기 중국이 가장 두려워한 것은 미국의 잠수함이 남중국해에 잠입해 남해 함대의 핵잠수함이 출항하는 즉시 격침하는 것이었다. 이는 시진핑이 인민해방군에게 타이완을 상대로 한 무력행사를 진지하게 준비하도록 지시했음을 방증하며, 인민해방군 역시 자신들이 어떤 상대를 맞닥뜨리게 될지 잘 알고 있었음을 뜻한다.

그러나 이러한 행동은 인민해방군의 약점이 장점보다 훨씬 더 많다는 것을 여실히 드러냈다. 그런데도 인민해방군으로서는 달리 방법이 없었다. 최고 전략 지침이 바로 그러했기 때문이다. 미국 본토를 위협할 핵 공격 수단이 확보되지 않으면, 중국의 막무가내식 전략이나 비대칭 전술은 미국에 전혀 통하지 않는다.

중국은 건국 이래 줄곧 해양 강대국의 공격을 두려워했으며, 이것은 오늘날까지도 변함없다. 그래서 타이완 무력 통일이 중국 건군의 원칙이며, 동아시아의 패자가 되는 것이 전략 목표라고 여기는 사람들은 모두 방향을 잘못 짚은 것이다. 항모 전대를 건설한 것부터 방공식별구역 거부 전략까지 이 모든 것은 미국의 공격에 대한 방어를 가리키고 있다.

이외의 다른 전략은 모두 부수적인 것으로, 이를 통해 다른 국가들을 겁주거나 기만하여 큰 전략적 이익을 얻을 수 있다면, 그것만으로도 더할 나위 없이 좋은 일이다.

중국 공산당이 가장 신경 쓰는 것은 자신들이 루마니아의 독재자 차우셰스쿠처럼 비참한 말로를 맞는 것이다. 이 때문에 군대를 자신을 보호하고 국민을 수탈하기 위한 수단으로 쓰고 있다. 인민해방군이 타이완에 끼칠 수 있는 가장 큰 피해는 전쟁이 아니라, 타이완이 스스로 투항한 뒤 인민해방군에 철저하게 착취당하는 것이다.

만약 상대를 속이는 것만으로도 상대가 스스로 모든 가산과 가족을 헌납하게 만들 수 있다면, 굳이 무력으로 강탈할 이유가 어디 있겠는가.

27

타이완의 전략 구상

기밀은 누설하면 안 된다는 원칙에 따라, 타이완의 전략 구상에 대해 여기서는 공개된 자료와 뉴스를 기반으로 적절한 범위 안에서만 설명하기로 한다.

우선 우리가 예전부터 알고 있었던 타이완 수비 계획은 해군과 공군을 주력으로 하고 육군은 보조로 삼는 것이다. 그리고 개전 시 전력 보존을 위해 해군은 태평양에 진입하고, 공군은 동부 지역으로 이동해서 출격하며, 육군은 지원병 위주의 정예 병력 보존을 위해 의무 복무병으로 이루어진 대규모 예비 여단을 전선으로 보내서 상륙하는 인민해방군을 저지한다.

이러한 구상에 대해 사실 타이완군은 공식적으로 확인해준 적이 없어서 왜 이런 구상이 나왔는지는 알 수 없다. 워게임은 어디까지나 숫자로 하는 시뮬레이션이기 때문에, 전력이 비교적 약한 예비 여단으로 인민해방군의 전력 소모를 강요하거나 인민해방군의 귀중한 미사일과 교환하는 식의 전략은 논리적으로 보면 대단히 합리적인 선택이다. 그렇다고 이 구상이 타이완군의 전략 방침과 건군 목표를 뜻한다는 것은 아니다.

더욱이 타이완 서해안은 육군의 병력 규모로 볼 때 개전 시점에 동원될 예비 병력까지 포함하면 수십만 병력이 몰려 있는 지역으로, 지구상에서 가장 병력의 밀도가 높다. 이러한 상황에서는 전방과 후방의 구분이 없어지고, 인민해방군도 경무장한 보병 부대만 공격하고, 기갑부대는 무시하는 어리석은 짓은 하지 않을 것이다. 그런데 왜 이런 구상이 계속해서 회자되는 것일까? 그건 타이완군에게 물어봐야 할 문제다. 타이완군은 왜 대외적으로 어떠한 해명도 하지 않고 부인도 하지 않는 버릇을 수십 년째 버리지 못하는 것일까?

하지만 공개된 내용만 가지고 추론하고 판단하더라도, 타이완군은 애초에 인민해방군을 저지하기 위해 병력을 대거 희생시키는 방안을 고려한 적이 없다. 그럴 필요가 전혀 없기 때문이다.

방어용 전략 무기

타이완의 전략 목표는 의심할 여지 없이 방어에 방점이 찍혀 있다. 타이완의 방어 전략은 중국이 타이완 침공에 성공하지 못하도록 저지하는 것이다. 중국이 상륙에 성공하려면 타이완 해군과 공군이라는 장애물을 제거해야 한다. 장애물 제거에 성공하더라도, 상륙 후에는 타이완 육군을 상대해야 한다. 앞 장에서도 언급했듯이 상륙 후 타이완 전역을 어떻게 점령할 것인가는 더 큰 과제다.

이 논리를 역으로 추론해보면, 타이완군의 사고방식과 미국이 타이완을 어느 수준까지 지원할 것인지, 어떤 전략을 구상하고 있는지 알 수 있다.

첫째, M1 전차의 도입이다. 이는 인민해방군의 상륙작전이 성공하려면 반드시 제공권과 제해권을 성공적으로 확보해야 한다는 것을 의미한다. 중국이 상륙 시 투입할 수 있는 전차는 중형 이하의 전차이거나 수륙양용 장갑차 수준뿐이다. 이처럼 수준 낮은 장비로 M1 전차와 맞붙으면 어떤 희망도 없이 모조리 바다에 수장될 것이다. 과거 타이완군이 M60 전차와 CM-11(용호勇虎) 전차를 운용하던 상황에서는 보병의 대전차 무기에 격파당할 가능성이 컸으나, M1 전차의 도입은 미국이 보내는 명백한 메시지 중 하나로, 인민해방군에게 섣부른 기대는 하지 말라는 경고다. M1 전차의 도입은 상륙 이후의 인민해방군에게 항구 확보 외에는 어떠한 공격 루트도 존재하지 않는다는 것을 의미한다.

둘째, 공중 강습 헬기부대의 편성이다. 타이완은 100대 이상의 공격 헬기를 보유하고 있어 세계적으로 높은 밀집도를 자랑한다. 높은 화력과 기동성을 갖춘 이 부대는 인민해방군이 상륙 시 투입할 소규모 전차와 상륙에 운용될 공기부양정 제거를 목표로 하고 있다.

만약 타이완의 헬기부대가 건재한 상황이라면, 상륙부대의 해안 교두보 확보와 향후 작전을 펼칠 전차 투입을 위해 인민해방군은 호위함을 최대한 연안 가까이 접근시켜서 방공망을 형성하게 해야 한다. 그러지 않으면 기갑부대는 상륙하자마자 타이완군의 헬기부대에 의해 전멸될 것이다. 하지만 군함을 타이완해협 깊숙이 들여보내는 것은 대단히 위험한 행위이며, 이는 인민해방군이 해협을 건너는 일을 더 어렵게 만들 것이다. 설령 인민해방군이 항구를 점령한다 해도, 수시로 항구 사용을 무력화하려는 위협에 직면할 것이다. 뛰어난 기동성을 자랑하는 헬기로 언제든 상륙부대를 타격할 수 있기 때문이다.

이는 육군 전력만 이야기한 것이고, 미국이 장기간에 걸쳐 구축을 도운 공대공 미사일망, 방공 미사일망 그리고 대함 미사일망은 포함하지 않았다. 단순히 타이완을 '고슴도치'처럼 만든다는 의미를 넘어, 타이완을 군사적 속국이 아니라 '준군사 동맹국'으로 간주하고 타이완이 서태평양에서 중국을 봉쇄하는 임무를 맡게 한다는 것을 의미한다. 이런 각도에서 최근 미국의 타이완 무기 판매 정책을 보면, 중국에 대한 미국의 군사적 태도가 완전히 바뀌어서, 이제는 중국을 철저한 적국으로 여기고 있다는 것을 알 수 있다.

이러한 상황에서 타이완의 '정예화 계획' 이후 수년이 지난 현재, 타이완 국방부가 발표한 후방 전력 운용 방안을 통해 타이완군의 엄청난 변화를 읽을 수 있다. 기존 구상은 현역 부대가 주둔지를 떠나 전방 진지를 구축하고, 후방 예비 부대는 수적 우세를 형성해서 상륙하는 인민해방군을 포위하며 항구 점령 시도를 저지하는 것이었다. 의무 복무 병력의 전투력이 낮기 때문에 해당 사령부는 늘 경시되었고, 이로 인해 과거 워게임에서는 이들을 '희생양'으로 삼는 전술이 자주 등장했다.

그러나 국방부의 새로운 계획에서는 전원 자원입대 병력으로 구성된 후방 예비 여단에 대한 신뢰도가 상당히 높아졌음을 분명히 확인할 수 있다. 국방부는 이들을 이제 현역 부대와 다름없는 임무를 수행할 수 있는 전력으로 간주하고 있다. 그리고 아직 제대하지 않은 의무 복무 병력과 군사 훈련 복무 병력은 거점 도시 방어 병력으로 전환되어 민방위 부대의 역할도 겸하게 한다. 이는 국방부가 타이완 내륙 방어전에 대해 자신이 있기에 이러한 공격적인 계획을 세웠다는 것을 방증한다. 그렇지 않다면 과거처럼 수적 우위에 의존하는 계획을 내놨을 것이다.

신형 무기 구매에 의한 전략 전환

하이마스 다련장로켓MLRS, 사거리 연장형 원거리 육상공격 미사일SLAM-ER, F-16 신형 정찰 포드MS110, 400발의 하푼 대함 미사일과 이동형 발사 차량 및 레이더 차량과 같이 최근 몇 년간 미국이 타이완에 판매한 여러 군사 장비가 갖는 전략적 의미는 전혀 단순하지 않다.

하이마스 다연장로켓의 사거리는 타이완 전역을 포괄한다. 산악지대나 숲속에 은폐한 채 이동 없이 해안에 상륙한 인민해방군을 공격할 수 있고, 탄두를 교체하면 중국 연안의 상륙부대까지 직접 타격할 수 있다. 이는 과거 중국이 세웠던 전략 구상을 완전히 뒤엎어 버렸다. 과거에는 S-400과 같은 미사일 방공망으로 타이완의 F-16 전투기의 공대지 공격을 막는 전략을 구상했지만, 지금은 타이완 본토에서 푸젠 연안의 상륙 함대를 직접 타격할 수 있어서, 중국은 상륙 안전 확보를 위해 전력을 더 먼 곳으로 분산시켜야 하는 처지가 되었다. 과거 인민해방군의 구상은 공격과 상륙을 특정 지점에 집중하고, 상륙 지점의 자국 상륙부대를 괴멸시킬 수 있는 다연장 로켓과 포병 차량을 주요 타격 목표로 삼는 것이다. 인민해방군은 그것들이 해안 사정권 내로 이동하는 틈을 타 공중 전력으로 제압한다는 계획을 세웠다. 그러나 하이마스의 엄청나게 긴 사정거리로 인해 이제는 중부 산악지대에 은폐한 채 타이완 전역의 상륙 가능 해안을 타격할 수 있게 되어 인민해방군은 거의 속수무책인 상황이 되었다.

SLAM-ER와 F-16 신형 정찰 포드도 유사한 개념이다. SLAM-ER로 공군의 공대지 공격 능력은 대폭 향상되었고, 타이완의 중국 연안 정찰 능력도 정찰 포드로 인해 비약적으로 향상되었다. 여기에 사거리가 120킬로미터 이상인 하푼 대함 미사일 수백 발까지 더해져서, 타이완은 이제 수동적인 반격만 할 수 있었던 상황에서 벗어나 선제공격이 가능해졌다. 이제 우리는 중국이 타이완에 대한 공격을 감행할 때, 타이완이 할 수 있는 일은 수동적으로 기다리는 것뿐이라고 생각해서는 안 된다. 상황은 이미 확실하게 변했다. 이외에도 이동형 발사 차량은 탐지와 파괴가 대단히 어렵다. 타이완 상륙을 고려하면서 이러한 발사 차량에서 발사되는 대함 미사일을 처리하지 않는다면, 타이완 상륙은 자살 행위나 다름없다. 게다가 타이완군 미사일의 사정거리 향상으로 인해 인민해방군은 푸젠 연안에서 상륙군을 승선시키는 것이 불가능해졌고, 상륙 병력을 남북으로 분산할 수밖에 없다.

현재 중국은 타이완의 방공망과 대함 전력을 완전히 무력화시킬 만큼의 탄도미사일을 충분히 보유하고 있지 않다. 여기에 더해 제공권 확보에 더 많은 시간이 필요해졌고, 타이완 육군의 이동형 발사 차량 탐색과 파괴에도 에너지를 소모해야 하는 상황이 되었다. 이 모든 조건이 충족되지 않는 이상 상륙작전은 실현 가능성이 전혀 없는 허황된 꿈이나 다름없다.

무기가 전략 구상을 바꿀 수 없다는 말은 하지 말도록 하자. 만약 당장 타이완이 중국의 침공에 직면한 상황에서 미국 대통령이 타이완을 지원하지 않겠다고 공개적으로 선언한다고, 이미 판매한 무기를 없던 일로 할 수는 없다. 중국이 상륙부대를 승선시키는 순간 바다 건너 타이완이 이를 타격한다고 해서, 타이완이 선제공격했다고 비난할 수 있는 이는 아무도 없다. 타이완이 예전에는 갖고 있지 못했던 이런 수단들을 이제야 갖췄는데, 중국은 자신들의 '평화로운 상륙 침략 시나리오'를 파괴했다는 이유로 타이완이 양안의 평화를 깼다며 호들갑을 떨고 있다.

타격 수단이 있지만 사용하지 않는 것과 타격 수단이 없어서 사용하지 못하는 것은 전략적 주도권에서 완전히 다른 의미를 가진다.

현재 타이완의 전력 상황을 놓고 볼 때, 인민해방군이 만약 개전 초기에 상륙 함대가 해협에서 저지당해 격파되고 최신예 전투기에 대거 손실을 입는다면, 이는 타이완 입장에서 공중에 장애물이 전혀 없는 통로가 생기는 것이나 다름없다. 현재 타이완의 전력이라면 이 공중 통로를 통해 중국 연안 기지에 대한 반격이 충분히 가능하고, 더 나아가 연안 각지의 주요 항구를 공격할 수도 있다. 상황이 이러한데, 타이완은 맞기만 하며 반격은 못 한다고 누가 말할 수 있겠는가?

그래서 타이완의 전략은 수동적 방에서 적극적 방어로, 나아가 공세적 방어로까지 진화해왔다. 이는 결코 미국의 지원에만 의지한 결과가 아니고, 타이완 국민도 자주국방의 의지를 갖고 있어야만 가능한 것이다. 현재 타이완의 전력은 타이완 국민의 의지와 미국의 지원이 결합해서 만들어진 결과물이다. 만약 오늘날 타이완이 투항이나 할 생각으로 주저앉아 있었다면, 미국은 어떤 무기도 팔려고 하지 않았을 것이며, 아무리 돈이 많다고 해도 살 수 없었을 것이다.

각국의 전략 총정리

각국의 전략 구상을 종합해보면, 가장 핵심이 되는 것은 바로 '기존 국제질서의 틀'이다. 기존 틀에서 이득을 보고 있는 국가라면 굳이 '기존 질서의 파괴'라는 유혹에 넘어갈 이유가 없다. 기존 질서를 바꾸려 한다면, 바꾸려는 쪽에서 더 좋은 조건을 제시해야 한다. 서태평양에서 인도양까지만 놓고 본다면, 중국은 기존 질서를 파괴하려는 도전자이지 수호자가 아니다. 중국에는 이러한 질서에 도전할 권리가 있지만, 그렇다고 다른 국가들이 반드시 그 도전에 동참해야 할 이유는 없다. 특히나 기존 질서를 통해 이익을 얻고 있는 국가라면 더 그렇다.

다음으로, 기존 질서 아래서 각국은 지정학적 위치를 기준으로 자국의 이익이 어디 있는지를 따지면서 어떻게 전략을 세워야 할지 논하는 것이 합리적이다. 예를 들어 일본에 있어서 무역은 무엇보다 중요하기에 해상 교통로 보호를 위해 해군력을 강화하는 것은 당연한 선택이다. 마찬가지로 인도의 국력이 점점 더 커지는 상황에서, 인도가 자국의 세력권을 보호하려는 생각을 품는 것도 매우 합리적인 행동이다.

반면 한국은 일본을 위협으로 인식하고 있을까? 논리적으로는 위협으로 여기지 않더라도, 정서적으로는 받아들이기 쉽지 않다. 이와 마찬가지로 인도 주변의 미얀마나 태국 또한 자국의 해군력을 강화하고 있다. 어쨌든 인도양을 인도 혼자서 관리하게 놔두는 것은 주권국가 입장에서 용인하기 어려운 일이다. 특히나 동남아 여러 국가의 경제 상황이 계속해서 나아지고 있고, 군사력도 꾸준히 상승하고 있는 만큼 인도의 인도양 독식은 더 받아들일 수 없다.

이제 시선을 인도양으로 옮겨보자. 미얀마가 단지 인도 옆에 붙어 있다는 이유로 인도를 적대시하고 중국과 가까워지리라고 단정할 수 있을까? 역사적으로 미얀마는 중국, 인도 양국과 모두 충돌한 경험이 있어서 어느 쪽에 대한 반감이 더 크다고 단정하기 어렵다. 지도만 놓고 누가 누굴 지원할 것이라고 판단해서는 안 된다. 이는 다양한 맥락에서 판단해야 할 문제다.

호주는 중국의 급부상에 대해 중립적인 입장이었다. 하지만 남중국해 정세 변화와 중국의 호주 내정 개입 이후 중국에 대한 호주의 입장은 부정적으로 바뀌었다. 중국을 제2차 세계대전 당시의 일본과 동일한 대상으로 여기면서 자연히 적극적으로 견제하기 시작했다. 그런데 뉴질랜드는 왜 같은 반응을 보이지 않는 걸까? 그 이유는 지리적으로 더 멀리 떨어져 있어서 중국이 실질적인 위협으로 다가오기에는 시간이 필요하고, 호주가 방패막이 역할을 하고 있어서 뉴질랜드 입장에서는 아직 그렇게까지 걱정할 필요가 없기 때문이다. 호주와 뉴질랜드를 하나로 보는 사람들이 있는데, 이는 각국의 전략적 고려가 저마다 다르다는 점을 간과한 것이다.

더 중요한 것은 어떤 국가가 세력을 키웠다고 해서 그것 때문에 다른 국가와 충돌하거나 동맹을 맺으리라 생각하는 것은 국제정치와 전략 환경, 특히나 인도양에서 남중국해에 이르는 지역에서는 전혀 이치에 맞지 않는다는 점이다. 모든 국가에는 주적主敵과 부적副敵이 있고, 중요한 문제와 긴급한 문제가 다 따로 있다. 그리고 이것들은 상호작용을 일으킨다. 따라서 우리가 이런 상호작용에 대해 이야기하려면 자신의 시각에서가 아니라, 그 나라의 입장에서 사고하도록 노력해야 한다.

결국 지도를 더 크게 펼쳐 보고, 관찰의 척도를 넓혀야만 많은 것이 명확히 보이기 시작한다.

맺음말

이 책을 집필할 당시 분명 두 가지 상반된 목소리를 마주하게 될 것이라 예상했다. 하나는 사실은 외면한 채 듣기 좋은 말만 하는 국방부의 국내 선전물이라고 비난하는 목소리였고, 다른 하나는 인민해방군을 지나치게 얕잡아보고 '적은 최대한 과대평가해야 한다'는 원칙도 지키지 못한다는 목소리였다.

이에 대한 내 대답은 간단하다.

"그래, 맞다. 원래부터 타이완은 자국민을 상대로 제대로 된 '국내 선전'을 해온 적이 없다. 권위주의 시대에는 그저 명령에 복종해야 했고, 왜 전쟁을 해야 하는지 알려주지 않았다. 민주주의 시대의 국민이라면 당연히 국가의 전략적 상황을 제대로 알아야 하고, 자국의 군사력에 대해 정확히 인지하고 있어야 하며, 무엇보다 적이 어떤 존재인지 정확히 알고 있어야 한다.

정확한 인식이 선전 없이 가능한가? 설마 루머에 휘둘리며 엉망으로 퍼져야 옳다는 말인가?"

타이완은 전혀 약하지 않다. 타이완이 약소국이라는 인상을 받는 것은 태평양 건너에는 미국이 있고, 북쪽에는 일본이, 서쪽에는 중국이 있는데, 이들 국가는 하나같이 타이완보다 열 배 이상의 국력을 자랑하고 있고, 군사력 또한 훨씬 더 우위에 있기 때문이다. 하지만 전쟁은 게임처럼 단순히 병력을 지도상에 배치하고 체스하듯 싸우는 것이 아니다. 전쟁은 시간과 공간적 배경 그리고 국제 정세를 따져야 한다.

사실 전쟁은 무기 수량만으로 결정되는 것이 아니며 다양한 부분을 고려해야 한다는 것을 모르는 사람은 없다. 다만 이를 외면하고 받아들이지 않으려 할 뿐이다. 못 믿겠다고? 그렇다면 거리로 나가 무작위로 100명에게 다음과 같은 질문을 해보자.

1. 미국과 중국이 전면전을 벌인다면 누가 이길 것 같은가?
2. 중국과 타이완이 전면전을 벌인다면 누가 이길 것 같은가?
3. 어떤 상황이라면 중국이 미국을 이길 수 있을까?
4. 어떤 상황이라면 타이완이 중국을 이길 수 있을까?

아마 절대다수는 1번 질문의 답은 미국, 2번 질문의 답은 중국을 선택할 것이다. 그리고 이는 정치적 성향을 떠나 대체로 일치할 것이다. 하지만 3번과 4번 질문에는 정치적 성향에 따라 극명하게 갈리는 답변이 나올 것이다.

국민당을 지지하는 이들은 '어떤 조건 아래에선 중국이 미국을 부분적으로 이길 수도 있지만, 타이완은 어떤 조건이든 관계없이 중국에 무조건 패한다'라고 말할 것이다. 한편 민진당을 지지하는 이들은 정반대 주장을 펼칠 것이다. 이것이 바로 우리가 분명히 깨달아야 할 점이다. 타이완 사람들은 애초부터 국방에 대한 명확한 인식도 없이 그저 감에만 의존해왔다는 것을 말이다.

똑같은 상황을 놓고 상반된 예상을 내놓는 데는 명확한 이유가 있어야 할 것 아닌가!

우리는 이에 대해 과학적 분석과 과거 전쟁 사례를 기반으로 한 설득력 있는 이유를 들어본 적이 없다. 오직 '중국은 반드시 승리한다'라는 전제를 믿어야 한다고 주장한다. 이러한 주장은 광적인 '신앙'일 뿐이다.

이제 앞서 다룬 내용을 간략하게 복습하면서, 이와 관련해 늘 제기되던 문제들도 다시 한번 짚어보자.

타이완 점령 작전의 난이도

섬을 점령하기 위한 상륙작전은 어렵다. 정말로 어렵다.

이는 타이완 사람이 하는 말이 아니고, 미국 측에서 나오는 이야기다. 미국은 지난 세기 동안 지구상에서 상륙작전을 가장 많이 경험한 나라다. 상륙작전에 풍부한 경험이 있는 나라가 상륙작전이 얼마나 어려운지 알려주는데, 이것은 무시하고 상륙작전 경험이 전혀 없는 중국을 믿는다고? 중국이 무슨 상상을 초월하는 상륙작전을 발명하기라도 했다는 건가?

이건 대체 어디서 나온 믿음인가?

그렇다면 섬을 점령하는 작전의 어려움은 어디 있는가? 과거 미국이 태평양 전쟁에서 얻은 경험에 따르면, 제해권과 제공권을 완벽하게 장악한 상태라 해도 잘 엄폐된 벙커를 완벽히 파괴하는 것은 불가능에 가깝다. 그리고 무기 체계가 발전하면서 방어 수단은 더 다양해졌고, 상륙은 더 어려워졌다.

물론 현대의 폭탄은 지형을 뚫고 들어가는 것도 있고, 엄청난 무게를 자랑하는 것도 있어서 방어 수단을 충분히 파괴할 수 있다. 하지만 반대로 생각해보면, 타이완 전역에 이동형 발사 차량이 돌아다니고, 고층 건물이 밀집한 도시가 사방에 널려 있는데 수비군이 어디에 숨어 있는지 어떻게 특정할 수 있는가? 장갑차량과 미사일 발사 차량이 창고에 숨어 있을지, 아니면 텅 빈 건물 1층에 숨어 있을지 어떻게 알 수 있겠는가? 타이완은 미군이 섬 전체를 무차별 폭격했던 '유황도'*가 아니다. 2300만 명이 사는 섬을 시시껄렁한 섬 따

---

* 이오섬. 미국이 일본 본토 공습을 위한 전략적 거점을 확보하기 위해 상륙작전을 벌인 곳으로, 태평양 전역에서 가장 격렬한 전투가 벌어졌고, 미국이 핵폭탄 투하를 결정하게 된 이유가 된 곳이다.

위로 취급할 수 있겠는가?

　정상적인 사람이라면 아무도 인민해방군의 화력이 미군을 뛰어넘는다고 여기지 않는다. 미군도 하지 못한 일을 인민해방군은 할 수 있다고 여기는 것을 넘어서 섬 전체에 무차별 폭격을 가해 대학살을 자행할 수도 있다고 믿는 것은 이미 과학의 영역을 뛰어넘어 종교적 믿음의 수준에 이르렀다고 할 수 있다.

　인민해방군이 타이완을 점령하려면, 우선 가지고 있는 탄도미사일과 장거리 로켓을 모조리 소모해서 타이완의 고정 군사 시설을 최대한 타격하고, 눈에 보이는 모든 방어 수단을 약화시켜야 한다. 그런 다음 충분한 함선과 전투기를 통해 타이완 수비군과 끊임없이 교전하면서 타이완 수비 전력의 소모를 강요해야 한다. 그리고 간신히 확보한 제공권을 통해 지상의 각종 장갑차량과 미사일 발사 차량을 공격해야 한다. 왜 이렇게 해야만 하는가? 이렇게라도 하지 않으면, 인민해방군의 상륙 능력으로는 겨우 경무장 보병과 중소형 장갑차량밖에 상륙시킬 수 없는 상황에서 타이완군의 중전차, 헬기, 포병 그리고 다연장 로켓의 집중 타격을 받으면 인민해방군의 상륙부대는 전멸할 수밖에 없기 때문이다.

　게다가 타이완은 수백 기의 하푼 대함 미사일을 도입했고, 오랫동안 자체 개발해온 슝펑 계열의 미사일까지 갖추고 있다. 이것들로 인민해방군이 몇 척 가지고 있지 않은 중전차 수송이 가능한 상륙함을 전부 격침할 수 있을 뿐만 아니라, 이를 호위하는 구축함도 모두 파괴할 수 있을 만큼 수량이 충분하다. 설령 전쟁 발발 이후 절반의 대함 미사일이 발사대에서 파괴되고, 나머지 발사된 미사일 중에서 절반만 명중한다고 하더라도 최종적으로 타이완이 보유한 미사일의 4분의 1만이 적 함선을 명중한다는 셈인데, 이 양만 따져도 200척 이상의 함선을 격침할 수 있다는 계산이 나온다. 그런데 과연 인민해방군에 이만한 수량의 대형 상륙함이 있을까? 있다 해도 상륙 전단 전체가 사라진다는 결론만 나올 뿐이다.

그리고 이들 '중국 무적론자'는 누가 이런 점을 지적하기라도 하면 바로 '대함 미사일 신봉자'라는 낙인을 찍는다.

공산당이 가장 잘하는 짓이 바로 문제를 해결할 수 없는 상황에 봉착하면 상대방에게 새로운 낙인을 찍고 역공하는 것이다. '자본주의 노선 추종자' '종교적 광신도'와 같은 낙인을 찍어 상대의 주장을 헛소리로 몰아붙이면서 자신들이야말로 옳다고 호도한다.

그러니 이런 '중국 무적론자'들을 굳이 설득할 필요는 없다. 우리가 올바른 안보 인식을 갖추는 것으로 충분하다.

타이완을 상대로 이런 작전을 펼쳤을 때 가장 큰 문제점은 바로 중국의 적은 타이완 하나만이 아니라는 점이다. 이 때문에 인민해방군은 언제나 미·일 양국 군의 동향을 예의주시해야 하는데, 실제로도 중국은 타이완이 생각하는 것보다 훨씬 더 신중하고 조심스럽다.

요인 암살 작전의 난이도

　요인 암살 작전 역시 실현 가능성은 거의 없다. 이런 작전을 이야기하는 이들은 정작 시공간적 환경은 전혀 언급하지 않는다. 앞서 지적했듯이, 평시라면 타이완 총통을 암살해놓고 타이완을 침공하지 않는다면 도대체 무엇을 하자는 것인가? 전쟁 발발이 임박한 상황이라면, 총통과 주요 인사들에 대한 경호는 극도로 강화되어 소위 '제5열'조차 기회를 얻지 못할 것이다. 총통부 내부에 침투해서 자살 공격을 감행하는 것 말고 다른 가능성은 없다. 그런데 총통부 침투는 쉬울까?

　이 시나리오 외에 미국에 의한 이란 장군 암살*을 예로 들면서 미사일을 이용한 암살 작전을 거론하기도 하는데, 이란 장군의 암살과 우리가 여기서 다루고 있는 작전을 비교하는 것은 완전히 무의미하다. 미국은 그 장군이 어디 있는지 정확히 파악하고 있었고, 이란 측은 자신들이 추적당하고 있다는 사실조차 모르고 있었다. 하지만 타이완은 다르다. 개전과 동시에 총통은 완전히 모습을 감출 텐데, 어떻게 찾아내겠다는 말인가?

---

*　2020년 1월 3일 이라크 바그다드 국제공항에서 미국의 드론 공습으로 이란 혁명수비대 쿠드스군 사령관 가셈 솔레이마니가 살해당한 사건.

타이완의 수비 개념

타이완의 수비 개념은 사실 이해하기 매우 쉽다. 그것은 바로 기본에 충실하다는 것이다. 우리는 절대 타이완군이 뭔가 신묘한 전략을 세웠을 거라고 생각해서는 안 된다. 역사적인 사례를 보더라도, 비록 적군이 아군의 몇 배가 넘더라도, 아군이 장비와 보급을 잘 갖추고, 유리한 지형에서 전투를 벌이면 대부분은 아군의 승리였다.

적은 병력으로 다수의 적을 상대하고 기습으로 승리를 거두는 사례는 사람들에게 깊이 각인된다. 그렇지만 깊이 각인되는 만큼 이러한 사례는 쉽게 찾아볼 수 있는 것이 아니라는 뜻이기도 하다.

타이완에 상륙 가능한 해안은 몇 개밖에 안 되는데, 이들 모두 포병 화력의 사정권 안에 들어가 있다. 그리고 해안에서 몇 시간 거리에 기갑부대가 주둔하고 있고, 타이완 북·중·남부 세 개 군단 모두 공중 강습 헬기부대를 보유하고 있으며, 주요 거점 주변에는 어김없이 방공미사일 부대가 배치되어 있다. 바꿔 말해, 이들 부대를 차례로 무력화하지 않으면 인민해방군의 상륙작전은 애초에 성공할 수 없다.

전쟁이 임박하면 이동형 발사 차량과 레이더 차량은 모두 기지에서 나와 최대한 발각되지 않고 타이완 전역의 지정된 구역을 순찰할 것이다. 일부는 평소 사람들의 발길이 전혀 닿지 않는 산악지대로 들어가거나, 도심지를 엄폐물 삼아 타이완 주변 해역 전역을 아우르는 미사일 방어망을 형성할 것이다. 이들을 상대하려면 탄도미사일로는 어림없고, 반드시 전투기가 대공 화망을 뚫고 근접 타격해야 한다.

그런데 이들 전투기가 안전하게 작전을 수행하려면 우선 제공권이 확보되어야 하는데, 이를 위해서는 타이완 공군을 먼저 제압해야 한다. 그렇지만 타이완 공군은 방공미사일 지원과 중앙 산맥이라는 지형적 이점으로 상당한 우위를 점하고 있다. 타이완 공군의 안전 구역을 축소하려면 인민해방군은 미사일 구축함을 타이완 인근 해역까지 보내야 하는데, 이는 타이완의 대함 미사일 전력이 건재한 상황에서는 막대한 위험이 따른다.

인민해방군이 '상륙 후 빠르게 전선을 확대하면 타이완군을 수세로 몰아넣을 수 있다'는 무모한 도박을 하지 못하도록, 타이완은 다년간 자원병으로 이루어진 예비 병력을 언제든 최전선 주요 거점 방어에 투입될 수 있게 훈련해왔다. 여기에 더해 의무 복무 병력으로 구성된 제3선 부대가 전국의 크고 작은 도시들의 방어를 책임진다면, 사실상 타이완 전역에 인민해방군이 쉽게 통과할 수 있는 곳은 한 군데도 없다.

사실 국방부가 아무것도 안 하는 것은 아니다. 다만 한정된 국방 예산 때문에 운신의 폭이 좁을 뿐이다. 그렇지만 보완해야 할 부분은 항상 있고, 인민해방군이 그 틈새를 노린다면 타이완군도 그에 상응하는 대응책을 마련해야 한다. 현재 타이완의 문제는 군사력에 있지 않고 국민의 사기와 마음가짐에 있다. 오랜 세월 동안 타이완 사회에는 군인을 무시하는 풍조가 만연했고, 온갖 군사 관련 유언비어가 난무해왔다. 이러한 유언비어는 과장된 망상과 공포를 기반으로 하고 있고, 타이완 국민의 심리적 방어선을 무너뜨리는 데 그 목적이 있다.

중국이 온갖 유언비어를 양산하는 이유는 그들 자신이 타이완해협을 건너 전면적인 공격을 펼칠 능력이 없다는 것을 누구보다 잘 알기 때문이다. 그들의 전략은 어디까지나 미국이 중국 연안의 핵심 도시를 파괴하는 것을 막는 데 초점이 맞춰져 있고, 겸해서 타이완까지 점령할 수 있다면 더할 나위 없이 좋은 것이다.

이런 겸사겸사하는 준비로 타이완을 점령하겠다고? 타이완 국민이 자진해서 투항하지 않는 한 절대 불가능하다.

정보전의 중요성

중국이 자신의 약점을 모를 리 없다. 하지만 그들은 민주주의 국가의 취약점을 더 잘 알고 있다. 타이완 사회로의 침투와 정보전을 통해 전쟁에 대한 공포를 조장하고, 중국은 타이완 점령을 위해 어떠한 피해도 감수할 수 있다는 점을 과시하면 상당수의 타이완 국민이 겁먹으리라는 것도 잘 알고 있다. 어차피 협조할 의향이 있는 타이완 내부자들을 찾아낼 수만 있다면, 돈으로 그들을 매수하는 것은 시간문제다.

매수, 침투, 분열을 통해 전쟁 없이 타이완을 통일한다면, 중국은 부유한 사회와 잘 정비된 군대를 손에 넣을 수 있을 것이다. 이는 그야말로 대박이 아닐 수 없다. 무력을 통한 통일의 결과는 기껏해야 절반 정도만 파괴된 타이완을 손에 넣는 것이다. 이를 다시 태평양 진출의 전초기지로 만들려면 천문학적인 자금이 들어갈 것이다.

많은 사람이 잊고 있지만, 중국의 전략은 방어적 성격을 띠고 있으면서도 그 궁극적인 목표는 적극적인 팽창을 통해 세계 패권국이 되어서 새로운 세계질서를 만드는 데 있다. 중국은 결코 주변의 안전과 경제의 안정적 발전에 만족하지 않는다. 타이완 통일은 그저 다음 단계로 가기 위한 첫걸음에 불과하다. 타이완이 중국에 점령되어 중국의 군사기지가 되는 순간, 그다음 목표는 바로 동남아 전체와 서태평양이 될 것이고, 그때야말로 타이완에 진정한 재앙이 시작될 것이다.

그러면 앞뒤 따지지 않고 전쟁을 일으켜 타이완을 점령하는 것이 정말로 중국의 유일한 목표일까?

매국 세력과 대수된 내부 조력자를 통해 타이완을 '사들이는 것'이 전쟁을 통해 타이완을 점령하는 것보다 훨씬 더 수지맞는다는 사실은 누구나 알고 있다.

만약 타이완 통일이 중국의 최종 목표이고 통일 이후 중국이 확장을 멈춘다면, 세계 각국은 일정한 조건만 충족할 경우 타이완이 이를 수용하도록 압박하는 방안을 진지하게 검토할 것이다. 그렇게 하는 것이 전 세계적으로도 좋기 때문이다. 그러나 현실은 전혀 그렇지 않다. 중국은 다양한 방면에서 타이완 통일로 끝나는 것이 아니라 과거 조공을 받던 제국의 영광을 되찾고, 새로운 세계질서를 세우겠다는 야욕을 노골적으로 드러내고 있다. 그리고 중국이 말하는 새로운 질서하에서는 주변국 대부분이 손해를 볼 수밖에 없고, 현재 중국의 국내 통치 방식을 보면 국가는 물론이고 민족마저 멸망시키는 상황*도 충분히 상상할 수 있을 정도다.

이것이야말로 중국의 급부상이 국제사회의 의심을 받는 진짜 이유다. 이는 단순히 전통적인 강대국이 신흥 강국을 억누른다는 식으로 간단히 치부할 수 없는 문제다.

타이완은 중국의 야욕 실현의 최전선에 있으며, 중국의 첫 번째 목표이기도 하다. 따라서 전쟁은 피할 수 없는 선택지다. 다만 문제는 그것이 어떤 수단으로 발현될 것인가에 있을 뿐이다. 중국이 주판알을 굴렸을 때 이득이 난다고 판단한다면 무력을 동원하리라는 데는 의심의 여지가 없다. 현재 중국에 부족한 것은 결단력이 아니라 타이완 침공의 실질적인 역량이다.

물리적 침공에 의한 승산이 크지 않다면, 요인 매수와 사회 침투

---

* 중국 정부의 신장 위구르족에 대한 인권 침해 사례가 국제 사회에 다수 보고되는 상황을 가리킨다.

같은 방법을 통한 대타이완 정보전은 필연적인 선택이다. 더구나 사회 분열 공작은 공산당이 가장 잘하는 수법이다.

마지막으로 독자 여러분이 꼭 기억해야 할 사실은 바로 공산당은 '평시'와 '전시'를 구분하지 않는다는 점이다. 일반 국가에서 말하는 평화는 전쟁이 없는 상태를 의미한다. 그러나 공산국가에서 말하는 평화는 '총성이 없는 전쟁'을 의미한다. 그들은 언제나 전쟁 단계에 돌입해 있으며, 그들에게 평화는 단지 군사적 충돌이 있느냐 없느냐의 차이일 뿐이다.

만약 우리가 순진하게 중국 공산당이 생각하는 평화 개념이 우리와 같다고 믿는다면, 전쟁은 언제, 누구를 상대로 시작하느냐의 문제일 뿐, 전쟁이 사라질 가능성은 전혀 없을 것이다.

후기

이 책을 완성하는 과정에서 가르침을 주신 많은 전문가와 도움을 준 친구들에게 깊은 감사를 드린다. 특히 군사 지식의 대중화를 기꺼이 지원해준 다콰이문화사大塊文化社에 마음속 깊이 감사하고 있다. 최근 코로나19로 출판 시장이 침체됐음에도 계획대로 출간을 진행해준 다콰이문화사와 지식 보급에 늘 열성적인 허郝 이사장님께 존경과 감사를 표한다.

   신간을 준비하는 동안에도 새로운 루머들이 출현하는 것을 목격했다. 타이완에 대한 중국의 정보전과 사이버 인지전은 인터넷이 발달하면서 더 빠르게 진화하고 있다. 하지만 어떻게 진화하든 그 근본적인 기조는 달라지지 않았다.

   1949년 국공내전의 성공에서부터 냉전 시기 서방 국가에 잠입해서 벌였던 반군비 선전까지, 공산당은 적국 내부를 혼란스럽게 만드는 것을 일관된 전략으로 삼아왔으며, 혼란이 클수록 더 만족해했다. 그래서 루머를 논리로 따지려는 시도는 사실 큰 의미가 없다. 왜냐하면 그들은 루머를 퍼뜨리기 위해 사회 양극화를 조장하고 갈등을 격화시키는 방식을 택했기 때문이다. 이 방식을 통해 적국 사회 내부를 최대한 많은 조각으로 분열시키는 것을 목표로 했다.

여기서 더 효과적인 방법은 바로 분쟁을 싫어하는 인간의 본성을 파고드는 것이다.

인간은 무의미한 분쟁에 말려드는 것을 싫어하고, 애매한 분쟁이 일어나면 중립을 지향하려는 습성이 있다. 하지만 이러한 중립은 객관적인 인식에 의한 중립이 아니라, 현재 자신이 얻을 수 있는 정보만 토대로 한 중립일 뿐이다.

이를 숫자로 표현한다고 할 때, 어떤 사실의 실체를 '0'이라고 하고, 극단에 치우친 부정적 정보는 '-100', 극단적으로 긍정적인 정보는 '+100'이라고 가정해보자.

의도적으로 부정적인 정보만 -10, -20, -30…… 이런 식으로 늘려나가고, 동시에 긍정적인 정보는 철저히 차단한다면, 사람들이 받아들이는 정보의 범위는 점점 좁혀진다. 예를 들어 지금의 뉴스 정보가 -100에서 -50 사이라고 하면, 이때 사람들은 심리적으로 그 중간값인 '-75' 정도를 받아들인다.

결국 사실 그대로 '0'을 이야기하면, 사람들은 그것을 허황된 거짓말로 여긴다.

후기

이것이 바로 타이완에서 군사 관련 루머가 끊이지 않는 근본적인 원인이다.

타이완 사회는 군사와 관련된 정보를 다룰 때 종종 자신은 과도하게 깎아내리고 상대는 치켜세우는 습성이 있다. 그래서 '적은 최대한 과대평가한다'는 포장을 통해 중국의 무기와 전술은 몇 배로 부풀려 평가하고, 타이완의 방어 능력은 기본적으로 절반은 깎고 평가를 시작한다. 과거 권위주의 정권 시기에는 '미제 무기'라는 수입품을 국군 전력의 표준으로 삼아서 국민이 국가에 대한 신뢰를 잃지 않고 긍정적인 인식을 하게 했다.

하지만 최근 정치 환경의 변화 속에서 미·중 양국에 대한 평가도 미묘하게 바뀌면서, 기존의 긍정적이던 인식에 대해 대중은 점점 더 부정적으로 변했고, 결국 긍정적인 정보는 전혀 찾아볼 수 없게 되었다. 더 심각한 문제는 친중 이데올로기가 주류로 자리 잡았고, 정당들은 선거를 통한 세력 형성을 위해 대중의 인식을 자극하고 있다는 것이며, 이것이 현재 타이완이 처한 현실이다.

만약 군사 정보에 대한 진정한 중간값이 '0'이라면, 최근 타이완에서 접할 수 있는 군사 정보는 거의 다 '-100'에 치우쳐 있다고 말할 수 있다. 이러한 상황에서는 군사 상식이 없는 사람이 나름 객관적인 기준을 가지고 중간값을 취한다 해도, 기껏해야 '-80' 정도밖에 되지 않는다.

상황이 이렇다보니, 극단적으로 긍정적인 정보는 고사하고 '-50'

수준의 부정적인 정보만 제시해도, 과도하게 타이완군을 옹호하는 타이완군 광신도 취급을 받기 십상이고, 심지어 정치적 입장에 따라서는 특정 정당의 온라인 부대라는 공격까지 받는다.

타이완군과 군사 조직은 정권이 바뀐다고 해서 하루아침에 좋아지거나 나빠지는 것이 아니다. 특히나 군사 전략의 설계와 운용은 10년 단위로 이뤄진다. 만약 우리가 우리 시야를 타이완 주변에서 지구의 절반까지로 확장하고, 오직 중국 한 국가만이 아니라 다양한 국가 사이의 이해관계까지 함께 생각할 수 있다면, 그것만으로도 엄청난 진전이 될 것이다.

이 책을 쓴 이유는 오직 하나다. 이미 극단적으로 부정적인 방향으로 쏠려버린 타이완과 중국의 군사 정보를 조금이라도 균형 있게 되돌려보자는 것이다. 설령 이를 두고 '타이완 옹호론자'라고 비난한다고 해도 나는 전혀 개의치 않는다.

옮긴이의 말

한중 수교가 이뤄진 1992년, 저는 타이완식 중국어를 공부하기 시작했습니다. 표지에 중정기념당 사진이 실린 교과서로 주음부호와 번체자를 배웠습니다. 그렇게 배운 중국어로 첫 대화를 나눈 분도 한동네에서 중국집을 하시던 타이완인 사장님이었습니다. 제 또래 아들을 두고 계셨던 그분은 한중 수교로 타이완이 사용하던 대사관이 중국에 넘어간 것에 분노해 아들이 친구들과 대사관에 돌을 던지러 갔다며 걱정하셨습니다.

어린 시절 저와 제 주변 사람들에게 타이완은 '아시아 네 마리의 용' 중 하나로 잘사는 나라였고, 중국은 인구만 많은 가난한 나라로 인식되었습니다. 타이완과 한국, 중국과 북한을 짝지어 비교하며 '가난한 중국*(북한)이 잘사는 타이완(한국)을 어떻게 침략하겠어?'

* '가난한 중국'이라는 잘못된 인식은 실제로 오랫동안 일반 대중의 인식 속에 자리 잡고 있었습니다.

라는 생각 속에서 타이완해협에서의 전쟁은 전혀 상상하지 못했습니다.

오성홍기보다 청천백일기가, 마오쩌둥보다 장제스가 더 익숙했던 제게 중국 하면 대륙의 중화인민공화국보다 중화민국이 먼저 떠올랐습니다. 그렇게 한동안 제 중국어 영역은 온통 타이완 일색이었습니다.

하지만 대학에 들어가면서는 대륙의 중국어에 잠식당하기 시작했습니다. 베이징언어대학교의 중국어 교재로 한어 병음과 간체자를 다시 배웠고, 베이징과 상하이 등에서 온 교수님들께 중국어를 배우면서 제가 오랫동안 가졌던 중국에 대한 편견이 깨지고 그들의 새로운 위상을 실감했습니다. 그러면서 타이완은 점차 잊혀갔습니다.

그러던 중 2001년, 우연한 기회로 한국어를 배우러 온 타이완인들을 여러 명 알게 되면서 타이완이 제 영역에 다시 들어왔습니다. 마침 타이완 지방선거*가 한국 언론에 자주 보도되던 시기라 관련 대화를 나눌 기회도 많았습니다. 그때마다 상대방에게 양안 관계에 관해 물어보면, 그들의 답변은 '현상 유지'로 일관됐습니다.

진먼다오에서 군생활을 했고, '새로운 중국 없이는 새로운 삶도

---

*   2001년 말부터 2002년 초까지 실시된 타이완 지방선거는 현직 총통 천수이볜의 민진당이 처음으로 국민당을 제치고 제1당이 된 선거입니다. 이 선거 이후 다당 경쟁 구도가 본격화되었으며, 특히 거대 야당이었던 국민당이 국민당과 친민당으로 분열되면서 민진당의 약진이 두드러졌습니다.

없다沒有新中國, 沒有新生活'와 같은 약간의 대륙성 발언만 들어도 극도의 거부감을 보였던 타이완인 친구도 어눌한 한국어로 '현상 유지'라는 답변을 했습니다. "나는 지금이가 좋아요. 전쟁 싫어. 통일도 싫어. 지금이가 딱 좋아요."

20여 년 전 저는 '양국 간에 전쟁은 없겠구나. 그냥 저렇게 살겠구나' 정도로 양안 관계를 받아들였던 것 같습니다. (물론 당시 타이완과 중국의 관계를 정확하게 파악하고 내린 결론은 아니었습니다.) 그 후 강사 일을 시작하면서 제 중국어의 초점은 다시 대륙으로 옮겨갔고, 타이완은 또 뒷전으로 밀려났습니다.

그러다 타이완이 제 중국어 영역에 다시 들어온 것은 2014년 홍콩의 우산혁명 때였습니다. 당시 홍콩의 젊은이들은 자신들의 시위에 대한 지지를 얻기 위해 노력했습니다. 그때 나온 여러 구호 중 제 무의식 속에 잠들어 있던 타이완을 깨운 구호가 하나 있었습니다. '오늘은 홍콩, 내일은 타이완今日香港, 明日台湾.'*

당시 타이완 총통은 친중 성향의 마잉주였습니다. 그가 총통으로 재임하는 동안 타이완과 중국의 관계는 아주 좋았던 기억이 있습니다. 심지어 이러다 통일되는 것 아니냐는 말이 농담처럼 오갈 정도

---

* 이 구호의 첫 번째 버전은 "어제는 티베트, 오늘은 홍콩, 내일은 타이완昨日西藏, 今日香港, 明日台湾" 이었습니다. 이 구호는 일국양제를 믿고 중국을 받아들였던 홍콩이 지금과 같은 상황에 놓였고, 다음 차례는 타이완이라는 의미를 담고 있습니다. 2019년 홍콩에서 국안법 시위가 완전히 실패하면서 이 구호에서 홍콩이 빠지고, 요즘에는 러·우 전쟁과 타이완해협 사태를 비유하는 '오늘은 우크라이나, 내일은 타이완今日烏克蘭, 明日台灣'으로 변형되어 회자하고 있습니다.

였습니다. '일국양제'가 타이완과 중국 통일의 모델로 주목받고 있었고, 중국은 홍콩을 이 제도의 성공 사례로 거론했습니다. 그런 홍콩에서 민주화 시위가 일어났고, 시위에 참여한 홍콩의 젊은이들이 타이완의 젊은이들을 향해 외친 구호가 바로 '오늘은 홍콩, 내일은 타이완'이었습니다.

그러면서 그때까지 현상 유지를 지지했거나, 일국양제로 중국에 호의적이었던 타이완 사람들이 이 사건과 이 구호로 인해 중국에 대해 경각심을 갖게 되었다는 이야기를 타이완 젊은이들에게 자주 들었습니다.

그렇게 타이완은 다시 제 중국어 영역에 등장했고, 사라지지 않고 뿌리내린 것은 마잉주 다음으로 타이완 독립론자인 차이잉원*이 총통을 맡으면서였습니다. 그때부터 중국은 수시로 타이완해협에서 무력시위를 하며 전쟁 위기를 고조시켰습니다. 차이잉원의 재선에 발맞춰 다양한 타이완해협 전쟁 관련 서적들이 국내외에서 출간되었습니다. 그리고 유튜브가 대중에게 중요한 매체로 자리 잡으면서 관련 영상들도 봇물 터지듯 쏟아졌습니다. 그런데 저 같은 일반인이 접할 수 있는 서적이나 영상, 그리고 SNS나 블로그의 글들을 살펴보면, 전쟁 발발 여부를 떠나 하나같이 '2025년에 중국이 침

---

* 차이잉원이 2016년 타이완 총통에 취임하면서 양안 관계는 급격히 냉각되었습니다. 차이 총통은 민주진보당民進黨, DPP 출신으로 '1992년 합의九二共識'를 공식 인정하지 않았고, 이는 중국의 강한 반발을 불러왔습니다. 특히 2016년 이후 중국 군용기의 타이완 방공식별구역ADIZ 진입 횟수가 눈에 띄게 늘었고, 항공모함 전단이나 전략 폭격기 등을 동원한 무력시위가 정례화되었습니다.

공한다면'* '중국이 해상 봉쇄를……' '미국과 일본이……' 등등 주어가 전부 '중국' 아니면 미국, 일본과 같은 '외세'일 뿐 어디서도 타이완인 사례는 찾아보기 힘들었습니다. 내용 또한 대부분 중국의 일방적 승리(미국과 일본의 개입이 없다는 전제하에서)를 가정하거나, 전쟁이 불러올 국제 정세의 변화를 거시적 관점에서 논하는 데 치우쳐 있다는 인상을 받았습니다. 심지어 '전쟁은 벌어지지 않는다'라고 주장하는 측에서도 중국이 가진 구조적 문제나 외세의 개입을 이유로 들 뿐, 타이완 자체가 주장의 근거가 된 적은 거의 없었습니다.

한마디로 타이완해협 전쟁과 관련해서 여태껏 우리가 접할 수 있었던 대부분의 내용은 '강 건너 불구경할 사람들'이 하는 이야기뿐이었고, '목숨 걸고 그 불을 꺼야 하는 사람들'이 하는 내용은 전혀 접하지 못했습니다.

그러던 중 이 책을 발견했습니다. 제목도 신선해서 읽어보고 싶다는 충동이 일었습니다. 하지만 군사 관련 서적은 난도가 높아 일반인들이 쉽게 읽을 수 없기에 읽으려니 살짝 망설여졌습니다. 그래도 중학생 수준이면 충분히 읽을 수 있게 책을 썼다는 저자의 말을 믿고 펼쳤는데, 정말 저 같은 군사 문외한도 쉽게 읽어내려갈 수 있었습니다.

이 책은 이제까지의 책들과 전혀 다른 방식으로 서술하고 있습니

---

* 2025년 중국 침략 주장은 2027년, 2035년으로 계속 변경되고 있습니다.

다. 앞서 말한 것처럼 기존 서적들이 타이완 바깥에서 타이완해협의 전쟁에 대해 이야기하고 있다면, 이 책은 타이완이라는 공간 안에서의 전쟁을 이야기하고 있습니다. 이 책에서는 과거부터 지금까지 오랜 기간 타이완인들에게 심리적으로 엄청난 압박을 가하고 있는 루머들과 요즘 새롭게 등장한 루머들을 선별해서 소개하고 있습니다. 거기서 그치지 않고 한발 더 나아가 논리적으로 그것들의 문제점을 지적하고 철저하게 해체합니다.

이 책에서 저자는 타이완해협의 전쟁에서 외세의 도움은 필요 없고, 타이완 자체의 역량만으로도 중국의 침략을 막아낼 수 있다고 주장합니다.

제게 이 주장은 꽤 신선했습니다. '타이완이 중국의 침략을 막아낼 수 있다고? 그것도 미국의 도움 없이?' 읽어가면서 선뜻 동의하기 어려운 대목도 있었지만, 다양한 견해를 접한다는 차원에서 의미 있었고, 일부는 제 시야를 크게 넓혀주었습니다. 특히 '타이완해협 봉쇄'편과 관련해서 그동안 중국이 타이완해협을 봉쇄하면 타이완은 손들고 나올 것이라는 전문가들의 주장만 접하다가, 완전히 반대 의견을 들어볼 수 있었던 점은 인상 깊었습니다. 더불어 중국과 타이완뿐 아니라 주변국들의 전략에 대한 내용도 실려 있어 이해의 폭을 넓히는 데 상당한 도움이 되었습니다.

전쟁은 끔찍한 것이고 일어나서도 안 되지만, 그렇다고 대비 없이 손 놓고 있어서도 안 될 일입니다. 러·우 전쟁에서도 보듯이, 누구도 두 국가 간에 전쟁이 벌어질 거라고 예측하지 않았습니다. 심지어 전쟁 발발 하루 전, 국경선에 전차가 몰려가 있는 상황에서도 그럴 일 없다고 주장한 전문가도 있었습니다. 그런데 결국 전쟁은 벌어졌고, 이 글을 쓰고 있는 지금까지 3년 넘게 계속되고 있습니다. 그리고 사람들은 이제 다음 전쟁은 타이완과 중국 사이에서 벌어질 거라고 이야기하고 있습니다. 이런 상황에서 한국은 타이완과 여러 모로 유사한 점이 있고, 타이완해협에서 실제 전쟁이 벌어진다면, 미국과 일본 다음으로 직접적인 영향을 받을 국가입니다. (제 개인적으로는 한국이 가장 직접적인 영향을 받을 거라 생각하지만요.) 그러니 이와 관련해 더 다양한 정보를 습득하고 최대한 넓은 시야로 타이완해협 사태를 봐야 한다고 생각합니다.

    타이완해협의 전쟁이 단순히 '먼 나라, 남의 이야기'가 아님을 이해하는 데 부디 이 책이 작은 도움이 되기를 바랍니다.

최종헌

중국이 쳐들어오면 어쩌지?

초판인쇄	2025년 9월 26일
초판발행	2025년 10월 2일
지은이	왕리슝 보양
옮긴이	최종헌
펴낸이	강성민 이은혜
마케팅	정민호 박치우 한민아 이민경 박진희 황승현 김경언
브랜딩	함유지 박민재 이송이 박다솔 조다현 김하연 이준희
제작	강신은 김동욱 이순호
펴낸곳	(주)글항아리 ǀ 출판등록 2009년 1월 19일 제406-2009-000002호
주소	경기도 파주시 문발로 214-12, 4층
전자우편	bookpot@hanmail.net
전화번호	031-955-2689(마케팅) 031-941-5161(편집부)
ISBN	979-11-6909-431-3 03300

잘못된 책은 구입하신 서점에서 교환해드립니다.
기타 교환 문의 031-955-2661, 3580

www.geulhangari.com